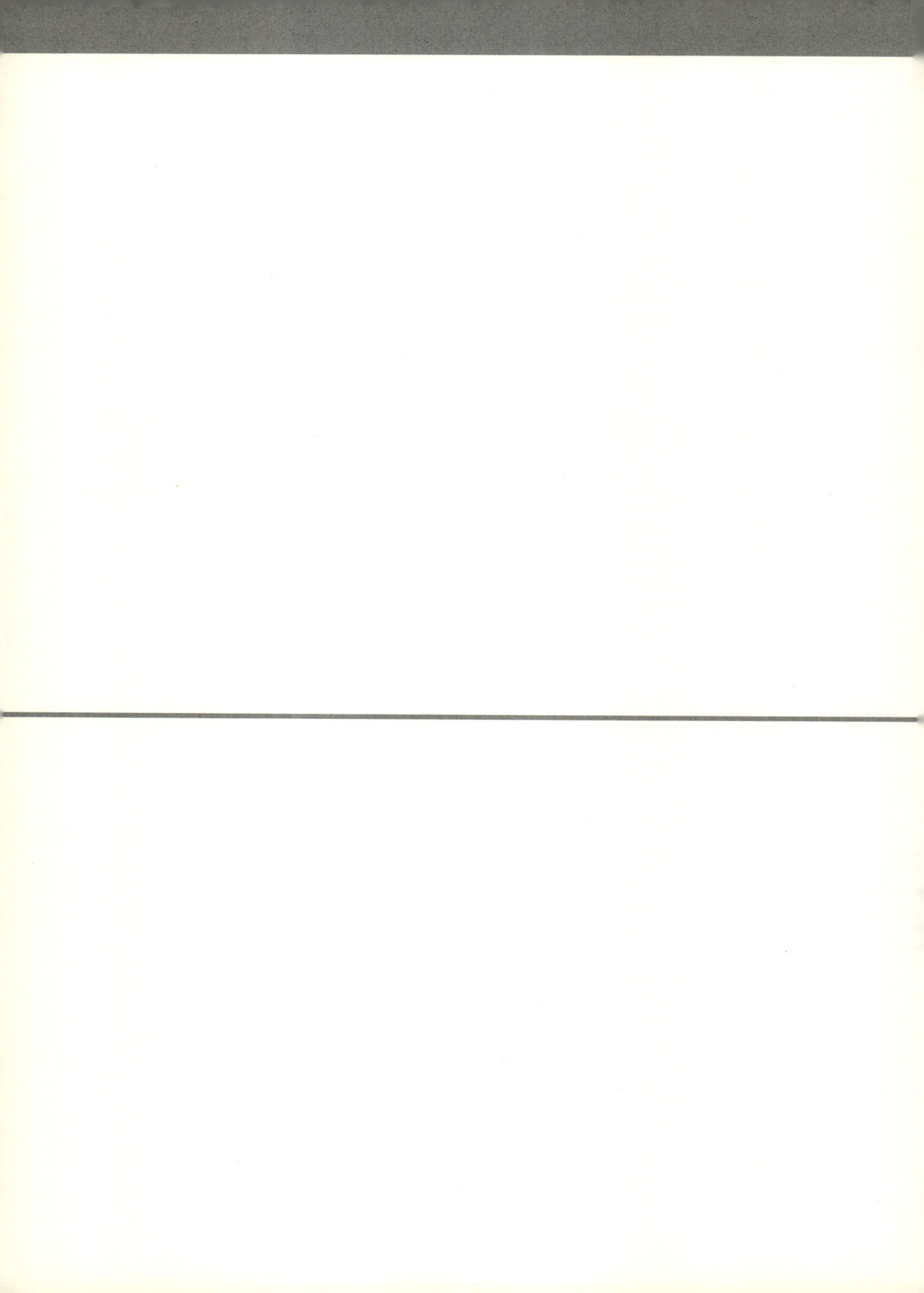

2015 1

Public Policy Review

公共政策评论

主　　编　姚先国 金雪军

执行主编　蔡　宁

ZHEJIANG UNIVERSITY PRESS
浙江大学出版社

主　编
姚先国　金雪军

执行主编
蔡　宁

主编助理
周佳松

主办单位
浙江省公共政策研究院
浙江大学公共政策研究院

《公共政策评论》
简　介

　　《公共政策评论》是浙江省公共政策研究院、浙江大学公共政策研究院不定期汇编出版的一种探讨公共政策理论与实践的学术文集,致力于为所有有志于国内外公共政策研究的人士构建平等的高层次学术交流平台。本文集以当今国内外公共政策重大理论与实践问题为研究和讨论核心,追求科学性和学术性,研讨理论,注重实践。以"经世致用,天下为公"为宗旨,聚焦经济、社会等公共政策领域的前沿问题研究,主要研究范围包括:公共政策分析、政府管理、社会治理、经济发展、国外动态等。本文集竭诚欢迎诸位学人惠赐佳作,尤其欢迎"无学科的"公共政策综合性研究成果。

　　联系方式:0571-88206853;网址:http://www.ggzc.zju.edu.cn
　　地址:浙江省杭州市浙江大学紫金港校区蒙民伟楼 322 室;邮编:310058
　　联系人:周佳松

目　录

社会治理创新

作者

蓝蔚青

治理现代化的浙江探索

内容提要:本文分析了浙江各地探索治理现代化的国内背景和总体进程,通过对入选"创新典范·浙江最具影响力党政工作创新典型"和三届"浙江省公共管理创新案例"的 115 个创新案例的分类、统计和比较,概括出这些案例所反映的治理现代化的趋势,并据此提出了提高社会治理创新水平的若干建议。

关键词:社会管理创新;公共管理创新;治理现代化

近年来,浙江广大干部群众在中国特色社会主义理论指引下,积极进行治理现代化的探索,取得了丰硕的成果,积累了丰富的经验。在迄今为止七届"中国地方政府创新奖"的获奖名单中,浙江省以 18 项占 14.63%,名列榜首(图1)。分析浙江省十多年来的公共管理创新案例,可以在一定程度上了解中国走向治理现代化的轨迹。

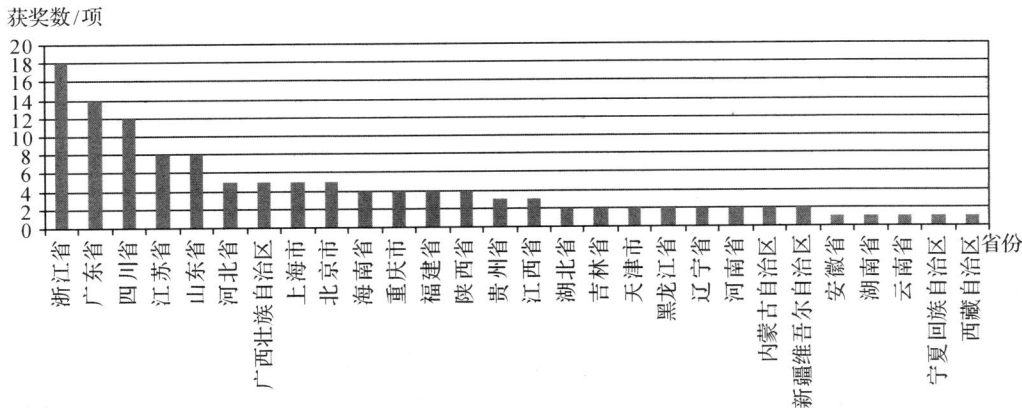

图 1 中国地方政府创新奖获奖数

一、浙江探索治理现代化的大背景

改革开放以来，国家治理的思路经历了一个明显的变迁：从改革开放之前的社会问题政治化，主要从政治视角观察社会问题，用政治手段解决社会问题，到 20 世纪八九十年代把社会问题经济化，主要从经济视角观察社会问题，用经济手段解决社会问题，再到新世纪以来认识到社会问题的重要性、综合性、复杂性，把社会领域分立出来予以高度关注，以人为本，重视民生，把各级党委政府工作的着力点和公共财政的投入方向更多地转向社会领域，出台了大量的社会政策，不断增强政府的公共服务职能。同时，在政府与市场和社会的关系上，也从一开始主要强调政企分开，扩展为同时强调政企分开和政社分开。社会领域从政治领域和经济领域的边缘地带和附属物上升为万众瞩目的领域。社会治理的创新探索也就如雨后春笋般发展起来。

中共十六大报告从维护社会稳定的角度，提出了落实社会治安综合治理的各项措施，改进社会管理的要求。中共十六届四中全会《关于加强党的执政能力建设的决定》，在新中国的历史上第一次系统提出了加强社会建设和管理，推进社会管理体制创新的要求。中共十六届六中全会《关于构建社会主义和谐社会若干重大问题的决定》，确定了到 2020 年构建社会主义和谐社会的目标和主要任务，提出了社会管理的基本要求。中共十七大报告第一次把社会建设置于同经济建设、政治建设、文化建设同等重要的战略地位。中共十八大报告把加快形成科学有效的社会管理体制，完善社会保障体系，健全基层公共服务和社会管理网络，建立确保社会既充满活力又和谐有序的体制机制，作为全面建成小康社会和全面深化改革开放的重要目标，提出了中国特色社会主义社会管理体系的基本框架，要求加快形成"党委领导、政府负责、社会协同、公众参与、法治保障的社会管理体制"，"政府主导、覆盖城乡、可持续的基本公共服务体系"，"政社分开、权责明确、依法自治的现代社会组织体制"以及"源头治理、动态管理、应急处置相结合的社会管理机制"。并在总结经验的基础上，对于加强和创新社会管理，提高社会管理科学化水平，提出了一系列富有针对性的要求。

中共十八届三中全会通过的《关于全面深化改革若干重大问题的决定》，把全面深化改革的总目标定位在"完善和发展中国特色社会主义制度，推进国家治理体系和治理能力现代化"，把"治理"纳入全面深化改革的核心范畴，治理的主体包括整个国家机器和政党、社团、公民，治理的客体包括市场和社会，治理的领域全面覆盖经济、政治、文化、社会、生态文明和党的建设。按照这个总目标和总框架的要求，确定了社会领域的任务，要求坚持系统治理、依法治理、综合治理、源头治理，改进社会治理方式，创新社会治理体制。

中共十八届四中全会通过的《关于全面推进依法治国若干重大问题的决定》提出

了全面推进依法治国的总目标是"建设中国特色社会主义法治体系,建设社会主义法治国家",把全面推进依法治国作为一个系统工程,作出了顶层设计;指出依法治国是实现国家治理体系和治理能力现代化的必然要求,依法执政是党治国理政的基本方式,一方面要求规范和约束公权力,另一方面要求推进多层次多领域依法治理,进一步确立了法治在治理现代化中的基础地位。

浙江这些年来对治理现代化的探索,始终遵循中共十六大、十七大、十八大和历次中央全会关于构建中国特色社会主义社会管理体系的要求,加快推进社会体制改革,加快形成党委领导、政府负责、社会协同、公众参与、法治保障的社会管理体制,加快形成政府主导、覆盖城乡、可持续的基本公共服务体系,加快形成政社分开、权责明确、依法自治的现代社会组织体制,加快形成源头治理、动态管理、应急处置相结合的社会管理机制,努力在贯彻落实顶层设计中走在前列,又从浙江实际出发开拓创新,并注重成功经验的规范化、制度化,取得了丰硕成果。

二、浙江探索治理现代化的进程

2003年7月召开的浙江省委十一届四次全会上,时任省委书记的习近平提出了"八八战略",作为治省总纲。2004年5月,浙江省委十一届六次全会作出的建设"平安浙江"、促进社会和谐稳定的决策部署,是全国第一个全面系统的省域社会治理的行动纲领。半年后,浙江省委十一届七次全会对推进法治社会建设提出了总体要求。2006年4月,浙江省委十一届十次全会又作出了关于建设"法治浙江"的决定,在全国率先进行总体部署。这一系列战略部署,为浙江探索治理现代化奠定了坚实的基础。

2007年召开的浙江省第十二次党代会提出坚定不移地走创业富民、创新强省(简称"两创")之路,把社会体制改革和体制创新作为全面改革创新的重要组成部分。同年召开的浙江省委十二届二次全会作出了《关于推进创业富民创新强省的决定》,对制度创新、社会管理创新、党建工作创新等都作了专门论述和具体部署。"两创"总战略的提出,使创新全面开花,并得到全面保障。社会管理和公共管理创新进入了蓬勃发展的阶段。

社会管理和公共管理是两个交集很大的概念。社会管理主要是政府和社会组织为促进社会系统协调运转,对社会系统的组成部分、社会生活的不同领域以及社会发展的各个环节进行组织、协调、监督和控制的过程。其基本任务包括协调社会关系、规范社会行为、解决社会问题、化解社会矛盾、促进社会公正、应对社会风险、保持社会稳定等方面。广义的社会管理是指专门机构对社会的经济、政治和文化事务进行的统筹管理;狭义的社会管理是指由相关职能部门对不能划归已有经济、政治和文化部门管理的公共事务进行的专门管理。但不管是广义还是狭义,社会管理都是就管理的领域而言的,是指对广义或狭义的"社会"的管理。

而公共管理是指对公共事务的管理,包括以政府为主要执行主体的公共组织和以公共利益为指向的非政府组织为实现公共利益,为社会提供公共产品和服务的活动。公共管理是就所管理事务的性质而言的。在我国,公共管理的主体还包括作为政治领导核心的执政党的各级组织、作为国家权力机关的各级人民代表大会、作为协商民主专门机构的人民政协和各参政党。由参照公务员管理的人员组成工作机构的人民团体,目前是介于政府和非政府组织之间,对社会组织和界别活动进行管理的重要的公共管理主体。以政府为主体的行政管理只是公共管理的一部分。

2009 年,为进一步弘扬以创业创新为核心的浙江精神,带动和引领各行各业的创业创新,鼓励和推进解放思想新探索、科学发展新实践,促进"创业富民、创新强省"总战略等一系列重大决策部署的贯彻实施,浙江省委宣传部和省委政策研究室联合三大省属媒体开展了"创新典范·浙江最具影响力党政工作创新典型"推介活动。经专家评审,有 60 个党政工作创新范例入选。2010 年 3 月以来,为进一步贯彻落实中共中央关于加强和创新社会管理的重大战略部署,加快浙江科学发展,总结和推动全省各级各部门在公共管理领域,尤其是社会管理方面的创新实践,由浙江省委办公厅(第二届起又增加了省社会管理综合治理委员会办公室)指导,《今日浙江》杂志社、浙江省公共政策研究院、浙江大学公共政策研究中心(后更名为浙江大学公共政策研究院)联合组织,开展"浙江省公共管理创新案例"评选推介活动,至今已由省内外专家进行了三届评选。这三届评选共收到各地推荐的创新案例 560 多个(其中有少量案例申报了两次),共有 69 个创新案例入选(其中有 14 个曾入选 2009 年的党政工作创新范例)。在这 115 个创新案例(同一创新主体以同一主题两次入选的作为一个案例)中,始于 20 世纪的有 7 个,占 6%,最早的是始于 20 世纪 60 年代并在新时期得到创新发展的枫桥经验。2001—2007 年的有 31 个,占 27%;2007 年以来实施的有 77 个,占 67%。可以说这些案例大体上反映了近十来年浙江省通过公共管理创新探索治理现代化的进程。

三、浙江探索治理现代化的特点

要找出近十来年浙江探索治理现代化的特点,就需要对这些创新案例进行分类。这并非易事。因为所有的治理创新都是问题导向的,社会问题的成因、解决的措施、取得的成效基本上都是综合性的。相对合理的分类方法,是循着这些年来各级党委政府的工作思路,按照各项创新所要达到的主要目标来分门别类。不同的研究者很可能见仁见智,作者只是作为以上四次评选活动的参与者提供一孔之见。

（一）公共服务和社会建设类的创新案例有40个,占34.8%

治理不仅是管理,更是服务。进入全面小康阶段以后,人民群众的需求日益多样化,并且不断提高,党政机关以人为本、执政为民的执政理念逐步强化,政府职能的转变也使政府有更多的精力和财力从事公共服务和社会建设,这就使建设公共服务型政府和深入推进服务型基层党组织建设成为浙江近年来治理创新的一个鲜明特点。各级党委政府愈来愈注意寓管理于服务之中,用人民满意的服务赢得对管理举措的支持。其中较为集中的是这几个方面:

1. 统筹城乡公共服务促进一体化

浙江省是城乡居民收入差距最小的省份之一,近年来又致力于缩小城乡公共服务的差距,促进城乡一体化发展,这方面的创新案例有14个(占本类创新案例的35.0%)。嘉兴市在此方面较为突出。嘉兴市以现代新市镇和城乡一体新社区"两新"工程建设改善服务条件,促进农民生产生活方式双转换,既提高了城乡居民的生活质量,又提升了城乡社会的治理水平。嘉兴市还实施城乡居民社会养老保险全覆盖;推行公共图书馆总分馆制,构建城乡一体化的文化服务体系。丽水市云和县探索小县"大城",支持和引导农民进城就业定居,走以城带乡、以工哺农、以乡促城、城乡联动的欠发达地区新型城镇化之路。城乡一体化建设的重点是新农村建设,这方面湖州市、丽水市和衢州市较为突出。湖州市与浙江大学开展市校合作,依靠智力支持共建社会主义新农村实验示范区。湖州市安吉县"中国美丽乡村"建设整体化实施、品牌化经营,放大了新农村建设的示范效应,进而探索美丽乡村标准化建设。丽水市深化集体林权制度改革,从根本上解决林农的贷款担保难问题,突破了林区发展瓶颈;该市农村金融改革的探索与实践取得显著成效,解决农民贷款难问题,成为全国的试点。龙泉市探索林地经营权流转,促使林地增效、农民增收。衢州市实施万名农民素质工程,开展素质扶贫;该市的"农家乐"文化大篷车常年深入农村,为农民群众提供丰富多彩、积极健康的免费文化套餐。舟山市根据海岛特点实施"暖人心、促发展"工程,切实做好三渔三农工作。瑞安市"创业银行"助力低收入农户创业增收,为他们雪中送炭。

2. 公共服务平台建设

这方面的创新案例有11个(占本类创新案例的27.5%)。近年来,浙江各地都积极建设各种实体和网上的公共服务平台,运用不断进步的技术手段,为人民群众提供便捷的"一站式服务"。上虞市(现绍兴市上虞区)便民服务中心是全国首个"政府服务超市",是办事大厅型的公共服务平台1.0版;宁波市海曙区"81890"求助服务中心对接供求双方并进行监督,提供多样化、高质量的社区服务,带动了服务业的发展,这一模式被省内外许多地方学习借鉴,打造了呼叫中心型的公共服务平台2.0版;丽水市庆元县整合政府应急联动、公安"110"、"数字城管"、民政"96345"社会公共服务、情报信息五个分中心,形成综合化管理平台,通过派单制和反馈制进行全程跟踪监督和问责,实现社会服务管理大联动;金华市全面整合党政资源、市场资源和社会资源,开设了"8890"便民服务平台,创建了应急与非应急"两轮联动",市、县、乡"三级网络"和电话、网络、短信、微信"四位一体"的便民服务与社会治理新模式,创建了立体化的公共服务平台3.0版。宁波市象山县网络民情会办中心,绍兴市民生价格信息公开平台,海宁市司法微博,绍兴市柯桥区的企业投资项目行政审批"中介超市",义乌市的涉外政务服务平台,舟山市的公共文化服务"网上淘"社会化运作平台,衢州市的"农技110"综合服务平台,都是各具特色的专业性平台。这些平台适应了"互联网十"和"大数据"的时代潮流,不断提高服务和管理效率,具有很强的可拓展性和可整合性,能够为治理现代化插上翅膀。

3. 基层公共服务和治理

由于政府特别是基层政府愈来愈注意寓管理于服务之中,而且尝到了甜头,因此在很多创新案例特别是基层的创新案例中,社会管理和公共服务密不可分。这方面的创新案例有9个(占本类创新案例的22.5%)。舟山市推行"网格化管理、组团式服务",以配套服务促进管理精细化和全覆盖,形成长效机制。衢州市实施以"建立民情档案、定期沟通民情、为民办事全程服务"为主要内容的"三民工程",完善农村基层服务管理体系。丽水市松阳县共享手绘"民情地图",全面深入掌握民情民需,建立长效服务机制。金华市金东区建立"保基本、全覆盖、可持续"的农村居家养老服务体系。湖州市构建"三好六有"社区和农村警务新模式,密切警民关系,规范基层警务工作。绍兴县(现绍兴市柯桥区)实施乡镇干部担任驻村指导员制度,加强了基层领导力量。余姚市依托"一网、一报、一校、一办法",加强对高校毕业生农村(社区)工作者的教育管理培养。浙江各地还深化基层服务型党组织建设,发挥党组织和党员在基层民主建设和社会治理中的骨干作用和先锋模范作用。舟山市完善党员联系和服务群众工作,教育了党员,增强了基层党组织的凝聚力、战斗力。温州市以建设活力和谐企业为目标,推进非公企业党建工作。服务与管理的有机结合,既提高了城乡居民的生活质量,又提升了城乡社会的治理水平。

4. 社会事业建设

这方面有6个创新案例(占本类创新案例的15.0%),集中在推进医疗和教育公平领域。湖州市长兴县实施"教育券制度",扶贫助学,推进教育公平。衢州市柯城区组织名校"托管"力量较弱的学校,建立"团体支教"机制,助推城乡教育均衡发展。温州市激发社会力量,深化民办教育综合改革。衢州市开化县新型农村合作医疗为农民健康系上"安全带"。宁波市鄞州区从农村入手破解群众"看病难、看病贵"问题。杭州市江干区建立"首诊在基层、大病去医院、康复回社区"的分级诊疗新体系,既方便群众,又使医疗资源得到合理利用。

（二）社会治理类的创新案例有 55 个,占 47.8%

这是近年来治理创新的重点领域。在治理内容上,这些案例侧重于化解社会矛盾、外来人口管理与服务、公共安全和环境治理等群众呼声强烈的社会问题;在治理主体上,注重多方的民主参与、民主监督和发挥社会组织的作用;在治理方式上,注重德治与法治相结合。

1. 民主参与

这方面的创新案例有 11 个(占本类创新案例的 20.0%)。杭州市在这方面特别突出,开展了多层次系列创新:市委通过"两轮推荐、两轮票决"选拔市管正局级领导干部,促进选人用人科学化、民主化;市政府构建"开放式决策"运行机制,提高了市民民主参与的层次;以民主促民生,创新了解决民生问题的民主保障制度、党政机关与市民的沟通渠道和基层民主的实现方式;构建多种形式的民主民生互动平台,拓宽民主参与渠道,创新民主参与方式;市委办公厅、杭州文广集团通过"我们圆桌会",搭建社会沟通的公共话语平台,理性探讨热点社会问题,产生了良好的社会影响。温岭市也是持续创新民主参与途径的热土:"民主恳谈"拓宽了民主参与渠道,促进了决策的民主化、科学化;"参与式预算"落实了人大对预算的决定权。温州市则从决策和监督两大环节上切入:推动民间智库参与公共决策;组建市民监督团推动公众参与城市管理。台州市椒江区在全国率先试行党代会常任制,扩大党内民主,20 多年来不断完善党内制度。台州天台县推行以"民主提案、民主议案、民主表决、创业承诺、监督实施"为主要内容的村级民主决策"五步法",是全面发展基层民主的积极探索。

2. 外来人口管理与服务

这方面的创新案例有 8 个(占本类创新案例的 14.5%)。21 世纪以来,浙江省外流入人口增量增速都居全国首位,不少地方外来人口超过甚至数倍于户籍人口,外来人口管理与服务成为社会治理的重头戏,宁波市和嘉兴市在这方面创造了较多的经验。奉化市成立了全国首家外来人员自治组织,走出了外来人口自我管理、自我服务、自我教育的新路子。慈溪市在村级普遍建立和谐促进会,搭建交流沟通平台,团结新老村民共建共享和谐。宁波市构建了由公共服务、权益保障、引导激励、社会环境和组织领导五大体系构成的外来务工人员服务管理"宁波模式"。嘉兴市全面改革户籍管理制度,有序推进城乡公共政策一体化,促进了市域资源要素合理配置和流动;该市还建立了"专门机构协调型"流动人口服务管理新体制。诸暨市探索"以外管外"的外来建设者服务和管理"店口模式",促进外来建设者融入当地社会。温州市实施了新居民积分制管理,依据积分落户和享受公共服务。湖州市德清县户籍制度改革逐步消除依附于户口性质的差别待遇。这些探索都反映了浙江各地既善待外来人口,充分发挥他们在各项建设中的生力军作用,又积极解决人口剧增超过某些资源的承载能力带来的新问题的不懈努力。

3. 化解社会矛盾

这方面的创新案例有 7 个(占本类创新案例的 12.7%)。多年来,浙江创新发展"枫桥经验",统筹推进经济、政治、文化、社会、生态等领域的"大平安",源头治理、动态管理、应急处置多管齐下,注重通过全方位的治理,自觉运用法治思维和法治方式破解各类在国内早发先发的矛盾和问题,维护社会和谐稳定。诸暨市创新发展源于本地的"枫桥经验",从源头上预防和减少矛盾纠纷的产生。温州市苍南县打造以乡镇为基点,联结县机关、村居、站所的"五站式"民情服务模式,上下联动化解社会矛盾。永康市建立党政主要领导、政府职能部门、司法部门专家"三堂会审"制度,有效破解信访难题。杭州市余杭区编制法治指数,量化评估基层法治建设,促进依法治理。舟山市首创法律援助周转金制度,鼓励和支持弱势受援人坚持依法维权。宁波市通过整合第三方保险理赔处理机制和人民调解机制,畅通了医疗纠纷处置途径。衢州市纪检监察部门举行信访公开听证,变"暗箱操作"为"阳光作业",有效化解疑难复杂信访案件。这些都有助于及时发现和依法化解社会矛盾,使城乡群众的安全感和满意度保持在较高水平。

4. 发挥社会组织作用

这方面的创新案例也有 7 个(占本类创新案例的 12.7%)。公众有序参与需要提高公民的组织化程度。浙江注重发挥人民团体的作用。如义乌市建构了党委领导、政府支持、工会运作、部门配合、多方参与的社会化维权机制,实现了职工维权主体的社会化、多元化、协调化,使维权对象覆盖农民工。温岭市建立依托行业协会和行业工会开展的行业工资集体协商机制,保障职工的合法权益,构建和谐劳动关系。台州市的区域共青团整体化建设构建了以团组织为核心,以青年社团为重要组成部分,以青年自组织、网络虚拟组织为有益补充的社会组织体系。在农村则注重发挥合作经济组织的作用。嘉兴市组建农村合作经济组织联合会,为农村合作经济发展提供了组织保证,构建了新型农村社会化服务体系。同时,浙江又积极引导和支持新社会组织的发展。温州市引导异地商会规范健康发展,增强外出经商办企业的温籍工商业者的凝聚力,同时还鼓励和引导行业商(协)会承接政府职能转移,形成了政府职能"转得出"、社会组织"接得住"、政府"管得好"的治理模式。宁波市海曙区打造了社会组织服务管理新平台,帮助社会组织成为政府职能转移的承接者、社区民主自治的促进者、弱势群体利益的帮扶者、社会矛盾自解的疏导者。

5. 把德治作为治理的重要手段

这方面的创新案例有 6 个(占本类创新案例的 10.9%)。社会治理需要将法治和德治相结合,发挥法律的规范作用和道德的教化作用。各地普遍重视把德治作为治理的重要手段,大力弘扬与时俱进的浙江精神,继承优秀传统文化,践行当代浙江人共同价值观,开展"最美"现象系列活动,树立道德模范,争做"最美浙江人",增强法治建设的道德底蕴。宁波市鄞州区首创廉政文化建设,促进了教育方式的民主化、教育途径的多元化、教育效果的持久化、教育范围的社会化。湖州市德清县的"草根道德奖"通过民间设奖评奖,推动公民道德建设。桐乡市"德治为基扬正气、法治为要强保障、自治为本添活力","三治"结合加强基层社会治理。台州市仙居县建设"慈孝仙居",弘扬尊老爱幼传统美德,破解农村养老和留守儿童关爱难题,建立稳定和谐的农村社会架构和代际关系。温州市龙湾区建立"龙湾好人"关怀帮扶机制,引领道德建设新风尚。宁波市江东区推广"微型党课",实现党课教育的大众化。

6. 民主监督

这方面的创新案例有 5 个(占本类创新案例的 9.1%),包括多层次多角度的创新。金华市从 20 世纪 90 年代起就开始推行政务公开,打造"阳光政府",促进了党风廉政建设、民主法制建设与和谐社会建设。乐清市人大实施"人民听证制度",通过网络等媒体直播质询和公共政策辩论,加强人大监督和群众有序参与。金华市武义县建立村务监督委员会制度,推进农村基层惩防体系建设,该制度被纳入《村民委员会组织法》。绍兴县(现绍兴市柯桥区)构建"组织网络化、产权明晰化、监督多元化、运行阳光化、管理信息化"的综合机制,加强农村集体"三资"(资金、资产、资源)监管。湖州市"让民意领跑警务、让警务保障民生",打造实体平台、虚拟平台、社区警务平台相结合的"警务广场"治理模式。这些都是群众路线的新发展。

7. 公共安全

这方面的 5 个创新案例(占本类创新案例的 9.1%)主要在应急管理和食品安全领域。舟山市定海区推行重大事项社会稳定风险评估机制,从源头上预防和减少不稳定因素。金华市建立"110"社会应急管理联动体系,形成了运转高效的联动机制;该市还依托出租车治安管理网络,有效打击违法犯罪。台州市三门县"合五为一"整合食品检测资源。衢州市衢江区发展放心农业,建设从田间到餐桌的农产品质量安全全程可追溯的诚信体系、监管机制和追溯系统,有效地加强了食品安全监管。

8. 环境治理

近年来,环境治理受到了愈来愈强烈的关注,在这类创新案例中有 4 个(占本类创新案例的 7.3%)。嘉兴市率先建立排污权交易制度,运用市场机制促进减排治污。金华市金磐扶贫经济开发区引导和支持欠发达地区异地发展,解决扶贫开发与生态环境保护的矛盾。杭州市开创垃圾清洁直运的"杭州模式",减少环境污染,深化资源利用,弘扬生态文化,其先进技术和管理方法被国内多个城市引进。桐庐县建立农村生活垃圾分类处理和资源化利用模式,不仅推动了循环经济的发展,而且使治理垃圾成为村民自治的重要内容和生态文明教育的很好载体。

社会治理领域还有 2 个案例富有风景旅游城市特色,在全国领先,并已产生重大影响。一是杭州免费开放西湖,实现公共资源利用效益的最大化、最优化,带动旅游业产业链;二是杭州市建设网点布局合理、服务质量优良的公共自行车交通系统,破解行路停车难,倡导绿色出行。

(三)行政体制改革类的创新案例有 20 个,占 17.4%

政府负责、政府主导不等于政府管得越多越好。浙江按照发挥市场对资源配置的决定性作用和更好发挥政府作用的要求深化改革,转变政府职能,大力推进政府自身改革,加大简政放权力度,多轮削减行政审批事项,推进各级政府事权规范化、法律化,更多地运用法律手段调节经济关系、规范经济行为、维护各类市场主体和社会主体的合法权益。

1. 机关作风效能建设

这是近年来全省政府系统内部管理的一个创新重点,有 7 个案例(占本类创新案例的 35.0%)。温州市率先开展"效能革命",加强机关作风建设;近年来温州市又创新实施"考绩法",以科学分类的考核指标引导和激励干部。台州市玉环县在全国首创全程办事代理制,方便了群众,提高了效率。丽水市实行乡镇"住村联心"工作制度,促进乡镇全体干部深入基层。庆元县建设技能型乡镇政府,解决"知识恐慌、本领恐慌",创造切合乡镇实际的基层服务型政府管理模式。嵊州市深入开展"农民创业服务一线行"活动,促进干部下基层。嘉兴市嘉善县打造"亲民城管",确立刚柔并济、情理交融的执法导向。自身建设的加强使政府在社会治理中能够更好地发挥应有作用。

2. 优化政府权力配置

这方面有 6 个创新案例(占本类创新案例的 30%),其中 2 个是下放权力、优化权力纵向配置的案例。绍兴县(现绍兴市柯桥区)实施扩权强镇,实现权责统一。嘉兴市探索行政审批市县同权改革,把能够下放给县的权力尽可能下放。还有 4 个是整合权力、优化权力横向配置的案例。富阳市(现杭州市富阳区)建立跨政府部门的专门委员会制度,增强整体合力,优化资源配置,打造高效执行团队。宁波市象山县归并行政许可职能,实现审批与监管分离,一个窗口对外。宁波市北仑区在全省首创全域综合行政执法,克服了多头执法、重复执法、相互推诿的弊端。舟山市率先整合工商行政管理局、质量技术监督局、食品药品监督管理局职责,改革市场监管体制。

3. 转变政府职能

有 4 个在经济领域正确发挥政府作用的创新案例(占本类创新案例的 20%)。杭州市向市民发放消费券,通过调整公共财政分配增强消费能力、改善消费预期、提升消费信心、扩大消费需求,应对国际金融危机。温州市实施"质量立市、名牌兴业"持续创新战略,引导产业提升和经济转型。产学研相结合的"德清模式"明显提升了科技创新能力。海宁市通过建立综合评价排序制度,实施差别化要素资源配置,形成倒逼与激励相结合的转型升级机制。

4. 规范权力行使

这方面有 3 个创新案例(占本类创新案例的 15%)。杭州市上城区在全国率先探索行政管理与公共服务标准化,进一步理清了职责权限,规范了行政行为。富阳市(现杭州市富阳区)在全国县级政府中第一个公布权力清单、责任清单、负面清单和权力运行图,大幅度减少了审批事项,进一步优化审批流程,明显提高了审批效能。宁波市宁海县探索乡村"微权清单"制度,规范村级组织和村干部的权力。

四、浙江探索案例所反映的治理现代化趋势

上述以社会治理创新和行政体制改革为主的创新案例结构,在一定程度上反映了中共十六大以来国家治理领域的拓展、创新和治理理念的深化、转变。而且由于这个领域贴近人民群众的日常生活,地方和基层的自主权比较大,创新的政治和经济风险小,旧框框比较少,因此创新的动力足、空间大。加上浙江民间力量活跃,创新氛围浓厚,财力比较充裕,各级党委政府和相关职能部门大力倡导和支持,因此这一领域的创新案例就特别丰富。

社会治理的创新突出了公共服务、多元参与、加强基层、促进公平和立足疏导五大趋势。一是执政为民、以人为本和寓管理于服务之中的理念深入人心,注重向城乡居民提供更广泛、更便捷的公共服务,越来越多地运用现代化的信息采集、传输、加工手段来提高服务绩效。二是随着民间资源的积累、民间力量的成长和民主意识的增强,积极拓展民主参与和民主监督的渠道,搭建民主参与和民主监督的平台,提高民主参与和民主监督的成效,促进民主参与和民主监督的规范化、制度化。三是把加强和改善治理和服务的重点放在城乡基层,努力扩大覆盖面,提高治理水平,使之真正惠及广大民众。四是根据基本公共服务均等化的要求,注重在力所能及的范围内,拆除旧体制藩篱,缩小城乡居民之间、新老市民之间享受基本公共服务的差距。五是把法治和德治有机结合起来,致力于通过疏导化解矛盾。

行政体制改革方面的创新案例也比较多,并且侧重于政府运行机制的改革和完善。这主要是因为重点推进行政体制改革体现了积极稳妥地推进政治体制改革的要求,是目前政治体制改革的着重点,可操作性更强,也是地方创新自主权比较大的领域。而涉及完善根本政治制度和基本政治制度的改革创新则需要由中央统一设计部署,并且通过更加严格的立法程序,在更高层面上启动。

形成这样的创新案例结构也有操作层面的原因。经济领域的改革创新,主要由发改委系统组织实施和总结;党的建设领域的改革创新,主要由党委组织部门组织实施和总结;宣传文化工作领域的创新,主要由宣传系统组织实施和总结。因此,这几个方面的公共管理创新案例进入这三届公共管理创新案例评审的就相对较少。而参与组

织创新案例评审的省社会管理综合治理委员会办公室所指导的工作领域中,被推荐参评的创新案例相对较多。

五、提高社会治理创新水平的建议

　　随着全面深化改革和全面推进依法治国的总目标的提出,特别是"四个全面"战略布局的形成,治理现代化的探索必将进入一个新的阶段,即必须更加注重改革创新的系统性、整体性、协同性和依法推进的阶段。中共十八届三中全会和十八届四中全会通过的两个决定,分别作出了全面深化改革和全面推进依法治国的顶层设计,中央全面深化改革领导小组正在陆续审定颁布各个领域改革的总体方案。加强顶层设计并不意味着不再需要"摸着石头过河",不再需要地方和基层的探索创新,而是需要把它们更好地结合起来。不仅正在设计的改革方案需要地方和基层的探索创新提供经验依据,促成共识,就是中央已经出台的改革方案,也需要地方和基层的探索创新提供适应本地实际的实施细则和科学的操作方法,使之进一步丰富完善。同以往相比,中央推广地方成功经验的力度加大,速度加快。

　　根据"四个全面"的要求,今后的治理创新应该有更强的全局观念,无论是创新项目的选择培育还是成功案例的总结推广,都要更加自觉地指向"木桶的短板"即改革的薄弱环节,特别是影响大局的薄弱环节,以重点突破促进改革的整体推进。同时坚持以法治思维推进改革,出台改革措施要遵守法定程序,具有普适价值的成功经验要及时制度化、规范化,重要的成功体验应通过立法程序使之成为法律规范。

　　在社会领域,要避免重视社会建设和公共服务变成政府越位和社会事务过度行政化,克服越俎代庖的倾向。凡是不需要依靠政府的权力和权威就能办成的事,都应该鼓励和支持基层自治组织和其他社会组织去做,对公益性事务可以由政府购买服务。要注重通过社会政策和社会治理创新,激发各项社会事业的活力,在更多的社会领域促进社会公平,保障全面小康在覆盖领域和覆盖人群上的全面性,同时也要防止脱离实际超越阶段。在生态文明建设领域,要着力创新和完善环境保护、环境治理和生态修复制度,探索建立社会公众有序参与有效监督的制度。在经济领域,要围绕使市场在资源配置中起决定性作用和更好发挥政府作用推进治理创新,防止"创新"异化成向旧体制复归。在政治领域,要更多地关注和推进人大和政协系统的创新探索,大力发展多层次多主体的协商民主,争取在根本政治制度和基本政治制度的进一步完善上有所作为。在法治领域,要及时发现和总结推广科学立法、严格执法、公正司法、全民守法各个环节上的创新案例。在党的建设领域,要在治标造势的基础上及时跟进,通过不失时机的制度创新解决治本问题。对创新探索的指导要注重可复制性,经得起实践检验的成功经验不但要长期坚持,避免"人亡政息"甚至"昙花一现",还要大力宣传及时推广,变"盆景"为"风景"。

附图

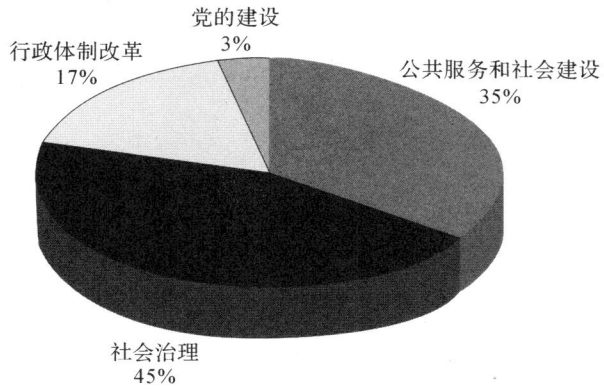

附图 1　浙江省治理现代化创新案例分类比例

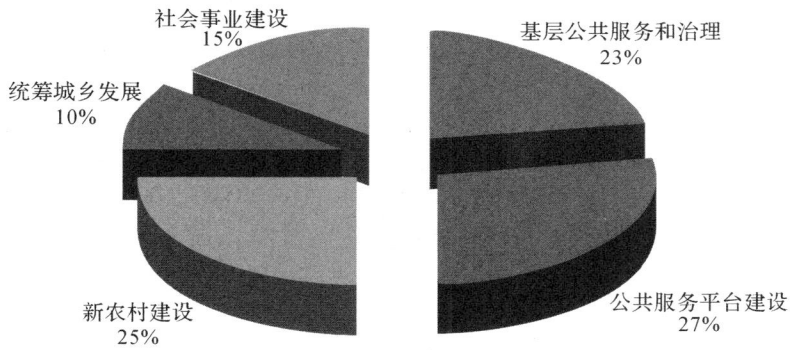

附图 2　公共服务和社会建设类创新案例结构

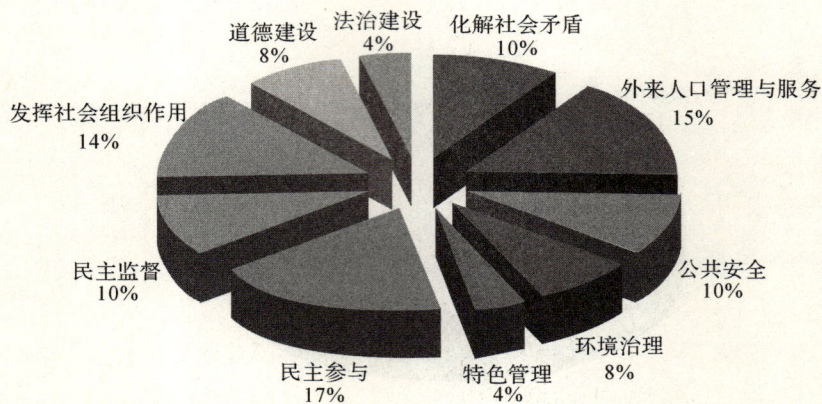

附图 3　社会治理类创新案例结构

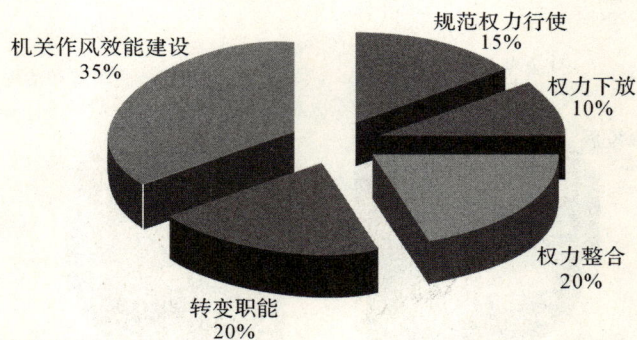

附图 4　行政体制改革类创新案例结构

（**作者简介**：蓝蔚青，浙江省人民政府咨询委员会资深委员，浙江省公共政策研究院研究员，浙江省城市治理研究中心首席专家。）

作者

王　鹏

基于跨域治理的中央政府与地方政府动态关系研究①

内容提要:中央政府与地方政府的关系,是建立在一定的权力和利益基础之上的中央政府与地方政府之间的权力和利益分配关系,这种关系直接影响国家的政治统治和社会管理方式。中央政府与地方政府的关系不是一成不变的,而是随着"权力"与"利益"的增减发生着动态的变化。若中央政府"权力"、"利益"均外扩,地方政府"权力"、"利益"均内敛,则产生中央集权关系;若中央政府"权力"、"利益"均内敛,地方政府"权力"、"利益"均外扩,则产生地方分权关系;若中央政府与地方政府"权力"、"利益"均外扩,则产生协作伙伴关系。本文在分析上述三种动态关系的基础上,运用跨域治理的基本理论,对理顺中央政府与地方政府的动态关系提出若干协调路径。

关键词:跨域治理;中央政府;地方政府;动态关系;协调路径

一、引　言

　　当今世界处于一个全球化和区域化并行发展、全球主义和新区域主义共同崛起的时代,许多地区的"内部"社会公共问题与公共事务已变得越来越"外部化"和无界化,跨行政区划的"区域公共问题"逐渐凸显,并有复杂化、多元化和规模化的态势。以往学界大多以全国疆界的"中央集权"或辖区割裂的"地方自治"作为探讨如何解决公共事务的基础,地方政府在实践中也是基于单元行政区域界线,遵循"画地为

---

　　① 基金项目:国家自然科学基金青年科学基金项目(71202141);广东省人文社会科学重点研究基地科研项目(37714001004);广东省软科学研究计划项目(2012B070300096)。

牢"和"各自为政"的行政区行政,甚少关注行政区划边界或跨行政区域的"区域公共问题"。① 但在全球化浪潮席卷、经济快速发展、科技信息剧增的影响下,传统人类现实社会生活结构已发生改变,致使现今公共问题与社会需求日益复杂。

这种政府主导型的跨域公共服务供给,需要中央政府与地方政府运行同向,协调一致。然而,中央政府与地方政府具有不同的利益诉求,如果中央政府在制度安排、政策设计、决策制定等方面未能充分考虑地方政府的利益,实施起来必然遭遇阻碍,招致地方利益、部门利益的重重挑战乃至抵制。2007 年 5 月爆发的太湖"蓝藻危机"和随后国家环保总局首次启动的"流域限批"把中央政府与地方政府的利益博弈推向极致。② 因此,现阶段跨行政区划的"区域公共问题"实质上是一个"利益调节失衡的问题",是中央政府与地方政府远期和当前、整体和局部的利益冲突的反映,而利益博弈的结果必然对跨域公共服务供给产生重大影响。在当前大力强化地方政府公共服务能力的背景下,面对与地方政府追求利益最大化行为相悖的、容易出现"集体行动逻辑"尴尬后果的跨域公共服务供给,有必要从跨域治理的角度出发,分析中央政府与地方政府的动态关系,以有助于破解实现地区间基本公共服务均等化的共同难题,推动我国提升跨域公共服务的供给绩效。

二、跨域治理的基本内涵

面对全球化与民主化浪潮的影响,世界各国政府为了应对快速变化的内外部环境,无不致力于充分整合自身资源,大力提升政府的治理绩效。因此,诸如政府再造、地方分权自治及营利组织或非营利组织参与等议题,成为政府公共事务运作的重要改革方向。与此同时,地方政府的角色定位和结构功能亦随之发生改变,在"全球性思考、本地化行动"(think globally and act locally)的思维架构下,地方分权与自治等概念逐步落实于府际关系的权力划分中,中央政府开始下放若干支配权力,并扬弃过去相对优越的上下互动关系,赋予地方政府更多的自治权限,以此提高地方政府解决日益复杂化的跨行政区域公共事务与问题的能力。

然而,上述府际关系的权力相对位移,以及地方政府自治权力的增大,并不意味着"区域公共问题"将会迎刃而解。地方政府必须摆脱过去本位主义的僵化思维,超越各自行政区域的范畴限制,依据自身禀赋进行跨域合作协调,才能够克服"区域公共问题"的外溢效应。因此地方政府如何通过有效的协力合作,进而解决复杂的跨域公共事务,将是未来府际关系研究的核心问题。跨域治理即是在如此的环境转变过程中,

① 陈瑞莲.论区域公共管理的制度创新[J].中山大学学报(社会科学版),2005(5):61-67.
② 余敏江,刘超.生态治理中地方与中央政府的"智猪博弈"及其破解[J].江苏社会科学,2011(2):147-152.

逐渐发展成为地方政府采用的新型治理途径。

跨域治理(across boundary governance)的内涵包括了地理空间上的跨政区联合行动,组织单位中的跨部门交流,传统公共部门与私营部门、民间组织之间的伙伴关系,以及横跨各种政策领域的专业化合作,是一种超越分歧、跨越边界、以协同互动为目的的新型治理模式。① 在本质上,跨域治理区别于传统意义上政府作为单一治理主体的模式,而倡导一种多元和整体治理的模式,一方面可以通过地方民众和当地团体"自下而上"所形成的意见,扩大公民参与公共事务的规模,另一方面适当地引进民间的力量来提供公共服务,可以减少政府不必要的支出。② 具体来说,政府将改变长期以来对于资源配置及提供公共服务处于垄断地位的单中心统治结构,通过职能与角色的制度性安排,下放权力至市场或公民社会共同分享和承担之后,最终形成一个政府、市场和公民社会所组成的多中心治理网络格局。③

跨域治理融合了多层次面向的治理形态,强调中央政府扮演中立调解和宏观资源配置的角色,与其相似的概念有美国的"都会区治理"、日本的"广域行政"、英国的"区域治理"和"策略社区"等。跨域治理的对象具有公共性,它的实施有利于推动政府间合作、部门间协作以及政府与民间的协同发展,有利于社会经济的可持续发展,有利于降低社会治理成本。从这一意义上说,跨域治理是地方政府的迫切要求,也是未来公共治理的发展方向④。

跨域治理建立在区域治理的基础上,后者是一种以协力(collaboration)为中心的治理机制,其实践不仅是跨域行政区域的实际空间范畴,更是具体整合政府部门、营利组织和非营利组织的事务权责,据此建构虚拟空间的协力合作与互动伙伴关系。⑤ 主张协力合作是跨域治理的有效方式,不同的协力方式与治理角色,将产生不同的治理形态。表1显示的是跨域公共服务供给者的协力关系,其互动方式是从非正式到正式,组织结构是从松散的网络到严密的科层体制,供给者之间的合作规则是从彼此的共识趋向于明确订定的组织规范,而治理的效果分别是网络、伙伴关系、联盟与整合等四种跨域治理形态。

---

① Agranoff R,Mcguire M. *Collaborative Public Management：New Strategies for Local Governments* [M]. Washington D C：Georgetown University Press,2003.

② Stoker G. *Transforming Local Governance：From Thatcherism to New Labour*[M]. Hampshire：Palgrave Macmillan,2004.

③ 李柏谕. 公私协力与小区治理的理论与实务[J]. (中国台湾)公共行政学报,2005(6)：59-106.

④ 马学广,王爱民,李仁岩. 城镇密集地区地方政府跨域治理研究[J]. 热带地理,2008(2)：144-149.

⑤ 李长晏. 迈向府际合作治理：理论与实践[M]. 台北：元照出版有限公司,2007.

表 1   跨域公共服务供给者的协力关系

协力方式	非正式的松散网络，临时性的特别伙伴关系	有限的承诺	联合从事行动	组成正式治理体制	自治团体移转部分自治权，成立联盟机构	将参与的自治团体合并为单一组织
治理角色	彼此信任的自治政府	相互规范、具有义务以及分享价值的自治政府		具有支配性规范的外部政府		科层体制
治理效果	网络	伙伴关系		联盟		整合

资料来源：Sullivan H，Skelcher C. *Working Across Boundaries：Collaboration in Public Services*[M]. New York：Palgrave Macmillan，2002.

三、中央政府与地方政府的动态关系

中央政府与地方政府的关系，是建立在一定的权力和利益基础之上的中央政府与地方政府之间的权力和利益分配关系，这种关系直接影响国家的政治统治和社会管理方式[①]。由于政治域中政府的行动取向没有普适性法则，为适应动态的行政环境，政府会采取权变的行政策略，其策略选择的背后就是各种"权力"与"利益"之间的博弈过程。因此，本文认为中央政府与地方政府的关系不是一成不变的，而是随着"权力"与"利益"的增减发生着动态的变化。具体来说，中央政府与地方政府的动态关系包括中央集权关系、地方分权关系和协作伙伴关系三类。若中央政府"权力"、"利益"均外扩，地方政府"权力"、"利益"均内敛，则产生中央集权关系；若中央政府"权力"、"利益"均内敛，地方政府"权力"、"利益"均外扩，则产生地方分权关系；若中央政府与地方政府"权力"、"利益"均外扩，则产生协作伙伴关系（见图 1）。

（一）中央集权关系

中央集权关系源于美国政治的 Hamiltonian 传统，其意在追求一个具有强大行政组织的积极政府，并认为公共行政的主要目的在于"有效"地实现公共目标[②]。传统中央集权制（centralization）视国家政治为一整体，一切权力与一国治权皆为中央所有或为中央政府所掌握，地方政府只是中央分设的派出机关，其存在的功能仅为听命于中央处理或执行事务的代理角色。从区域经济发展不平衡的角度看，这种地区间的不平

---

① 吴爱明. 当代中国政府[M].北京：中国人民大学出版社，2010.

② Isett K R，Megel I A，Leroux K，et al. Networks in Public Administration Scholarship：Understanding Where We Are and Where We Need to Go. *Journal of Public Administration Research and Theory*，2011，21（suppl 1）：i157-i173.

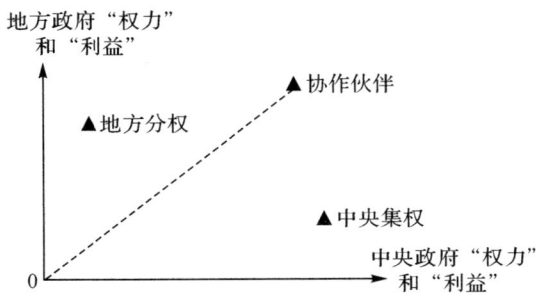

图 1 中央政府与地方政府的动态关系

衡和过度的经济差距不能完全依靠市场力量加以解决,市场竞争只会加剧两极分化,使得发达地区发展更加迅速,而落后地区则更加落后。[①] 同时,同级地方政府之间很难自动发生有效的协调机制,仅依靠地方政府自身无法解决区域差异性问题。因此,必须依靠中央政府和中央集权来宏观调控与统筹发展,平衡各地方的财政能力,实现区域协调发展。

中央政府通常通过提高中央征税集权程度来扩大其"权力"和"利益"。从静态角度看,税收的征收率决定于征收能力和税收努力的乘积;但从动态角度看,税收努力对征收能力具有重要影响。根据中央政府与地方政府各自的税收努力及其征税比重,可以构建政府体系的总税收函数[②]:

$$TE_t = \sum_{i=1}^{N} \alpha_{it} \times TE_{it}^l (S_{it}^l (cp_{it})) + \beta_t \times TE_{it}^c (S_{it}^c) \tag{1}$$

其中,TE_t、$TE_{it}^l(*)$、$TE_{it}^c(*)$ 分别表示第 t 期政府总税收努力、地方政府税收努力和中央政府税收努力,α_{it}、β_t 分别表示第 t 期地方政府和中央政府的税收比重,$S_{it}^l(*)$ 表示第 t 期中央政府对第 i 个地方政府的评分函数,cp_{it} 表示地方政府的经济竞争强度,S_{it}^c 表示中央政府的利益目标,并且 $\sum_{i=1}^{N} \alpha_{it} + \beta = 1$。

中央政府由于和地方政府具有不同的政治和经济地位,因而税收函数的表现形式也不同。中央政府通过加强征税集权($TE_{it}^c(*)$),将总税收(TE_t)在不同地区间进行分配,尽力促进公共服务的均等化(S_{it}^c)。地方政府官员为实现政治晋升,则会高度重视中央政府的考核指标。具体来说,地方政府会在保持基层稳定的前提下,充分利用财政手段,通过减税和提供更加完善的公共服务,加快当地的经济增长速度,以便提高

① 孙彩红,余斌. 对中国中央集权现实重要性的再认识[J]. 政治学研究,2010(4):33-42.
② 王剑锋. 中央集权型税收高增长路径:理论与实证分析[J]. 管理世界,2008(7):45-52.

其政绩,增加中央政府对其考核的分数(S_{it}^l(＊))。但这种"诸侯争霸"的行为容易产生负面影响,地方政府间的竞争(cp_{it})越激烈,其税收努力(TE_{it}^l(＊))就会越低,从而不利于征收率的提高。

因此,加强中央集权,增加中央政府的征税比重(β_t),可以提高政府体系的总税收。中央政府的征税集权程度越高,其对税务机构征收能力建设的规划和实施能力就越强,并会通过"示范效应"来促进地方政府加强征收能力建设。例如我国分税制改革前,地方政府出于成本等考虑,往往不会积极进行征收能力建设,导致政府体系的税收努力长期处于较低水平。分税制改革后,中央政府加强了征税集权并建立了直属的税务机构,各地的征收能力都得到了充分利用,地方政府对于贯彻落实征收能力建设的遵从程度也相应提高。

可见,在中央集权的背景下,中央政府扩大其征税权限而实现了"权力"和"利益"的外扩,地方政府则"被动"地接受征税权限的缩小,从而促使"权力"和"利益"的内敛。在短期内,中央政府通过提高政府体系总税收努力的方式来提高征收率,在长期则通过对征收能力建设规划和实施能力的增强来提高政府体系的征收能力,并导致征收率的进一步提高。从跨域治理的决策角色看,中央政府发挥着"跨域公共服务输送"的统筹功能,其所采取的政策工具是通过地方政府提供公共产品与服务。但这样的集权设计往往使中央政府面临"制度的危机"(crisis of institution),中央政府在统筹不同行政区域时无法面面俱到,不仅容易丧失因地制宜的跨域治理机会,而且可能产生政府专制或个人独裁。另外,由于中央政府严格的监督与控制,地方政府官员容易陷于唯命是从的被动地位,态度消极而保守,不易发挥创新与自发精神,从而导致行政官僚化和工作效率的降低。

(二)地方分权关系

地方分权关系源于美国政治的 Madisonian 传统,其对中央政府的行为有所保留,主张权力和利益应分散于多元利益主体中。地方分权关系是在经济社会完成快速增长、进入一个相对稳定时期的背景下产生的。当中央集权的行政管理体制无法满足市民多样化需求的时候,就需要通过重新划分中央政府与地方政府之间的关系,赋予地方政府更多的权力和利益。地方分权制(decentralization)有利于克服传统中央集权制所面临的制度性危机,即不再视国家政治为一整体,而倡导将权力和治权的一部分授予地方政府,中央政府仅处于监督的地位。

地方分权主要表现在财政分权(fiscal decentralization)上,也即地方政府逐渐拥有了对财政收入的剩余控制权。赵志耘和郭庆旺的研究认为,财政分权是纵向府际关系演进的世界大趋势,但在不同类型国家,其诱导机制却不尽相同。^① 发达国家推行财政分权是为了在"后福利国家"时代以更低的成本提供公共服务;在拉丁美洲国家,实行财政分权源于人民追求民主的政治压力;在非洲国家,推行财政分权主要是服务于国家统一;在发展中国家,实施财政分权旨在挣脱治理无效、宏观经济不稳定和低经济增长的陷阱;经济转型国家倡导财政分权,则是计划经济体制转向市场经济体制的直接结果。一般认为,地方政府具有信息优势,更了解本地区居民偏好和公共服务提供成本,赋予地方政府更大的财政自主权有助于强化地区间竞争和公众政治参与,从而有助于约束地方政府行为,促使地方政府提高效率。^② 另外,政府效率提高会导致公共服务需求增加,且公共服务若具有较大的规模经济效应,或地方政府更加依赖于公共池资源(common-pool resource),那么财政分权也会导致政府支出规模的增加。^③

财政分权对地方政府行为的影响主要是通过对官员的激励形成的。激励不仅来自政治晋升的诉求,而且来自其可支配"资源"最大化的经济利益追求。^④ 在中国式的财政分权和以 GDP 增长为政绩考核的政府竞争这两种体制约束下,各地区地方政府拥有了更加强烈的扩大预算外收入的激励,于是加大对地区经济的支配。^⑤ 事实上,由于各地区要素禀赋、经济结构的不同,财政分权下各地方政府所受激励和约束不同,会表现出不同的行为方式。中央与地方财政分权形式的变化也会使得地方政府表现出"掠夺型"(predatory)、"勾结型"(collusive)和"强化市场型"(market-augmenting)等多样化的行为类型,而地方政府行为的多样性将导致各地区市场制度发育和改革创新的差异,进而对各地区经济转型与发展产生不同的影响。

上述地方政府不同的行为类型,主要取决于生产资源的分布状况。如果某一地区生产者之间很难达成合作抵制地方政府的掠夺行为,将可能导致"掠夺型"地方政府行为的出现;如果生产资源在该地区分布存在显著的不对称性,并且地方政府从不同类型的生产者之间所取得的财政政治收益也不相同,那么将会导致"勾结型"地方政府行为的出现;如果一个地区生产资源分布相对平均、有效,并且该地区生产对于产权保护程度非常敏感,地区生产者之间在界定和保卫产权方面有共同的利益,将导致"强化市场型"地方政府行为的出现。^⑥

① 赵志耘,郭庆旺.论中国财政分权程度[J].涉外税务,2005(11):9-13.

② Bardhan P. Decentralization of Governance and Development[J]. *Journal of Economic Perspectives*, 2002,16(4):185-205.

③ 郭庆旺,贾俊雪.财政分权、政府组织结构与地方政府支出规模[J].经济研究,2010(11):59-72.

④ Li H B, Zhou L A. Political Turnover and Economic Performance:The Incentive Role of Personnel Control in China[J]. *Journal of Public Economics*, 2005,89(9-10):1743-1762.

⑤ 王文剑,覃成林.地方政府行为与财政分权增长效应的地区性差异[J].管理世界,2008(1):9-21.

⑥ 高鹤.财政分权、经济结构与地方政府行为[J].世界经济,2006(10):59-68.

　　虽然财政分权通过对官员的激励可以促进经济增长和提高经济效益,但对地方公共服务却会产生一定的负面影响。地方公共服务是社会赖以生存发展的一般物质条件,其涉及范围不仅包括公路、铁路、机场、通讯、水电煤气等公共设施,即"物质性基础设施"(physical infrastructure),而且包括教育、科技、医疗卫生、体育、文化等社会事业,即"社会性基础设施"(social infrastructure)[①]。Holmstrom 和 Milgrom 的研究认为,面对多重任务委托,或者面对多维度工作,代理人往往会强烈关注那个最容易被观察、最容易显示绩效的工作,而忽视其他工作或者工作的维度。[②] 由于在我国政治体制中采用的是以经济增长为主要指标的晋升考核形式,特定的政治、经济和文化环境促使政府官员的利益更加能够代表政府利益。[③] 因此,地方政府官员有动力去把更多资源配置到物质性基础设施的投资方面,从而通过提高经济增长率获得晋升机会,而关系到民生福利的、属于"隐性政绩"的社会性基础设施却因难以用硬性指标衡量而不受重视。

　　图 2 显示的是最优(first-best)、财政分权与财政集权(fiscal centralization)三种配置情形下,地方政府投资物质性基础设施(P)与社会性基础设施(S)的比较示意图。其中,P 和 S 相加等于政府支出 E,即 $P+S=E$,E^S 和 E^H 分别表示软预算约束与硬预算约束下的政府支出。对于各个地方政府 i,从最优配置(P_i^{FB},S_i^{FB})、财政分权下的配置(P_i^D,S_i^D)和财政集权下的配置(P_i^C,S_i^C)可以明显看出,财政分权下地方政府对社

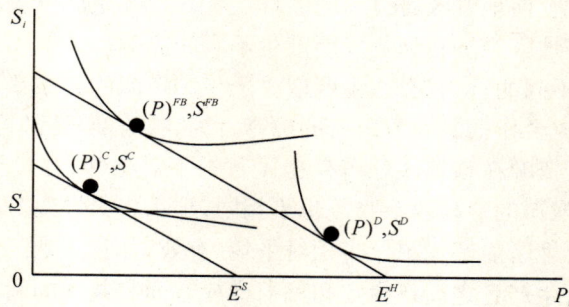

图 2　三种配置情形下地方政府对物质性基础设施与社会性基础设施的投资比较

资料来源:Qian Y. Y., Roland G. Federalism and the Soft Budget Constraint. *The American Economic Review*, 1998, Vol. 88, No. 5, pp. 1143-1204.

---

　　① 西宝. 基础设施网络整合与跨区域治理[J]. 公共管理学报,2007(4):17-30.

　　② Holmstrom B, Milgrom P. Multitask Principal-Agent Analyses: Incentive Contracts, Asset Ownership, and Job Design[J]. *Journal of Law, Economics, and Organization*, 1991(7): 24-52.

　　③ 参见周黎安. 转型中的地方政府:官员激励与治理[M]. 上海:上海人民出版社,2008.

会性基础设施的投资(S)是最少的($S_i^D < S_i^C < S_i^{FB}$)。财政集权下,虽然地方政府对物质性基础设施(P)的投资是最少的($P_i^C < P_i^{FB} < P_i^D$),但由于中央政府掌握了较大的财政权力,从而保证了一定的社会性基础设施投资规模($S_i^C < S_i^{FB}$,但 $S_i^C > S_i^D$)。

以财政分权为代表的地方分权,主张中央政府提供全国性的公共服务,地方政府提供适合于当地居民的地方公共服务,并在事权划分的基础上进行财权的划分,这是符合效率条件的。但现实中地方公共服务并没有达到预期的水平,过度的分权还造成国家分离主义的兴起以及地方自治能力不足的治理失败情形,并且地方政府往往只关注本行政区域内的问题,对于跨部门、跨区域事务着实无法单独处理与解决。① 究其原因,一是没有明确划分中央政府与地方政府之间的支出责任,地方政府缺乏有效的收入自主权,转移支付体制也不完善和规范;二是省以下各级政府财政权责划分不清,基层政府财政资金不足,只能一再压缩地方公共服务的支出规模;三是高度垂直集权的政府行政体制,对地方公共服务财政体制上的分权形成阻碍,导致下级政府更重视上级政府的命令而忽视民众的要求;四是权力和利益的扩大,使得地方政府获得超常规发展的动力,从而滋生"政府企业化"和"政府逐利化"等变异行为。② 因此,在解决中央集权与地方分权均有失灵问题的方法上,强调建构中央政府与地方政府之间跨域治理的伙伴关系,以及加强地方政府的自治能力尤为重要。

(三)协作伙伴关系

协作伙伴关系是由中央政府与地方政府"权力"、"利益"均外扩所形成的。改革开放后,我国政府权力持续下放的一个重要表现就是"地方主义"的兴起,面对日益增多的跨域性公共问题,垂直的中央政府与地方政府之间,需要建构紧密的"协作伙伴关系"来加以解决。这种跨域治理的机制最主要的特征体现在"中央控制性"与"地方自主性"之间的张力。在"中央控制性"方面,中央政府所处的特殊地位决定了它必然成为地方政府利益冲突的协调者和地方政府合作的推动者。中央政府的宏观调控作用,使其能够从宏观大局出发,对地方政府之间的合作进行统一规划;同时也可以通过推动偏远地区的合作,使地方政府之间的合作达到均衡状态,以确保全国一致性政策的推动。

"地方自主性"则强调地方政府能否充分响应当地民众的偏好与需求。中央政府通过采取行政性放权的办法,将经济的剩余分享权和控制权分配给地方政府,不同层次的地方政府成为辖区内共有经济的真正剩余索取者和控制者,因此地方政府的自主

---

① 罗伟卿.财政分权理论新思想:分权体制与地方公共服务[J].财政研究,2010(3):11-15.
② 马学广.从行政分权到跨域治理:我国地方政府治理方式变革研究[J].地理与地理信息科学,2008(1):49-55.

性空前增加。地方政府已不再是被动贯彻中央政府行政命令的附属组织,而是逐渐成为微观经济领域最重要的投资主体和直接控制者,从而导致中央政府相当程度上减弱了自己的总体能力,并且在机制上失去了控制和调节地方政府最为有效的手段。

以上两种力量的推拉之间,架构了中央政府与地方政府的垂直关系,相当程度上决定了地方政府的自治权限与资源规模,同时也左右了中央政府与地方政府在协作伙伴关系中的行为表现。对于跨域公共服务的供给,中央政府与地方政府由于各自利益考虑的不同,有着不同的行为选择。中央政府代表国家的整体利益和社会的普遍利益,强调全局的经济、社会发展与生态环境的协调;而地方政府有着更为复杂的利益考量,既有与中央政府在根本利益上的一致性,又有相对独立性,即最大限度地谋求本行政区域的经济利益,并通过扩张行为自主性的方式,突破中央政府的政策性约束。在以目前的财税体制为基础所确立的中央政府与地方政府的权力利益格局中,地方政府是一个有着独立的利益诉求和广阔利益空间的"政权经营者"。其利益诉求主要表现为短期内本行政区域的经济发展,这使得地方政府在跨域治理中会权衡自己的利益得失,以自己利益最大化为行为的标准和最终的目的。显然,地方政府的机会主义行为产生,极有可能使其偏离中央政府宏观政策的整体目标。

然而,在很大程度上,中央政府与地方政府还是存在共同利益的。这是因为中央政府与地方政府之间具有相互依赖(interdependence)的关系,它们无法依靠自己的单独行动达到目标,而需要依靠对方的资源。[①] 这些资源是多种多样的,包括合法性权威、资金、专项技能、知识以及信息等,如地方政府的权力来自中央政府授予,中央权威的稳定有利于地方政府的政治统治;而中央政府必须依靠地方政府来管理本行政区域的事务,不可能事必躬亲。从这一角度看,中央政府与地方政府存在着利益博弈,而博弈的方式和结果则取决于中央政府与地方政府各自的控制能力。在相互依赖的情境下,中央政府与地方政府主要是通过讨价还价和相互妥协等方式来寻找互惠的解决方案,获取各自的目标。

需要意识到的是,这种协作伙伴关系只是中央政府与地方政府关系中的重要组成部分,但不是全部。一种理想状态的中央政府与地方政府关系应该包括三个层次:责任分担的中央集权关系、财权划分的地方分权关系以及激励相容的协作伙伴关系。中央政府与地方政府关系只有责任分担和财权划分还是不够的,因为一种理想化的中央和地方府际关系不仅仅是责、权划分问题,更重要的是实现中央政府与地方政府积极、主动的相互配合。而要实现这种互动的协作伙伴关系,就必须提供内恰的激励相容。

所谓激励相容(incentive compatibility),是指能够使行为一方追求个人利益的行

---

① 参见陈振明.公共管理学——一种不同于传统行政学的研究途径[M].北京:中国人民大学出版社,2003.

为,正好与实现合作双方集体价值最大化的目标相吻合的制度安排。[1] 改革开放以来,随着改革的不断深入和对中央地方府际关系的摸索尝试,我国已经逐渐理清了中央政府与地方政府关系的调整思路。1994 年分税制改革,初步实现了责任(事权)的明确划分和财政的合理分权,使得中央政府与地方政府的行政管理逐步相互依赖。但是,在中央政府与地方政府间内恰的激励相容机制还不够成熟、稳定,处理中央政府与地方政府关系始终围绕着"集权—分权"打转,传统财政体制机制的弊病也逐步显现。这种府际关系失衡的原因,主要表现在:①地方政府不仅没有收入权,更没有自主的支出决策权,地方对中央高度依赖。中央政府在信息方面的劣势会增大资源误配置的机会和增大财政运转成本,而且会忽略地方居民的偏好特征。②地方财政收入上缴和实际所得不对称,挫伤了地方发展经济的积极性。[2] 更为重要的是,当时对政府权力的认知往往局限于分配性的专制力(despotic power),忽视了权力关系双方通过合作协商完成集体性任务的建制力(infrastructural power)。[3]

表 2 显示的是政府专制力与建制力的比较情况,如果中央政府与地方政府关系过度集中于专制力方面,将使二者关系变成单一维度的分权关系和纯粹的对立关系,负向的激励占据着主导地位,正向的激励则趋于萎缩。但是,建制力的"正和"性质,却可以实现权力双方的"相互增权"(mutual empowerment),即双方协作的行为使得各自实现自身意愿的可能性都增大了,也就是双方的权力和利益都扩大了。因此,建制力的相互增权效果使其有助于中央政府与地方政府达成内恰的激励相容,并在信息

表 2　政府专制力与建制力的比较

专制力	建制力
分配性	集体性
零和	正和
冲突	协作
无须协商	日常化协商
独立决策	联合决策
自主性	镶嵌性
相互分权	相互增权

资料来源:张欢.突发公共事件下的中央和地方府际关系审视[J].清华大学学报(哲学社会科学版),2006(4):121-131.

[1] Bergemann D, Vlimki J. The Dynamic Pivot Mechanism[J]. *Econometrica*, 2010, 78(2): 771-789.
[2] 张晏,龚六堂.分税制改革、财政分权与中国经济增长[J].经济学季刊,2005(1):75-108.
[3] Mann M. *The Sources of Social Power (Volume Ⅱ): The Rise of Classes and Nation States*, 1760-1914[M]. New York: Cambridge University Press, 1993.

传递、政策执行等方面转向协作,实现中央和地方各司其职,从而有利于中央政府与地方政府建立起良性互动的协作伙伴关系。

四、中央政府与地方政府动态关系的协调路径

在府际关系的实践和制度安排中,中央政府与地方政府关系最具有根本性、全局性和战略性。因此,为了理顺中央政府与地方政府的动态关系,并为其他府际关系的全面重理提供先决性的制度安排,有必要从以下三个路径对中央与地方的动态府际关系进行协调。

(一)科学划分跨域治理的事权和财权,建立选择性的权力分配机制

1994 年我国分税制改革以来,主要解决了中央政府与省级地方政府之间责、权、利配置的问题,而对省以下各级地方政府的责、权、利却远未涉及。在跨域治理的实际运行过程中,多数省级地方政府模仿中央政府与省级地方政府的财权划分比例来处理省级地方政府与地市级地方政府的财权划分。经过一系列分权改革,地方政府的权力得到了明显扩张,其权力涵盖土地和水资源使用、国有企业改制与转让、城市建设与经营等各个方面。但是,中国长期以来的官场政治"潜规则",使得下级地方政府在财权划分比例、税种归属等问题上,很难有与上级政府"讨价还价"的余地,多数地方政府只能被动地接受上级政府的财权分配,这样就容易造成财权不断上移,事权却不断下放,基层地方政府特别是县乡政府基本上陷入了"吃饭财政"的困境。在这样的条件下,地方政府在"中央政府的地方代理者"这一角色上缺位,往往通过权力和资源的运用追逐自身利益的最大化,却并不承担或只是部分承担整个过程中产生的成本和不良后果,中央政府要求地方政府积极参与跨域治理也只能是一种奢望。因此,协调中央政府与地方政府的动态关系,首先必须改变中央政府与地方政府事权和财权不对称的现象,进一步界定和划分中央政府与地方政府的事务管理范围及相应拥有的权力,最大限度地发挥地方政府在跨域治理中的积极性,使地方政府的权利和责任相对称,在承担执行中央政府宏观调控政策、治理区域经济的同时,能够获得相应的"利益"。

目前,由于中央政府的权力收放还具有欠规范的地方,中央与地方的利益分割呈现非均衡状态。中央政府为确保政令畅通往往偏好于集权,地方政府为保护和扩展自身利益则倾向于分权。中央政府过分集权但不拥有足够的支配权力,而地方政府没有得到处理地方事务的足够的权力,或者是地方政府在事实上得到了一部分权力,但缺乏有效的权力监督机制,完全可以利用手中的资源使中央政府的宏观控制政策变形,

甚至完全失效。① 于是,在中央与地方的府际关系中就会出现"上有政策,下有对策"的现象,地方政府已经形成了一种与中央政府相博弈的力量。显然,在规范中央政府与地方政府权力分配的过程中,必须改变当前地方政府权力由中央政府单方意志决定的局面,以法律的形式确立一种中央政府选择性集权、地方政府选择性分权的体制,以适应跨域治理的需要。具体可以通过修改宪法和法律的形式,将总揽内政、外交、国防和宏观经济调整等职责交由中央政府,发挥中央政府的宏观调控能力及主导作用;将处理和发展地方公共事务,负责本地区的文化教育、社会保障和公共治安等因地制宜性的职责交由地方政府,真正实现中央政府与地方政府关系的动态平衡。为了保证地方政府用好下放的权力,跳出"一放就乱,一收就死"的怪圈,在建立和完善中央政府与地方政府选择性分权机制的同时,还应健全地方政府的约束机制,加强中央政府对地方政府权力运用的监督与控制。

(二)完善地方政府的政绩考核制度,合理确定中央政府的激励强度

前文已述,地方政府官员为实现政治晋升,会高度重视中央政府的政绩考核指标。这是因为地方政府官员作为理性经济人,其行为和决策是以个体自身利益最大化为根本目标的。在此假设下,社会利益最大化不是地方政府决策的根本目标。从现实来看,传统对地方政府的政绩考核标准是"以经济增长论英雄",具有明显的"GDP 导向型"倾向,即政绩多少看产值,贡献大小看税利,至于人民的实际生活水平如实际收入、就业水平、住房条件等情况却长期得不到应有的重视,这在客观上助长了地方政府官员为了获得上级政府的青睐而在有限任期内急功近利的短期行为,并且形成了"经济目标为主导的压力型体制"。为此,必须完善地方政府的政绩考核制度,矫正和克服地方政府的短期化行为和地方保护主义,改变单纯以经济增长指标为导向的考核标准,取而代之以地方政府提供的公共服务、公共产品质量、公众满意度、居民幸福感、人民是否得到实惠等作为衡量和考核标准,进而从根本上纠正地方政府博弈行为的出发点,减少和解决中央政府与地方政府之间的非合作博弈。

地方政府官员之所以重视物质性基础设施的投资,而忽视难以用硬性指标衡量的社会性基础设施投资,其根源还在于中央政府的激励制度。中央政府根据不同行政区域的经济绩效来给予地方政府官员不同的待遇,由于后者知晓中央政府的效用函数,即知晓本行政区域的经济增长率会给自身带来何种待遇,因而会选择适当的努力程度使其所在地区的经济增长率达到一个特定的水平。② 在此背景下,中央政府应当精心设计激励制度,合理确定激励强度。当地方政府"权力"、"利益"均外扩时,地方政府官

① 高燕妮.试论中央与地方政府间的委托—代理关系[J].改革与战略,2009(1):29-30.
② 王孝松.中央政府的激励机制与地方经济增长[J].财经问题研究,2009(2):11-15.

员发展本地区经济的动力会充分膨胀,往往不惜一切代价促进经济增长率的提高,此时中央政府应当缩小激励强度,防止经济出现过快过热增长,危及社会各种安全。反之,如果中央政府的激励强度不足,则在激励机制的推动下,地方政府官员考虑到本地区经济增长过快会对自身待遇产生不利影响,于是倾向于碌碌而为,内敛其"权力"和"利益",并且缺乏足够动力发展当地经济,其所在行政区域的经济增长率必然要小于没有中央政府激励时的增长率。

(三)构建利益主体合理博弈的均衡机制,建立科学有效的地方利益表达渠道

在跨域治理中,中央政府与地方政府有着各自不同的利益考虑。中央政府是在全国范围内总揽国家政务的机关,它在国家的政治管理体系中处于最高、最核心的地位,关心整体经济的全面协调发展。而地方政府是在国家特定区域内,依宪法或中央法令规定,自行处理局部性事务但无主权的地方统治机关,追求本区域的最大经济利益。同时,地方政府在行为中通常要考虑跨域治理的外部性问题。对于地方政府而言,跨域公共服务供给的成本具有外部性,可以转嫁给其他地方政府和中央政府;而其收益也具有外部性,可能让其他地区"搭便车"。中央政府则必须面对全国的跨域治理难题,对于地方政府不能或不愿供给的跨域公共服务,也无法转移和逃避。[①] 因此,为了解决跨行政区域所衍生的公共事务与民众需求等问题,需要构建市场经济条件下中央政府与地方政府合理博弈的均衡机制,协调和平衡利益主体之间的利益冲突,解决和控制利益主体之间的矛盾,在中央政府与地方政府"权力"、"利益"均外扩的基础上,尽量使相关主体的利益得到满足,以保证相互之间建立起紧密有效的协作伙伴关系。

从利益的角度看,没有一种大体保持权利均衡的制度框架,相对公平的利益分配格局就很难建立起来。目前,利益主体之间出现利益博弈失衡是客观存在的,协调中央政府与地方政府的动态关系,实际上也是处理和调整跨域治理中国家利益与地方利益的关系。随着市场经济的快速发展,地方利益日益凸显出来,势必产生利益表达的问题。如果没有合理的渠道表达,就会造成暗箱操作、地方向中央个别部门寻租以及地方政府之间的不公平竞争等一系列负面现象。毫无疑问,为了杜绝这些负面现象的发生,消除中央政府与地方政府之间在权限划分上的不明不暗的"灰色地带",促进中央与地方动态府际关系的规范化和制度化,同时也为了实现中央决策的科学化和民主化,加强中央与地方协作伙伴关系的纵向制衡和权力制约,需要建立顺畅的地方利益表达渠道,铲除国家利益部门化、部门利益法制化、地方利益寻租化的土壤,在制度层面上形成科学有效的"利益协调机制、诉求表达机制、矛盾调处机制、权益保障机制"。

---

① 余敏江.生态治理中的中央与地方府际间协调:一个分析框架[J].经济社会体制比较,2011(2):148-156.

五、结　语

　　中央政府与地方政府之间的关系是各种府际关系的核心,这种关系直接决定着地方政府在整个国家机构体系中的地位、权力范围和活动方式,从而也就决定了地方政府体系内部各级政府之间的关系。从理论层面看,单一制的政治制度是以中央集权为基础的,而市场化的经济制度则要求地方政府有适度的自主权,政治和经济的不同诉求,导致中央政府在国家权力的制度安排上面临着结构性的两难困境:政治集权与经济分权两者能否兼得? 从实践层面看,中央的高度集权有利于维持宏观政治经济环境的稳定和发展,但可能不利于地方政府从自身实际出发,推动地方经济社会的发展。于是,中央政府与地方政府之间就形成了一种争夺"权力"和"利益"的动态博弈局面。如果中央政府与地方政府事前没有或不打算在责任分置的原则上达成广泛共识,那么它们很可能长期纠缠于"权力"的集权和分权的循环中,并陷入"利益"竞夺的泥潭中相互角力。①

　　同时,在跨域治理理念的发展趋势下,民众参与公共议题的意识逐渐萌发,民间社会力量亦大幅增强,致使政府的主导力量愈显薄弱,传统的"自上而下"(top-down)的政策制定路径已不符合现代社会的需求。尤其是涉及诸多社会大众利益的公共议题,政府更无法单向地制定政策,而必须与利害关系人协商沟通,整合各利害关系人的意见后,才能制定满足大多数人需求的政策。在中央权威体系中,对于比中央政府权力更为薄弱的地方政府来说,要应付处理利害关系人众多且彼此目标冲突的结构不良问题(ill-structured problem)时,必然会面临跨域治理的困窘和局限。若事事依靠中央政府的协助而不思提升地方政府的治理能力,会造成中央政府与地方政府关系的扭曲,并严重影响地方自治的立意与精神。所以,跨行政区划的"区域公共问题"不仅需要改变传统意义上中央政府与地方政府之间的纵向关系,也需要调整地方政府之间的横向关系,更凸显出地方政府与营利组织和非营利组织之间建立互利合作关系的重要性。

(作者简介:王鹏,暨南大学经济学院教授,博士生导师,厦门大学经济学博士,浙江大学公共管理博士后,美国佐治亚州立大学访问学者。**)**

---

①　陈国权,李院林.政府职责的确定:一种责任关系的视角[J].经济社会体制比较,2008(3):69-75.

作者
李金珊
胡凤乔

温州创新案例专题研究报告

"温州模式"是中国沿海地区经济发展模式中颇具代表性的一种模式。如今,"温州模式"的制度优越性已经突破经济领域,外溢至政府管理和城市治理中,内涵更加丰富,形式愈发健全。

11 年前,有学者曾用一个公式来概括"温州模式":温州模式＝民营企业＋市场机制＋区域规模＋人本经济＋适度政府。这个公式强调民营、人本是温州模式的精髓,市场机制是温州经济的依托,区域规模是温州经济的形式,适度政府是温州模式的保障,简明形象地解读了"温州模式"。然而,经过 10 余年的发展,这个公式已然落后于温州模式的发展现状,有待补充。

温州民营经济的发展,催生了温州的社会中介组织,推动了市民社会的成长。生机勃勃的市民和社会组织为"温州模式"增添了新的活力,使"温州模式"进入 2.0 时代。用公式来表达即为

温州模式 2.0＝(市场机制＋民营企业＋区域规模＋人本经济)×适度政府×市民社会

新公式不但反映出温州经济的内涵和特性,更强调市场、政府、社会三者相辅相成、缺一不可的关系。

以下两个案例,各自从不同领域展示出温州民营、人本经济,适度政府、市民社会之间的良性互动为彼此和整体的发展产生了影响。其中,案例一讲解的是以行业协会、商会为代表的社会中介组织与温州政府的互动,侧重点是政府转型;案例二解读的是温州市民监督团在城市治理中发挥的作用,侧重点是社会监督方式的创新。两者都是温州市治理体系建设中的创新应用。

案例一　行业商(协)会承接政府职能转移

(一)"行业商(协)会承接政府职能转移"简介

1. 基本情况

所谓行业商(协)会承接政府职能转移,是指把政府不该管、不好管、难管好的事务,从政府转出来委托给行业商(协)会去管去做。2013 年 5 月,浙江省工商联与温州市政府决定,共同在温州开展行业商(协)会承接政府职能转移试点工作。温州市政府在深入调研基础上,选择鞋革协会作为市政府向社会组织转移职能试点承接工作单位;选择服装、眼镜、金属、建筑材料等 4 家协会商会开展单项试点工作;根据需要确定市经信委、市科技局、市财政地税局、市人社局、市商务局、市质监局等 6 个部门作为转移职能试点单位,向市鞋革行业协会转移 8 个方面的职能。

至今,温州市政府已成功地将 165 项职能转移给行业协会、商会。全市已在十多个领域购买社会组织服务,年购买服务资金达 2 亿多元。前段时间,温州市政府又把原本直接向社会公众提供的 170 项服务事项,交由具备条件的社会力量承担。但因尚处于试点起步阶段,政府转移出去的多是辅助性、技术性、事务性职能。

通过开展"1+4"试点工作,温州已经逐步明晰了承接之前的对接工作、承接过程的规范程序、承接之后的配套办法,积累了方法经验,建立起行业商(协)会承接政府职能转移的整套机制。出台了全国首个职能转移规范性文件——《温州市推进政府向社会组织转移职能工作总体方案》。同时,紧跟"权力清单"制定步伐,陆续推出《温州市政府向社会组织购买服务目录》、《温州市政府向社会组织转移职能目录》、《温州市具备承接政府职能转移和购买服务资质的社会组织目录》等。

2. 运作方式

"行业商(协)会承接政府职能转移的温州模式"在实施过程中坚持问题和目的导向,从解决谁来转移、向谁转移、如何转移、对接转移、持续转移五个问题入手(见表 1),初步形成了规范化的政府职能转移机制——七步工作法。

作为解决"如何转移"的具体操作流程的七步工作法分别是:

第一步,公告事宜。由职能转出部门向社会发布公告,列明转移的职能和方式、承接主体条件、承接要求、竞争程序等相关内容。

第二步,报名竞争。社会组织提出承接申请后,职能转出部门通过政府公开采购办法,从中择优选择社会组织承担。

第三步,公示名单。在拟定承接主体名单后,向社会公示。

表1 "行业商（协）会承接政府职能转移的温州模式"解决问题的内在逻辑

解决的问题	相应对策	具体做法
谁来转移	明确职责分工	成立领导小组，明确市政府工作部门为工作主体，列入年度目标考核内容
向谁转移	建立准入机制	市委统战部、市工商联联合政府相关部门开展鞋革行业商（协）会改革试点，梳理事项，论证提出《温州市政府向社会组织购买服务目录》，推出《温州市政府向社会组织转移职能目录》和《温州市具备承接政府职能转移和购买服务资质的社会组织目录》
如何转移	细化操作流程	规范公告事宜、报名竞争、公示名单、签订协议、事项交接、履行协议、加强监管"七步工作法"，与政府职能转移管理办法无缝对接
对接转移	开展"三化"建设	开展行业商（协）会规范化建设、行业商（协）会示范化建设、行业商（协）会实体化建设"三化"建设，提升行业商（协）会自身能力和水平
持续转移	完善制度措施	通过建立一套完善的资金保障、绩效评价、绩效运用等机制，防止社会组织垄断运作，保障"持续转移"

第四步，签订协议。在公示期内没有异议的，签订承接转移职能协议，明确双方权利义务、经费支付以及取消承接资格的条件等内容，报市政府批准。

第五步，事项交接。职能转出部门在签订协议后，及时完成事项移交工作，向社会公告交接事宜。

第六步，履行协议。承接政府职能的社会组织根据所承接职能的内容与要求，制订工作计划，明确目标措施，切实履行承接转移职能协议。

第七步，监管评估。职能转出部门制定转移事项后的监管办法，对承接单位进行全程业务指导和监督检查，定期对承接单位履职情况进行评估验收。

（二）解读"行业商（协）会承接政府职能转移"

1. 职能"转移"的实质是各归各位

中共十八届三中全会作出的全面深化改革战略部署，要求"我国政府机构改革和政府行为不断归位和规范，政府职能明确定位在经济调节、市场监管、社会管理和公共服务等方面，从直接管理为主转为间接调控为主，通过向社会放权、向市场放权、向企业放权，实现政府职能的转变"。

政府的职能是在正确处理好政府与市场、政府与企业、政府与社会组织的关系中界定出来的。一个成熟的现代社会,是政府、企业和社会组织这三种力量实现基本均衡的社会。但从我国政府过去几十年的工作态度和方法来看,"大政府"理念一直挥之不去:政府与市场的界线有时显得模糊,存在相互越位的现象;政府对企业的行政干预大量存在,对企业的引导和服务则明显不足;政府承担了大量的本来可以由社会组织行使的职能,分散了政府的精力和资源,降低了政府工作的效率。

为进一步推进政府职能转变和社会管理体制改革,发挥市场在资源配置中的决定性作用,我国各级政府必将继续逐步简政放权,由"全能政府"向"有限政府"转变、由"管理型政府"向"服务型政府"转变,这就需要商会等中介组织来填补政府职能转变所带来的管理空白。换言之,在经济领域,必须厘清政府、市场、社会三者关系,政府要把原属于市场的职能还给市场,把原属于社会的职能还给社会。政府部分职能将逐步移交或委托给行业商(协)会,把行业商(协)会作为加强和改善行业管理的重要支撑,作为联系政府、服务企业的桥梁、纽带和助手。

2. 行业商(协)会综合实力是职能转移成功与否的关键

温州是中国民营经济的发祥地之一,行业协会、商会起步发展早,是"温州模式"的重要组成部分。改革开放以来,温州行业协会、商会从无到有、从少到多,全市登记的达到 486 家(市本级 104 家),通过率先走市场化运作道路,积极加强行业自律,加快行业发展,维护行业权益,打响行业品牌,已成为推动温州发展的一支重要力量。

温州行业协会、商会的发展得益于温州以"民营经济"、"块状经济"为特色的经济发展模式。但同时,温州行业协会、商会也继承了民营经济"低、小、散"的问题,自身建设有待提高。经费不足、人才缺乏、治理结构不完善、影响力和公信力不足等现实问题成为行业商(协)会发展壮大的阻碍。尤其是近几年,受实体经济陷入困境的影响,温州的鞋革、服装、烟具等传统支柱产业领域的行业商(协)会受到的冲击比较大,会员企业受困、会员锐减。行会、商会的素质不但直接关系到社会组织的生存发展,更关系到社会转型、政府转型的广度和深度。

温州行业协会、商会依托民营经济,同样受制于民营经济。为提升温州行业协会、商会的整体实力,确保其在政府职能转移中能够"接得住",必须从产业升级、政府扶持、行业自立三个层面发力,标本兼治。

3. 职能转移最需关注"转移什么"的问题

政府职能要"转得出",是承接工作整个链条的基本前提。"转移什么"这个问题不但是政府职能转移工作中首先需要明确的问题,更是一个需要不断更新、与时俱进的目录。温州在使政府职能转型的方式、流程等问题制度化、常态化之后,下一步的工作中心应放在政府职能的实质性转移。

目前,行业商(协)会承接的政府职能主要局限于事务性、辅助性的职能事项。例如,原先由市经信委负责的每个季度的"鞋革行业经济运行分析与预测"报告,现在转由市鞋革行业协会承接,由协会负责收集信息、汇总数据、走访企业等工作,并最终形成行业经济运行分析及预测工作报告。此外,作为综合试点单位,市鞋革行业协会还承接了市人社局的"鞋革行业专业技术任职资格评审初审",成立了人才工作站,聘任多名职称评审专家,开展人才培训、职称评审工作等。

类似于举办大型活动、发布市场信息、咨询服务、行业调研等职能只是边缘层面的职能,较少涉及政府部门实质性职能的转移。究其原因,主要是政府部门出于观念和部门利益不愿意真正将职能转移给行业商(协)会,只将一些"不想管、不愿管"的事项推给行业商(协)会承担,政府职能转移中存在"有权不转移,没权无利转移快"的现象,加上部分行业商(协)会能力和执行力的欠缺,无法履行相应的职能,导致行业商(协)会承接的职能多为边缘层面事项,涉及实质性的职能较少。单纯的事务性、边缘性职能转移和承接不仅不利于发挥行业商(协)会的积极作用,也阻碍了政府部门的职能转变。

因此,"行业商(协)会承接政府职能转移"不仅要问政府想"转移什么",还要问企业、行业商(协)会想要政府"转移什么"。

案例二　温州市民监督团

(一)温州市民监督团简介

1. 基本情况

温州市民监督团是温州日报报业集团和温州广电传媒集团在当地党委政府的支持下,于2011年5月组建的,以报纸和广电两大集团为主体,鼓励公众参与的舆论监督模式。温州市民监督团包括"报业市民监督团"、"广电市民监督团"两个总团和40余个监督分团(见表2与附录一)。

表2　温州市民监督团分布

类　别	个　数
社会组织分团,例如爱心璀璨分团	13
县市区分团,例如鹿城分团	11
媒体分团,如温州晚报分团	8
高等院校分团,例如温州大学分团	7
按监督内容,例如网络监督团分团	6

温州市民监督团经过5年的发展,已经形成了以下几个鲜明的特点:

（1）市民广泛参与，视角多元化。市民监督团的成员来自社会各界，包括人大代表、政协委员、机关干部、企事业单位员工、基层社区干部、高校专家学者、律师、私营企业主、大学生、青少年、热心网友等。监督团成员不同的社会角色、教育背景、生活经验，使监督团在行动中能够从多元化的视角发现和分析问题。

（2）公众自愿参与，承担社会责任。市民监督员带有志愿者的性质。所有监督员自愿报名，不考虑报酬，以服务公共社会为己任，大部分监督员都是利用业余时间参与社会监督。

（3）监督员深度参与，掌握话语权。监督团成员参与选题的讨论与确定，采访时，在记者的带领下深入现场调查，实时记录现场情况及直观感受。节目播出后，监督团成员通过 QQ 工作群，总结得失，交流经验，谋划新选题。在整个过程中，监督员既是见证者，更是立题者、策划者和采访者。充分的参与度保证了市民监督员的话语权。

（4）关注范围大，活动密度高。市民监督团的关注范围从建立之初的城市绿化美化扩大到城市破难攻坚、转型发展的方方面面。5 年间先后开展规模不一的各类监督活动千余次，平均每两天开展一次活动。

（5）聚焦城市管理热点，解决问题力度大。市民监督团通常把目光聚焦在市民反映强烈、政府部门办事不力的城市建设乱点、社会热点问题，如保护生态环境、拆除违法建筑、确保交通畅通等方面。监督态度坚决而明确，监督手段公开而直接，形成极大的舆论压力，使问题被正视。被市民监督团发现并曝光的问题，其中 85% 以上得到了妥善解决。

（6）形成品牌效应，经验得到推广。温州市民监督团是温州"市民系列"队伍之一，以"百姓监督百姓事、助推城市转型发展"为宗旨，开拓了市民参与城市管理的新途径。相对于其他城市类似的项目，温州市民监督团在规模、运作、机制、效果等方面更具创新性，被外界誉为"舆论监督和社会监督的温州创造"，吸引杭州、宁波、嘉兴、义乌等兄弟城市前来取经。温州市民监督团先后获得浙江省推进重大主题报道创新活动策划创新奖、浙江省"三贴近"优秀案例、2013 年度浙江省宣传思想文化工作创新奖（全省仅 8 例）、第三届浙江省公共管理创新案例等荣誉称号，并于 2015 年被写入由中宣部主编的《宣传思想文化工作案例选编》中，温州市民监督团的相关经验由此将在全国范围内推广。

2. 运行方式

温州市民监督团由温州市委宣传部组织领导，温州日报报业集团、温州广电传媒集团引导运作，按照"N＋X"的模式组建两个总团和 40 余个分团，定期开展主题性督查行动。针对工作不力、进展缓慢的单位和人，阻碍工程和项目进展的"钉子户"、"拦路虎"进行监督曝光；对工作中的亮点和先进典型进行正面宣传；并对市民反映强烈、政府部门办事不力的城市建设乱点、热点问题开展督查及追踪报道。

　　督查行动的选题,一般由记者和市民监督员事先调查摸底,监督团工作人员审定,然后在监督团网站专栏、专用 QQ 群、官方微博公布行动时间和内容,征集参加行动的监督员。在行动开始前,邀请专业人士对通过资格审查的市民监督员进行政策、法规的培训和现场询问分寸技巧的指导,帮助监督员在现场质询相关责任部门时,能够准确、犀利地提出问题、意见和建议。

　　每次小型行动有 10～15 人参加,由记者带队,统一着装、佩带监督证,到现场对事实进行调查取证,由市民监督员就有关问题当面询问职能部门负责人,之后根据调查和询问的结果发表报道和观点评说。每次督查行动的新闻、专题节目在广播新闻综合频道、电视新闻综合频道的多个栏目播发,造成强大的舆论声势。

　　对于一些影响面广、现场感强的重大事件,除了开展现场督查外,电视新闻综合频道还同步进行现场直播。对于一些难点问题,温州市民监督团开展连续性的追踪督查,相关栏目也开展连续性的报道,直到问题彻底解决。对于一些不宜公开报道的敏感问题,由监督团专人整理后,以书面报告或内参的形式,报送党委政府相关领导和部门,促使责任单位和责任人改进工作。监督团还定期刊发《活动简报》,对每次督查行动的内容和效果进行梳理,及时送达市主要领导和部门负责人,扩大活动的影响面。

　　温州市民监督团每季度召开一次工作座谈会,交流督查行动的心得体会,学习政策、法律和新闻专业知识,总结经验,提高监督水平。此外,温州市民监督团还建立了一个专门的 QQ 群,每次开展活动,记者或监督员都会把在督查过程当中了解到的相关信息在群内发布,供群内的监督员们参考、讨论。

　　温州市委宣传部专门制定出台了《温州市市民监督团管理办法(试行)》,有效整合市民监督团的资源力量,并拨给专项经费,对市民监督团的活动宗旨、层级结构、成员招募、监督内容、监督程序等作出具体指导。对团员的权利和义务作出具体明确的陈述,比如,市民监督团规定监督员拥有监督权、询问权、建议权和受培训权等四方面权利,同时,要求监督员在享受权利的同时,要履行好"遵纪守法,实事求是,不得以公谋私,不得要挟他人或者有关单位","认真履行职责,一年内参加市民监督团组织的有关督查活动不少于 4 次或提出建设性建议、意见 2 条以上"等方面义务。严格的考核激励机制,建立能进能出的考核机制,对一定时间内从不参加活动或违反有关规定的团员予以解聘。同时,建立优秀表彰机制,每年开展评优评先活动,对优秀团队和团员给予荣誉奖励和外出培训、观摩等的机会。

(二)解读温州市民监督团

1. 形式上:体制外的社会监督新模式

　　温州市民监督团是一种体制外的社会监督新模式。这种模式打破了舆论监督和群众监督各自为政的传统模式,将新闻媒体的舆论监督与公众监督相结合,以其话语权的平民化、监督主体的草根性以及主流媒体发挥的联动效应,推动了政府社会管理工作遇到的难点问题和群众关注的社会热点的落实和解决。

区别于以"用权力制约权力"为特征的体制内政党监督和国家监督,社会监督是由公民、法人或其他组织对行政机关及其工作人员的行政行为进行的一种具有一定约束力,却没有法律效力的监督,包括公众监督、社会团体监督、网络媒体的舆论监督等。根据宪法,我国公民享有对国家和社会事务实行舆论监督的权利和自由,可以依法运用新闻传媒发表意见、建议和呼声,表达自己的意志,通过新闻舆论对各级党政机关及其工作人员的工作,以及社会事务实行监督。同时,新闻媒体作为舆论监督实施主体,肩负帮助公众了解政府事务、社会事务和一切涉及公共利益的事务的重任,舆论监督既是新闻媒体的权利,也是新闻媒体的职责。

温州市民监督团将新闻媒体的舆论监督与公众监督相结合,有效解决了单纯的群众监督难以形成强大的声势,单纯的媒体监督使媒体面临的压力过大这两个问题。一方面将话筒主动递交到市民监督员手中,为热心公共事务的人提供了表达思想、自我实现的平台;也为权利受损的群众宣泄情绪、主张权利、表达诉求畅通了渠道,减少了社会隐患。另一方面使主流媒体摆脱了节目形态老化、公信力下降的困境,通过发动市民参加监督,引起群众共鸣,取得良好的报道效果;同时,新闻舆论监督特有的公开曝光手段在市民群众震慑力的帮助下,能够与监督的阻力抗衡,更深入地开展舆论监督。此外,市民监督团的行动给政府部门行政不作为现象造成极大的威慑,促进了政府转型改革;也帮助政府解决了许多难以用行政手段解决的民生热点难点问题,密切了政府与市民的关系。

体制外社会监督在一定程度上满足了人民群众实现知情权、参与权、表达权和监督权的愿望。既是对体制内监督的有益补充,又是国家权力社会化的逻辑结论和社会进步的客观要求。

2. 本质上:温州人本经济与市民社会发展的产物

温州市民监督团在形式上是一种新型的社会监督模式,这种模式之所以会在温州产生并取得成功,得益于温州民营经济的坚实基础、温州市民社会的发展和温州"自主、创新"精神的滋养。

温州的经济改革是体制外的改革,温州国有经济力量不强,其经济的发展主要靠民间经济力量所推动。经过 30 多年的发展,民间经济力量已经成为温州经济的主体。因此,"民营、人本"是温州经济发展的精髓。温州民营经济的发展为市民社会提供了经济基础,市民社会的逐渐成熟推动了"公共领域"的诞生,借助公共领域,市民监督才得以实现。

所谓市民社会,就是指在市场经济条件下,独立于政治国家的私人活动领域:它由逐步趋向于公共旨趣的三个层级——家庭、经济领域、公共领域构成;独立的个人之间相互承认和自主交往关系,是这一领域的基本准则和纽带,它将自主的个人以及由他们组成的独立社团连结为一个有机的整体,从而形成一种制约国家政治行为的社会力量。

在温州,市民社会与民营经济是相生相伴的:(1)市民社会所要求的私有产权、平等自治的契约性关系、法治原则、尊重和保护社会成员的基本权利、自治性质、个人的选择自由等基本特性,也正是民营经济的基本特性。(2)民营经济的发展催生了民间自我管理的需要和民间组织的建立。(3)温州民营经济的发展不但培育了独立自主的市场主体,而且培育了温州人自由独立的个性意识。(4)民营经济的发展,伴随着社会与国家关系的变化,产生了社会领域与政治领域的分化。温州民营经济的发展,为温州民间力量生长、社会自治组织形成和发展创造了良好的环境,促进了市民社会的成长。

同时,温州市民社会的发展也受到了来自政府力量的支持和推动。温州市政府推行的"适度政府"理念也为市民社会的发展创造了良好的外部环境。在政府向社会分权的条件下,温州的社会事务管理呈现出民间化趋势,伴随着社会自主空间的出现和扩展,市民社会得以生长。

在市民社会中,各种民间组织、社会团体以及个人,都可能成为政府部门的外围监督力量,这种外围监督更为彻底、利落。随着市民社会的逐渐发展壮大,这种外围的监督力量也逐渐强大,成为一种"民意"而受到政府的重视。温州市民监督团正是温州市民社会发展过程中产生的一股外围监督力量。

(三)关于温州市民监督团的几点启示

1. 城市治理要重视民间力量,鼓励市民社会健康发展

市民监督团的发展与壮大体现了温州市民意识的觉醒。但总体而言,温州市公民社会尚不健全,大部分公众参与城市建设与管理的意识还比较薄弱,市民责任感还有待提高。市民监督团一方面为热心公益事业、社会责任感强的市民提供了实现自我价值、奉献社会的平台,另一方面,监督员在履行好自己职责的同时,也向社会释放了一种积极信号,引导和带动其他社会成员参与社会治理。

2. 市民监督员要加强自身修养,理性使用"舆论"力量和"公众"压力

市民监督团模式解决了在现有的体制下,社会监督单一主体力量单薄的困难,将新闻媒体监督与群众监督相结合,产生了强大的舆论导向作用,提高了新闻报道的贴近生活性和真实感,增强了新闻监督的有效性和公信力。但仍需要意识到,市民监督团的"力量"是一把双刃剑,市民监督员在监督行动中若不能正确使用自己手中的力量,将有可能使"众人拾柴火焰高"沦为"众口铄金,积毁销骨"。因此,加强监督团的队伍建设,严肃监督纪律至关重要。

3. 网络时代要注重主流媒体自身发展,坚守相对优势的领域

随着网络日渐发达,公众借助网络获取信息、发布信息、参与公共事件的渠道越发多元,自媒体的崛起更是在一定程度上抢占了传统报纸、广播的生存空间。监督团成员的草根性、议题设置的贴近生活性、表达内容的开放性、运作手段的参与性,虽然给新闻报道注入了源源不断的源头活水,但这并不是传统主流媒体的相对优势领域。传统主流媒体不但应该在网络时代与时俱进,创新新闻播报方式,更应该强化自身的相对优势,即在报道的可信度和深度上严把关、下苦功。市民监督团不是媒体作秀,在市民监督员的行动吸引住大家的注意力后,媒体必须深度挖掘,而非做表面文章。

4. 市民监督团要形成长效机制,推进品牌化建设

市民社会的进步并非一朝一夕能完成,城市治理体系的建设也需要持续发力。市民监督团只有形成长效机制,持续地在媒体的组织下开展监督,才能对政府主导的工作实现监督,并使自身队伍建设更加规范、有效,形成品牌效应,在市民与政府之间实现良性互动,更好地激发市民参与公共事务的积极性和主动性。

附录一

社会组织分团,13 个
市民监督团新青年分团 xqn@66wz.com
市民监督团社工之家分团 sgzj@66wz.com
市民监督团柒零叁分团 qls@66wz.com
市民监督团瑞安爱心阳光分团 raaxyg@66wz.com
市民监督团 182 义工分团 182yg@66wz.com
市民监督团省药师协会分团 syxxh@66wz.com
市民监督团乐清 E 心 E 义分团 yqExEy@66wz.com
市民监督团爱心璀璨分团 axcc@66wz.com
市民监督团新居民分团 xjm@66wz.com
市民监督团苍南壹加壹分团 cnyjy@66wz.com
市民监督团洞头义工分团 dt@66wz.com
市民监督团萤火虫分团 yhc@66wz.com
市民监督团温网爱心屋分团 wwaxw@66wz.com

县市区分团,11 个
市民监督团鹿城分团 lc@66wz.com
市民监督团龙湾分团 lw@66wz.com

市民监督团瓯海分团 oh@66wz.com
市民监督团乐清分团 yq@66wz.com
市民监督团瑞安分团 ra@66wz.com
市民监督团永嘉分团 yj@66wz.com
市民监督团洞头分团 dt1@66wz.com
市民监督团文成分团 wc@66wz.com
市民监督团平阳分团 py@66wz.com
市民监督团泰顺分团 ts@66wz.com
市民监督团苍南分团 cn@66wz.com

媒体分团,8 个
市民监督团温州日报分团 wzrb@66wz.com
市民监督团温州晚报分团 wzwb@66wz.com
市民监督团温州都市报百人监督分团 wzdsb@66wz.com
市民监督团温州商报义工团分团 wzsb@66wz.com
市民监督团温州人杂志分团 wzrzz@66wz.com
市民监督团温州日报报业集团分团 wzrb@66wz.com
市民监督团温州广电传媒集团分团 wzwb@66wz.com
市民监督团广电直属分团 zs@66wz.com

高校分团,7 个
市民监督团温州医学院分团 wzyxy@66wz.com
市民监督团温州大学分团 wzdx@66wz.com
市民监督团温州职业技术学院分团 wzzyjsxy@66wz.com
市民监督团浙江工贸学院分团 zjgmxy@66wz.com
市民监督团温州科技职业学院分团 wzkjzyxy@66wz.com
市民监督团温州城市大学分团 wzdd@66wz.com
市民监督团东方学院分团 dfxy@66wz.com

按监督内容,6 个
市民监督团安监分团 aj@66wz.com
市民监督团质监分团 wzed@66wz.com
市民监督团网络监督团分团 wljdt@66wz.com
市民监督团交通疏导分团 jtsd@66wz.com

市民监督团青年反扒分团 qnfp@66wz.com
市民监督团水利分团 sl@66wz.com

（**作者简介**：李金珊，浙江省公共政策研究院副院长、浙江大学公共管理学院教授；胡凤乔，浙江大学公共管理学院博士研究生。）

作者

李 燕
蓝蔚青

加强新型智库建设
推进决策咨询制度化规范化

内容提要：建设中国特色的新型智库，建立健全决策咨询制度，是中共十八大和十八届三中、四中全会提出的重要任务，也是我省"十三五"期间提高政府科学决策水平的重要抓手。本研究在对浙江智库参与决策咨询基本状况进行评价的基础上，分析了浙江智库发展中存在的主要问题，根据国内外智库参与决策的主要经验，结合四种类型智库参与决策咨询的 SWOT 分析，提出了建立决策咨询机制、推进我省智库建设的对策建议。

关键词：智库建设；决策咨询；制度化

　　智库是科学决策的重要支撑。我国的智库建设起步较晚，但随着经济社会的高速发展，智库在公共决策中的作用越来越重要。根据美国宾夕法尼亚大学"智库与公民社会研究组"的《全球智库报告 2014》统计，目前全球共有 6681 家智库，其中美国有 1830 家，中国有 429 家、排名世界第二。而据《学习时报》分析，我国有 2000 家以上智库。智库作为公共政策和决策体制中的专业研究和咨询机构，是现代政权组织成熟的重要标志，是政治文明发展的制度保障。加强智库建设是推进国家治理体系和治理能力现代化的必然要求。党中央高度重视智库建设，并将智库建设上升到国家战略高度。中共十八大和十八届三中、四中全会都提出要建设中国特色新型智库，建立健全决策咨询制度。2015 年年初，中共中央办公厅、国务院办公厅又印发了《关于加强中国特色新型智库建设的意见》，为我国智库的发展指明了方向。

　　"十三五"期间，随着政府治理方式的进一步转变，省级政府需要不断增强规划协调、政策引导职能。复杂多变的国际国内经济形势以及艰巨的转型升级和改革创新任务，迫切要求提高政府的科学决策水平,使决策不仅符合经济社会发展规律,而且具有公正性、合法性和可行性。这就需要积极鼓励和支持智库的发展,使之既不受管理者的视角和利益的局限,又不受各种局部利益的牵制,依据扎实的基础研究和充分的准确数据,进行实事求是的分析,提出有科学根据的思想产品,供政府选择采纳。这将成为政府购买服务的重要内容。

一、我省智库参与决策咨询的基本状况及存在问题

1. 基本情况

我省早在 1991 年就成立了专门的决策咨询机构——省人民政府经济建设咨询委员会。历届省委省政府领导高度重视决策咨询,近年来智库建设步入了快速发展时期,初步形成了由各级各类官方智库、半官方智库、高校智库、民间智库等构成的智库群,为全省经济社会的发展提供了有效的决策咨询服务。根据科技部 2011 年组织开展的"全国软科学研究机构统计调查报告"显示,全国有各类软科学研究机构 2408 家,其中浙江省有 181 家,位列第三,仅次于北京(258 家)和山东(189 家)。从形式上说,除了常规政策研究机构、科研机构之外,我省还有省级重点研究基地 29 个,国家级协同创新中心 7 个,高校人文社科重点研究基地 13 个。另外,据省民政厅提供的数据,我省经登记的省级社会团体有 1088 家,民办非企业社会团体有 330 家,基金会有 334 家,其中不少具有咨询服务功能。但从成效上看,我省智库建设仍处于起始阶段,具有全国影响力的高端智库较少。根据上海社科院发布的首部智库报告《2014 年中国智库报告》的不完全统计,浙江智库仅有浙江省社科院在地方社科院影响力排名中列第五,其他单项影响力前五名中没有浙江智库,在综合影响力中浙江智库也排名靠后。尽管浙江的智库承揽各级各类研究课题的数量在稳步增长,但高层次、高水平的成果较少,影响力不大。院士、"长江学者"等级别的智库领军人物偏少,参与国家部委决策咨询活动的影响力不大,高端媒体关注度不高,与国外智库的合作也有待加强。

为方便分析,本报告参考国内外学者对智库的分类标准,将省内现有的接近智库性质的研究机构按照其自身性质、占有资源、传播渠道、运行方式、资金来源等因素,分为官方智库、半官方智库、高校智库和民间智库四类。

(1)官方智库。指的是各级党委政府设立的内部研究机构,主要是省、市、县党委政府的政策研究室(发展研究中心)、部委办局设立的研究室(所)、调研处(室)等。省、市两级人大和政协也基本都设立了研究室,配备一定政策研究力量,形成了组织体系,能在第一时间了解党委政府的决策需求,提供研究报告,直接服务于决策。但这类研究机构往往忙于起草文件和领导讲话,开展调查研究的时间和精力有限,偏重于阐释和贯彻领导思路,难以提出与主要领导不同的见解。

(2)半官方智库。指具有一定的政府背景但独立运行的专业研究(咨询)机构,一

般为事业单位性质,主要是党政机关下属的研究机构,如:①各级党校凭借系统协作优势和学员了解实际情况的优势,承担了多少不等的咨询研究任务,有的还建立了主要承担科研任务的研究所(室);②省市社科院尽管都开展一些各具特色的基础理论和文史研究,但作为本级政府直属的事业单位,也为党委政府制定公共政策和决策提供服务;③一些党委政府及政府部门直属的专门研究机构,如省发展规划研究院、省改革和发展研究所、省城市化发展研究中心、杭州国际城市学研究中心(杭州研究院)等,是专业性更强的智库;④省市政府的咨询委员会(参事室的作用与其类似)是近年来发展较快的半官方智库,已经在全省普遍建立,部分县(市)也在陆续建立,其成员基本上由具有研究能力的退休领导干部和关心现实问题研究的知名专家学者组成,优势互补,其日常工作机构属于事业单位。半官方智库咨询研究实力较强,承接的决策咨询任务较多,经费主要来自公共财政,具有一定的信息和资源优势,研究人员具有一定的独立性,是公共政策和决策咨询的重要力量。

(3)高校智库。是高校内设的应用对策类研究机构,主要是公共管理、公共政策、经济管理、社会管理等应用文科专业领域的研究院所,大多与党政机关、部门签有合作研究共建智库的协议。如浙江大学作为全国综合实力名列前茅的著名高校,设有浙江大学中国西部发展研究院、浙江大学中国农村发展研究院、浙江省/浙江大学公共政策研究院、浙江省金融研究院、浙江省人才研究院等。不久前成立的浙江工业大学全球智库研究中心,是国内高校首家研究智库的智库机构。该校还联合杭州市委政策研究室(市委改革办),集聚校内和杭州市的研究力量,成立了杭州改革发展研究院。浙江师范大学非洲研究院是富有特色、在国内有较大影响的智库。浙江财经大学政府管制与公共政策研究中心在国内政府管制的研究领域有较大影响。但能够主要发挥智库作用、有较大社会影响的高校智库还不多。

(4)民间智库。我省为决策咨询服务的民间组织主要有两类。一是社会科学、管理科学领域的学术性社会团体,它们的社会联系较广,集聚着某一领域的智力资源,往往具有官民结合的色彩,一些以党政部门为主管单位的学术社团还带有一定的半官方智库的性质,为部门提供决策咨询。温州市委政策研究室成立了"民间智库促进会",通过委托项目和资金支持,吸引民间研究力量为决策咨询服务,培育学会和民办非企业组织,还成立了多个研究中心吸收高校年轻教师为编外人员。二是民办非企业组织性质的智库,它们是具有独立法人地位,能够独立运作的智力服务型中介组织。由于靠提供有偿服务生存发展,因此大部分主要为企业服务,只有小部分参与公共政策和决策咨询。目前智库经费来源少,而且往往是受谁委托为谁说话,影响研究成果的公正性和科学性;营业税税率为5.6%,所得税按企业税率为25%,缴纳税负很不合理。

2. 主要问题

(1)智库参与决策咨询的体制机制不健全

一是决策咨询的非法定性。没有关于智库参与政府决策咨询的地方性法规和规章,是否咨询,如何咨询,随意性较大。尽管多年来省党代会报告和省委全会的决定、每年的省政府工作报告,在提交大会审议前都有专家咨询环节,党委政府还通过多种渠道开展决策咨询,省人大法工委和省政府法制办也都建立了立法咨询专家库,但并不是所有的重大决策都有咨询环节,也出现过政策、决策出台前缺乏必要的咨询,出台后激起强烈社会反响甚至陷于被动的情况。

二是决策咨询缺乏规范性。由于未形成决策咨询的法定流程,对咨询对象、咨询程序、咨询环节、咨询绩效等缺乏规范化的要求。

三是缺乏决策的事中事后评估。省政府已连续两年请高校智库对自身工作进行第三方评估,杭州市政府也作过一次,但这仅仅是对公共政策和重大决策的实施情况进行第三方评估的最初尝试,靠的是行政首长的重视,各级政府和各部门还普遍缺乏这一意识,以致对公共政策和决策的绩效还缺乏客观科学的评价方法和评价标准,要使它成为决策咨询的必要环节,并形成制度化的要求,还要作很大的努力。

四是决策咨询渠道不畅通。决策咨询的需求方与供给方信息不对称,渠道不畅通。一方面政府不一定能找到最合适的智库和专家,另一方面各智库和专家的研究内容和进度也不一定符合决策需要。智库成果转化缺乏有效的渠道和平台。

(2)智库资源分散、条块分割,低水平重复研究较多

一是条块分割导致低水平重复研究、重复咨询。尽管全省智库数量不少,但官方、半官方智库基本上都是按条块布置任务,横向沟通较少,对同一问题重复研究较多。如除了省社科联(社会科学)、省科委(软科学)课题招标面向全省外,省委省政府不少部门都有招标课题,不少课题相似甚至重复,有些申报者以同一个课题设计向不同部门重复申报资助,造成科研资源的浪费。为了多设立课题、满足更多的研究人员评职称的需求,有些申报者把重大课题拆散,影响研究的系统性。相似课题的承担者也互不知情,鲜有交流。

二是视野局限导致决策片面。由部门组织的研究受部门视野和利益的局限,考虑问题容易片面,对其他部门和社会各方的意见重视不够,影响咨询成果的科学性和可行性。

三是智库建设缺乏统筹规划。许多智库定位不明确,缺乏特色,真正能够为政府提供高质量决策咨询服务的高端智库较少。由于党政部门多头管理,缺乏统筹协调,难以形成集体攻关的合力。一些智库因公共财政支持力度不够,需要承接横向课题来补充经费,不能全力以赴地为决策咨询服务。

(3)官方背景的智库独大,智库间缺乏竞合机制

一是智库间缺乏合理竞争。官方智库拥有公共政策研究和决策咨询所必备的良好环境和信息资源;半官方智库、高校智库的信息资源比官方智库略逊一筹,专家资源则更为丰富;民间智库了解服务需求的渠道不够畅通,掌握的内部信息较少,因而很难被委以重任。因此,各类智库参与决策咨询的机会并不由自身能力决定,而是由官方背景、人脉关系、信息资源等因素决定,不同类型智库间缺乏公平竞争,党委政府也难以在不同的咨询成果之间择优采纳。

二是智库间缺乏协同合作。各智库间协同合作意识不强,也缺乏合作机制。官方智库容易因自身的信息资源优势和成果报送渠道优势而忽视同行的研究成果。而现行的科研成果评估激励机制,则造成半官方智库、高校智库过分强调研究成果的知识产权归属,共享意识不强,甚至以邻为壑,重复劳动。高校智库内部多数也是专家个体研究以及带领研究生研究。智库掌握的信息难以共享,形成"信息孤岛"。

(4)独立性不强,专业化分工不明确

一是依附性较强。官方智库隶属于党政机关的地位及其日常工作训练出来的思维方式,使之难以保持独立思考、客观公正的态度,往往偏重对上级政策、领导思路的阐释,在一定的"框框"里思考。半官方智库和高校智库往往把成果获得领导的重视和肯定作为主要的评估标准,也容易造成"迎合"领导的心态,不关心尚未引起领导注意的问题,不愿意提出与领导相左的见解。一些民间智库还把追求依附性作为生存之道。而一些管理部门混淆了"宣传有纪律"和"研究无禁区"两大原则,用管媒体的要求来管智库,这个界限不划清,对智库的影响将是致命的。因为宣传涉及的是已知的领域,管理的标准比较清楚;而智库研究的是未知的领域,而且涉及复杂的问题,是非曲直往往不是管理层能够判断的,只能供决策层选择决断,最终由实践来检验。如果把对智库成果的筛选权和评判权交给低层级的官员,很可能由于无知和偏见扼杀创新思维。而且智库研究的大部分不是意识形态问题,而是具体决策,把这两个不同层次的问题纠缠在一起,容易导致决策的情绪化。在2015年4月召开的智库研讨会上,全国人大常委会前副委员长、著名经济学家成思危指出,智库要"实事求是,要多讲真话实话,少说空话套话,不说大话假话。如果智库来讲大话假话,那就非常的危险"。这是非常值得我们深思的警世之言。

二是专业化不够。党委政府的决策咨询需求既有关乎长远的战略性、宏观性、前瞻性问题,也有当下面临问题的应对之策,还有对已经实施的政策和制度进行的评估和完善。这些问题既是综合性的,又需要长期专门研究的积累作为基础。但由于智库的专业化分工不明确,供需双方信息不对称,往往难以及时为研究课题找到最合适的研究团队,一般都是委托给部门所熟悉的专家。这就很难提供高质量的决策咨询,也使一批决策咨询经验比较丰富的专家服务领域过宽,研究难以深入。如何建立以问题

为核心,基础研究支持应用对策研究、应用对策研究又引导基础研究的机制,形成有层次、有分工、有专长的错位发展的智库咨询体系,满足不同领域、不同层级政策咨询的需要,是当前智库发展面临的重要问题。

(5)高层次智力资源匮乏,智库人才流动困难

一是高层次智库人才缺乏。智库中既有较高理论素养又具备一定实践经验,同时又比较熟悉政府部门决策需求、运行规则的研究人员比例较小。从现有智库人员构成来看,具有复合知识结构、综合研究能力较强的专职研究人员和年富力强的中青年研究人员不多。公共政策的制定往往需要综合多学科的知识,一些知名的专家学者在专业领域内造诣很深,但不熟悉政府部门的运作规则,对社会实际运行的复杂情况也了解不够;退休官员政治敏锐性强,经验丰富,但往往不太了解国内外学术研究的成果,学术视野不够开阔,精力也有限。近年来,官方智库已经吸纳了一批博士、硕士,他们既接受过良好的专业训练,也有了解实际情况和领导想法的有利条件,是智库人才比较理想的来源,但其成为业务骨干都有一个适应过程,而一旦成为业务骨干,又往往忙于文稿起草和行政事务,难以把主要精力用于政策研究和决策咨询。半官方智库和高校智库中不乏接受过系统专业训练的年轻才俊,但普遍缺乏实际工作经验,在专业训练中形成的学术话语系统也需要改造。

二是智库人才流动性较差。由于编制、待遇等,智库人才面临官方智库"进不去"、民间智库"留不住"的窘境。缺乏"旋转门"机制,流动不畅。虽然近年来国内也有许多经验丰富的官员卸任之后发挥余热,通过课题研究、咨询服务等形式为党委政府决策服务,取得了较好的成效,但这种流动基本上是单向的,即从官员(目前主要还是退休官员)转为咨询专家,而学者转化为官员尚无制度化的渠道,少量学者到党政机关"挂职"也只是为了把他们培养成院校领导,而不是为了把他们培养成咨询专家和党政部门领导。

(6)问题意识不强,未形成科学的选题和研究机制

一是选题选人机制不够科学。目前政策决策咨询选题往往围绕党委政府当下或者年度工作,以领导的关注点为选题导向,造成选题多属"短平快",甚至课题完成之时已无参考价值。智库大多按照计划生产的模式提供思想产品,思想产品的生产者有限,甚至是指定的,需求方能够获得的思想产品有限,有些实际上还反映了需求者自身的想法,使决策咨询流于形式。

二是研究机制不接地气。官方智库具有较强的问题意识,但由于缺乏基础性研究积累和大数据支撑,有可能就问题论问题,不能满足综合性、复杂性、专业化较强的决策需求。而高校智库、民间智库往往缺乏政治敏锐性和问题意识,习惯于基于学科、专业的学理性、基础性研究,疏于话语体系转换,其研究成果对决策的参考价值有限。

3. 四种类型智库参与决策咨询的 SWOT 分析

上述四种类型的智库由于自身基础和参与决策咨询的途径不同,对决策咨询的影响也不同。采用 SWOT 分析法对四者进行比较,分析如下:

表 1　四种类型智库参与决策咨询的 SWOT 分析

类型	S(优势)	W(劣势)	O(机会)	T(挑战)
官方智库	掌握决策需求和信息资源,直接参与决策过程	缺乏独立性,承担非咨询任务过多	决策咨询立法与体制机制改革	决策对象复杂化与多元智库发展
半官方智库	具有一定的独立性,掌握政府或部门信息资源较多,具有专业团队	专业基础不强,学术支撑相对薄弱,智库人才依赖外部输送	决策咨询立法与体制机制改革,智库人才供给增加	智库竞争日益激烈,事业单位体制改革
高校智库	拥有高级专业人才,掌握知识前沿和先进技术设施,基础性研究扎实,自由的学术氛围	缺乏了解决策需求、成果转化渠道及专职咨询研究力量,与部门合作易为部门利益代言	政府决策咨询需求增加,扶持高校智库发展	专业领域与现实环境的复杂性,大数据资源竞争
民间智库	专业人员多元化,运行机制灵活	缺乏公共资源、参与决策咨询机会和经费支持	政府公共决策权力分解及多元决策体系的建立	大数据资源竞争,舆论影响与信誉

通过以上对比,我们认为:官方智库研究力量相对单一,但影响决策能力最大;而民间智库研究力量多元,但影响决策能力较弱;半官方智库虽然受政府财政支持,长期从事基础性、宏观性和长远性的经济、社会问题研究,但在研究时能秉持独立、客观、科学等原则,是当前决策咨询的主体力量;高校智库立足于强大的专业化研究基础,依托广泛的学科门类,人才资源雄厚,技术设施先进,是面对复杂问题的决策咨询的主要依托力量,但需要努力适应决策咨询的需要。

二、国内外智库参与决策的主要经验

1. 国外智库
(1)总体情况

发达国家的智库在 20 世纪初就已出现。进入 21 世纪以来,为应对全球化和信息化的挑战,智库获得了爆炸式的发展,并且在政治、经济、文化、外交等领域中发挥越来越重要的作用。一些国际知名智库也因其高质量的智库产品在全球范围内享有盛誉。其中美国智库代表了当今世界智库的最高水平,著名智库主要包括:美国布鲁金斯学会、美国外交关系协会、美国卡内基国际和平基金会、美国企业研究所、兰德公司等。欧洲著名智库主要包括:欧洲外交关系委员会、国际战略问题学会、欧洲政策研究中心、斯德哥尔摩国际和平研究所等。日本著名智库主要包括:日本国际问题研究所、三菱研究所等。

(2)国外智库参与决策的途径和方式

国外著名智库都非常注重建立成果推荐机制,通过承担政府咨询任务、定期发布研究成果快报、出席国会听证会或举办学术论坛、利用媒体宣传等多种方式来推广研究成果,扩大影响。

一是为决策机构提供咨询和建议,参与并影响决策过程。许多国外知名智库与决策机构存在紧密联系,在国家政治生活中发挥了不可或缺的作用。如在美国,无论是在总统大选、州长选举、国内政策制定,还是外交决策、全球政治谈判中,智库都发挥了重要的作用。许多发达国家政府会定期从智库购买研究报告和咨询服务。在美国,咨询已经成为决策过程中基本的法定程序,政府项目的各个阶段必须有不同的咨询报告。[①] 传统基金会1980年推出的《领导者的使命》成为里根政府高层人员的一本手册,长久而深远地影响了共和党的执政理念和重大决策。

二是通过人员互动交流,影响决策主体。智库与决策机构保持密切的人员互动,最典型的例子是美国智库的"旋转门"制度,即思想界、政界和商界之间通畅的人员转换机制,治理美国的精英人士在智库、政府、企业之间流动,研究人员、政界名流、商界大佬的角色可以不断转换。[②] 一方面,智库通过向政府部门输入人才直接参与决策过程;另一方面,智库为离任高级政府官员提供栖身之所,通过这些离任高级官员的人脉关系,将智库成果更加直接快速地提供给决策者,从而对政策制定发挥更大影响。现任美国总统奥巴马组阁时,众多美国智库的学者进入了他的执政团队,其中很多人成为核心官员。

三是成为决策机构的辅助平台。智库通过举办培训班、讲座、演讲和各种社交活动,为政策制定者和政策制定的影响主体提供交流的平台。美国智库甚至在官方不便参与的或不想参与的外事活动中,进行"第二轨道外交",对美国的外交发挥着独特的作用,影响着美国外交决策议程。[③]

四是以全媒体推广智库研究成果。国外智库大多定期出版自己的刊物,努力打造

① 王荣华.智库发展趋势及其当代价值[J].重庆社会科学,2013(1).
② 王薇.关于美国智库"旋转门"机制的思考[J].法制与社会,2013(8).
③ 王佳英.智库及其对美国外交政策的影响[D].济南:山东大学,2011.

学术精品,不断强化智库的品牌形象。如战略与国际问题研究中心的《华盛顿季刊》、布鲁金斯学会的《布鲁金斯评论》、卡内基国际和平基金会的《外交政策》等刊物,因其高质量的研究成果,成为所在领域最具影响力的代表性杂志和该领域研究的风向标。同时利用媒体将观点直达民众,营造舆论氛围,进行舆论引导,对公共政策施加影响。如美国国际战略研究中心经常利用网络媒体进行民意调查,并通过公布调查结果影响公众倾向;美国企业研究所自20世纪70年代开始,每周举办"公共政策论坛"电视节目,在全国400多个电视台播放,通过广泛宣传自己的主张来最大限度地扩大智库影响力。

五是建立数据库,为决策咨询提供信息支撑。国外知名智库高度重视基础研究信息和数据保障建设,通过掌握丰富、翔实的第一手资料,为决策咨询提供支撑。国外著名智库大多有自己的图书馆和情报网络。在美国,仅公用信息就有4000多个数据库,约占全球公用信息数据库总量的80%。日本各大智库也十分注重基础设施建设,如野村综合研究所不仅在东京本部拥有藏书4万册、各种杂志1200种、报纸65种和特种行业报纸88种的图书馆,还拥有自己的"信息银行",专门收集日本经济、产业的资料,另建有日本1700家企业财务情况数据库。① 这些独一无二的信息资源为智库树立了某一领域的话语权威。

发达国家相对完善的法治环境为智库的持续、健康发展创造了良好的环境。完善的筹款机制是保障发达国家智库独立性和持续发展的重要物质条件。发达国家的智库大多采取非营利法人模式,以项目方式运作,但不设立股份和股东。国家有一系列的法律制度作保障,如在资金和税收方面有一系列的优惠政策和法律规定。在美国,私人企业或个人对智库的捐赠可以从纳税总额中扣除。在德国,寻求咨询服务的企业将得到一定比例的经费补贴以刺激市场需求。

(3)新加坡国立大学东亚研究所的经验

美欧日智库都是在两党或多党轮流执政的政治背景下开展活动、发挥作用的,这与我国有很大的区别。新加坡是一党长期执政的国家,我国历届领导人对新加坡的管理经验十分欣赏。因此,本课题主持人于2015年7月3日随浙江省/浙江大学公共政策研究院考察组专程考察了新加坡国立大学东亚研究所,与该所所长郑永年教授等核心成员进行深入交流。

该所前身是新加坡东亚哲学研究所,首任所长由新加坡前副总理吴庆瑞担任,主要研究新加坡核心价值体系。20世纪80年代末转向主要研究中国政治经济,发表了很多很有影响的研究报告。为便于对外交流,保障学术自由,1997年重组后转为挂在

①　李安方.国际知名智库运作机制调整的新动向[J].中国发展观察,2013(6).

新加坡国立大学下面的法定机构,同样性质的还有西亚、中东和东南亚研究所。全所人员都是大学编制,分助理研究员、副研究员、研究员、高级研究员,高级研究员需要学校批准。但它们不同于大学的研究所,学校只是为它们提供场地。不过这些智库对学校扩大影响有利。

给东亚研究所提供财务支撑的是 5000 万新加坡元的基金,并逐年增加,目前每年可用经费有 400 万新加坡元。新加坡政府向研究所提供一半的日常经费,每年的研究选题由研究所管理委员会评估产生,研究所独立开展活动,不受政府干涉。政府需要研究所提供专题研究报告还须另外给专项经费,研究所也可视情况拒绝接受任务。

该所共有 40 多人,每人从事两三个领域的研究,所有的人员实行合同制,待遇由聘任合同确定,与工龄无关。多数成员基本稳定,主要来自新加坡国立大学的几个学院,也有来自政府退休官员。1/4 研究人员是访问学者,10 个月为一期,也可以短到一个季度,研究所从中选择优秀者留下继续研究。申请的人很多,接受前需要评估其背景。每个研究板块都有几个核心人物,他们熟悉智库研究报告的写法。他们认为智库研究人员不一定是博士,优秀的硕士也可跟着专家干。助理研究员每月收入不到3000 新加坡元,研究所靠环境留人。

东亚研究所政策研究和学术研究并重,以学术为基础,但不搞虚的研究,也不同于媒体评论。智库研究人员每天关注相关领域情况,跟踪一批中长期研究的问题,对特别敏感的问题,事发后一周内提交报告。该所每周向内阁提供两篇政策报告,每篇附两页摘要,送给相关的副总理和部长,不允许同时送给媒体。他们认为智库应该搞实证研究,最主要的是告诉领导人发生了什么,把来龙去脉说清楚。该所对成果有内部相互评论机制,着眼于评估成果本身的水平和价值,不看政府的评价,也不把官员的批示作为评价标准。该所关于中国研究文献的最好的图书馆,从国家到县的年鉴都有,还注重通过直接沟通了解高层信息。研究中坚持专业原则,保持独立思考。他们认为新加坡一党独大,需要智库理性的声音。政府需要的是分析判断和对策,不是意识形态的东西。他们认为影响是副产品,刻意追求影响力反而没影响。在新加坡,国家高端智库的内刊相当于一定级别的学术刊物。

(4)国外知名智库经验的启示

一是政府支持。政府不但提出大量的决策咨询需求,而且提供巨大的经费支持和一系列法律保障。二是确保智库的独立性。智库作为精英意识和民间智慧的聚集地,某种意义上说代表的是一种公权力,要保障他们的研究基于客观、独立的立场。三是专业咨询人才培养与"旋转门"机制。人力资源是智库的核心竞争力,国外智库的行政管理人员一般都是管理能力与研究能力兼备的"两栖人才",严格的考核聘任制度和"旋转门"机制优化了人员队伍。四是问题意识和精品意识。国外知名智库均密切关注国内外动态与社会热点问题,在某一领域掌握话语权,这种研究成果对决策影响显著。五是建立专业数据库。在信息爆炸时代,谁掌握了专业数据资源,谁就能在某一领域树立权威。六是注重宣传和推广。通过成果发表、学术论坛、举办培训班、媒体报道等形式引导公共舆论,进而对公共决策施加影响。

2. 国内智库建设的近期进展

随着党中央对智库参与决策咨询的重视,广州、南京等地相继出台了规范政府决策咨询的地方文件,而且对智库建设进行了积极探索。广东省在 2010 年由省市社科院等 20 多家社科研究机构共同发起成立"广东智库联盟",成立了广东省经济科学发展智库促进会、南方民间智库等高层次社团智库,并在广东省社科联下设若干"广东省决策咨询研究基地";江苏省已建立由省直部门、省内高校、北京研究机构和专家组成的省决策咨询研究基地;湖南省成立了由湖南省参事室、湖南省委党校(湖南行政学院)、中南大学、湖南省社会科学院、湖南大学、湖南师范大学、长沙理工大学、湖南农业大学和中南林业科技大学 9 家单位发起成立的独立智库联合体;上海市人民政府发展研究中心和 11 家国外知名智库共同成立了上海国际智库交流中心,定期举办"上海智慧论坛";重庆市在 2009 年由区县经济发展研究中心、重庆大学校友会、品牌中国产业联盟、北京金必得经济管理研究院共同组建了民间智库联盟;南京市建立了"1+3+4"的决策咨询研究体系:"一个协调委员会"负责智库体系日常运作,"三种组织形态"即市经济社会发展咨询委员会、"南京智库联盟"和各部门系统咨询研究机构,"四种动态信息载体"包括需求库、信息库、专家库、成果库,同时建立"南京决策咨询网"。总体来说,各地智库建设已经有了较大进步,但决策咨询立法、智库参与决策规范、成果转化机制、经费来源、人才流动等关键性问题仍需要以更大的努力去突破。

三、加强我省智库建设、健全智库决策咨询机制的若干建议

要充分认识在复杂多变的经济社会发展新形势下智库建设的重大战略意义,在"十三五"期间作好顶层设计,健全智库参与决策咨询的体制机制和渠道,搭建起智库发展和协作平台,解决智库发展的制度保障、人才培养、成果转化、经费资助等问题,统筹推动各类智库协调发展,初步形成特色鲜明、层次明晰、布局合理、分工合作的智库体系,打造若干个能够为省委、省人大、省政府提供决策和立法咨询,在国内具有较大影响的高水平智库。发挥浙江在各个领域走在全国前列的优势,通过研究"浙江现象",总结具有可复制性的浙江经验,为中央提供决策咨询。

1. 以决策咨询立法为抓手,建立决策咨询制度系统

制定和完善决策咨询的地方性法规,实现决策咨询的规范化、法制化。决策从提出问题、调查研究到咨询论证、信息公开和听证、最终决定,都应以法律为依据,按法律要求运行,最大限度减少决策失误。要建立重要事项的决策咨询制度,明确必须进行

决策咨询的事项、决策咨询的要求和程序。党委政府制定公共政策,作出事关公共利益的决策,人大制定地方性法规,都必须经过决策咨询。保障咨询研究的科学性、独立性,对于分歧较大、风险较大的决策,要充分听取各种不同的咨询意见,支持"反向研究"和不可行性论证。建立事前咨询与事中、事后评估制度,不仅决策前要经过充分的咨询并重视咨询意见,还要由决策咨询机构对决策执行的情况和效果进行第三方评估,以完善决策,总结经验。建立决策咨询课题招标制度,通过招标和专家评标选择合适的研究团队,避免咨询研究走过场。建立政府购买咨询服务制度,扩大政府获得咨询服务的范围,提高咨询服务的及时性和有效性。用地方性法规确定智库的地位、职责、权利、义务和参与决策咨询的途径、程序。

2. 优化全省智库结构布局,形成竞合和协调机制

建立浙江智库发展领导小组,由省委秘书长担任组长,省政府秘书长、省政府咨询委主持日常工作的领导为副组长,省委政研室、省人大常委会研究室、省政府研究室、省政协研究室、省政府参事室、省委宣传部、省科技厅、省教育厅、省社科联、省科协分管领导为成员。

参照国内外智库发展经验,我省智库建设的工作机制可以考虑两套方案:一是发挥省政府发展研究中心(省委政研室)在全省智库建设中的枢纽作用,在中心增加一个处室,承担智库建设领导小组办公室工作。主要负责协调决策咨询供需、搭建决策咨询服务平台、组织重大决策咨询活动、保持"上传下达"渠道通畅等。二是鉴于省政府咨询委员会实际上是省委省政府的咨询机构,而且领导成员大都是退下来不久的副省级领导干部,领导经验丰富,深谙决策咨询需求,所有的省辖市都已经建立了咨询委,由省政府咨询委办公室承担领导小组办公室的职能,协调全省智库的协作和发展。

具体运行框架见图1。

建立全省智库联盟。可采取智库建设研究会等形式。符合一定条件的各级各类智库都可以申请注册成为联盟会员。联盟建立稳定的信息沟通渠道,定期交流工作和经验,组织跨系统的咨询活动和联合攻关,促使各类智库的合理分工和合作,实现资源和成果的共享。智库发展领导小组办公室负责联盟的日常管理,负责编制和发布全省重大事项决策咨询需求指南。为更好推进全省智库建设,可对现有的智库管理服务部门职能进行整合。省社科联(省社科规划领导小组办公室)在这方面已经作了大量的工作,积累了不少经验,建议充分发挥它们的作用。

各个智库要根据自身条件形成特色。要有相对稳定的公共政策研究领域,以利于有针对性地吸引和培养人才,积累数据和成果,打造品牌智库产品。目前高校的各种研究中心多如牛毛,其中真正有条件建成智库的不多,要避免一哄而起争相张贴"智库"标签,造成泡沫化,分散智库资源。要以力量较强并有特色的研究机构为基础,加强整合。

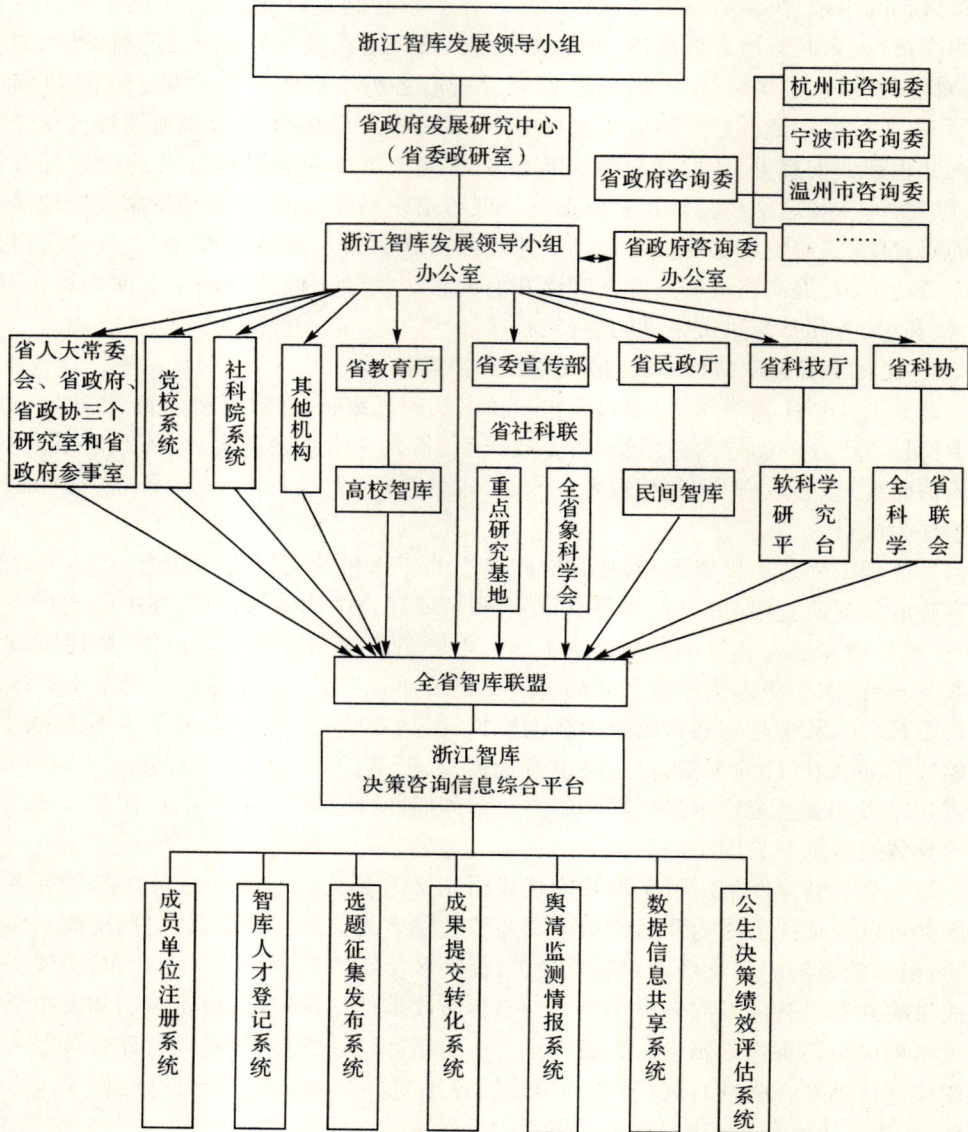

图 1　浙江省智库建设框架图（含两种方案）

3. 以智库人才培养为抓手，提高决策咨询能力

智库的核心竞争力在于灵魂人物和专业团队，智库的竞争归根到底是人力资源的竞争。要创新人才激励机制，形成有利于人才流动和人才成长的政策扶持体系。

一是要探索岗位聘任制度和灵活的人才流动机制。通过面向社会招聘和接受访问学者等方式，吸引高层次人才从事公共政策研究；广泛吸引年富力强的中青年研究人员进入智库，专职从事智库研究和运作；解决好智库人才的待遇问题，特别是作为独立法人的智库机构的专职人员的成果认定、职称评定、工资福利、社会保障等问题，使他们能够获得与高校同等层次专业人员相近的待遇，这是智库可持续发展的关键。通过应用对策研究类的社科重点研究基地，以决策咨询研究课题为纽带，吸引智库人才柔性流动，合作研究。

二是要建立智库人才培养机制。依托高校公共政策和公共管理专业，招收其他专业的本科毕业生和硕士研究生特别是有一定的管理工作实践经验的人才攻读硕士、博士学位或从事博士后研究，源源不断地培养复合型智库人才；在有条件的智库联合建立博士后工作站，在有经验的智库专家的带领下通过咨询服务的实践培养智库人才，提高智库人才参与决策咨询能力。要帮助学术背景的智库人才转换话语体系，增强智库成果的可读性和可行性，提高智库成果的采用率。

三是要建立智库研究人员与政府官员"双向流动"制度。当前已有不少政府官员卸任后到智库工作，但年富力强的中青年政府官员、政策研究者因编制待遇等体制障碍无法流动到智库机构。建议借鉴现行的"挂职"制度，政府官员在一定时限内可到半官方智库、高校智库挂职，保留原有职位，同时安排更多的高校应用文科教研人员到政策研究部门、处室挂职或作为编外研究人员；智库机构人员可作为聘任制公务员进入政府部门工作。

四是要建立智库人才档案制度。从专业背景、研究经历、研究成果、职业操守等方面对智库人才进行综合评价，设置智库从业人员综合素质门槛。建立智库人才库并向领导机关和各类智库开放，以便它们从中找到所需要的人才和成果。

4. 把智库产品纳入政府购买服务的渠道

一方面，政府及时发布决策咨询需求指南，引入竞争择优机制，实现政府主导、市场化运作，采取定向招标、公开招标、购买服务等形式，来获取咨询产品。另一方面，各类智库要开展具有战略性、前瞻性的超前研究，提出具有建设性、可操作性的政策建议，尽可能提出一个以上的方案供政府比较后作出选择，提高决策的科学性。

在政府购买服务的机制下，各类智库可以各展所长。官方智库可向其他智库购买研究成果，储备政策资源；半官方智库可以在政府购买服务形成的竞争和激励机制下进一步提高服务水平，扩大自身优势，也可以购买其他智库的成果进行深度加工，提高产出率；高校智库可以发挥思想产品丰富的优势；民间智库可以发挥创造性强、不拘一格的优势。通过政府购买服务的方式支付智力劳动成果的价格，可以促进思想产品的扩大再生产，丰富思想产品的供应，为决策提供更多的选项。

5. 搭建信息平台,推进专业化数据挖掘与云计算应用

随着信息技术革命的推进,"大数据"已经成为当前和未来最重要的资源与工具。政策决策需要数据分析来提供充足的依据。通过多维度、多层次的数据以及关联度分析,挖掘事实真相,找到问题症结,根据历史经验和发展趋势判断未来,提供决策参考,可以将被动型的"应急性研究"向主动型的"前瞻性研究"转变。当前,可从以下方面入手:

一是建立全省智库信息共享平台。按照保密级别向注册智库公开公共事务信息。依托"浙江政务网"建立"浙江智库"网站和智库信息库、人才库、成果库、决策需求库,以政府购买服务的方式推动上述网站和数据库建设,维持其运行。鉴于目前各类图书馆、信息中心等已着手建立各自的数据库,可依托这一平台,建立决策咨询相关知识链接与检索目录,使智库研究人员可以充分利用已有的研究成果,拓展视野,提高研究效率,也使决策者能够及时广泛地获取所需的研究成果。

二是加大数据搜集、计算、分析的技术培训。要通过培训帮助智库人员充分利用大数据资源和大数据分析技术,对智库产品及生产流程进行升级优化,提升智库辅助政府决策、服务社会发展的水平。

6. 以智库经费支持为抓手,培育高端智库

经费瓶颈是智库发展的主要障碍之一,也是各类智库独立性不强的重要原因。要通过多种举措筹措资金,扶持智库的发展壮大。

一是加大政府购买咨询服务的支出力度,为咨询研究提供足够的经费,提高研究经费的使用效益,同时减少重复研究造成的资源浪费。

二是以"项目制"为提供科研经费支持的主要方式,取代不与效益挂钩的财政拨款,根据项目绩效来支付项目经费,激发各类智库的责任意识和质量意识。同时对项目经费的管理要遵循咨询研究的规律,合理规定支出结构和财务管理制度,特别要充分反映科研劳动所创造的价值,解决管理过死、拨款过迟、"有钱没法花"、"找发票报销"等问题。

三是设立智库发展专项基金,引入社会资本,支持智库,尤其是支持智库的发展。建立并做大公益性的"浙江智库发展基金",接受企业捐赠,对高质量的项目、有发展潜力的智库进行资助。同时,建立智库研究经费筹措平台,发布智库重大研究项目,吸引企业及民间资本投入。对资助智库的经费允许税前列支。

四是要"输血"与"造血"相结合,以课题、项目、培训为纽带,吸引各级政府、基金会、民间资本支持咨询研究。以课题合作、成果转让、咨询报告、出版刊物、业务培训等途径获取的智库经费,应下放使用权限,逐渐增强智库的"造血"功能,使其能像德国智库那样通过研究报告、委托合同、出版刊物、业务培训、网络付费高级会议等形式获得经费。

7. 加强对智库成果的发表和宣传

发表智库成果供政府了解和选择采纳,是智库提供思想产品的重要途径。要择优扶植一批高质量的智库刊物特别是内部刊物,确定其在成果评价中的社会地位,并纳入高校、党校和社科研究机构的考核评估体系,以利于激励科研人员多出咨询研究成果。对于已被采纳的智库成果,也要发挥专家对相关建议理解比较透彻和具有较高的社会威望的优势,通过各种媒体做好相关政策的解读和宣传工作,促进社会共识的形成,营造有利于政策实施的舆论氛围。

8. 加强智库的国际合作

治理现代化需要广泛吸收发达国家的治理经验。同时,我省的治理经验和治理创新有不少已处于国际领先水平,引起了越来越多的国外专家学者的兴趣。近年来我省的智库举行的一些国际学术交流活动已经取得较好的成效,有的已吸引了一批国际知名学者连续参加。要在此基础上,通过已经初步建立的人脉关系,进一步发展与国外知名智库的国际交流与合作,更好地学习它们发挥智库作用和发展智库的丰富经验,以交换访问学者的形式加强智库学者的国际流动,更多地引进国外高水平专家为我们的决策咨询服务,同时依靠我省专家学者的学术地位和学术影响,对外更好地发出中国声音,讲好中国故事。

(作者简介:李燕,浙江省城市治理研究中心(杭州国际城市学研究中心)助理研究员;蓝蔚青,浙江省城市治理研究中心首席专家,浙江省公共政策研究院特邀研究员。)

研究探讨

作者
钱雪亚
宋文娟
叶环保

人力资本积累与劳动力市场城乡整合的推进

内容提要：政府的制度设计和劳动者的人力资本积累同时决定了劳动力市场上劳动者的权利和地位，其中人力资本是根本性决定因素。取消农业户口与非农业户口性质区分，全面实施居住证制度，劳动力市场城乡分割的制度基础不复存在，但城乡劳动者之间的人力资本差异，根本上决定了农民工与城市劳动者的"名义权利"平等而"实际权利"并不平等，劳动力市场城乡整合的实际程度尚受制于获得居住证和以积分能力为前提的实际享有居住证权利的资格条件。从"稳定就业"、"稳定居住"、"积分能力"这三项影响农民工实际享有居住证权利的资格条件来观察，发现新制度下仍然存在劳动力市场城乡分割，前置于户口之上的城乡之间人力资本投资差异是这种分割的主要原因。为此，本文结合浙江嘉兴的教师城乡流动制度、浙江丽水的林地经营权流转证制度等实践经验，寻求劳动力市场城乡整合新的着力点。

关键词：人力资本；居住证制度；劳动力市场；城乡整合

1958年颁布的《中华人民共和国户口登记条例》将城乡居民户籍明确划分为"农业户口"和"非农业户口"两种，这一城乡户籍登记制度形成了劳动力市场城乡分割的客观载体。劳动力市场的城乡分割直接地表现为"农业"户籍与"非农业"户籍劳动者在流动迁移、择业机会、工资回报以及与劳动岗位对应的社保福利等多方面的制度性不平等。改革开放以来，政府对劳动力市场城乡一体化的推动，主要着力于弱化对"农业"户籍劳动者的就业限制、强化劳动力市场上"农业"户籍劳动者的回报平等。长期以来学界对劳动力市场城乡分割和整合的研究，关键也是观察"农业"户籍与"非农业"户籍两类劳动者在就业机会和就业回报方面的差异与趋同。城乡户籍差异是我国劳动力市场城乡分割的核心标志,劳动力市场的城乡整合是一个实现城乡两类劳动力权利平等的过程。

2014 年 7 月,国务院发布《关于进一步推进户籍制度改革的意见》,明确"建立城乡统一的户口登记制度。取消农业户口与非农业户口性质区分和由此衍生的蓝印户口等户口类型,统一登记为居民户口";"建立居住证制度。公民离开常住户口所在地到其他设区的市级以上城市居住半年以上的,在居住地申领居住证。符合条件的居住证持有人,可以在居住地申请登记常住户口。以居住证为载体,建立健全与居住年限等条件相挂钩的基本公共服务提供机制。居住证持有人享有与当地户籍人口同等的劳动就业、基本公共教育、基本医疗卫生服务、计划生育服务、公共文化服务、证照办理服务等权利;以连续居住年限和参加社会保险年限等为条件,逐步享有与当地户籍人口同等的中等职业教育资助、就业扶持、住房保障、养老服务、社会福利、社会救助等权利,同时结合随迁子女在当地连续就学年限等情况,逐步享有随迁子女在当地参加中考和高考的资格;"体现户籍制度的人口登记管理功能。建立与统一城乡户口登记制度相适应的教育、卫生计生、就业、社保、住房、土地及人口统计制度。"

户籍制度的这一改革,对于劳动力市场运行,意味着实行了半个多世纪的"农业"和"非农业"户籍管理模式正式退出历史舞台,自此,劳动力市场城乡分割的原有基础——城乡劳动者之间的户籍身份差异——不复存在,作为流动人口,以"农村→城市"为迁移特征的农民工,与以"城市→城市"为迁移特征的迁移劳动力,拥有同等的身份特征并遵循同样的制度规则。这是否意味着以"农业"户籍与"非农业"户籍差异为标志的劳动力市场城乡分割也将就此消失?

我们预期,取消农业户口与非农业户口性质区分,原来劳动力市场城乡分割的客体基础不复存在,但劳动力市场城乡整合的实际程度并不仅仅由户籍管理制度决定;全面实施居住证制度,从理念上彻底树立了城乡劳动者的权利平等,但这一平等的程度尚受制于获得居住证的条件和实际享有居住证所代表权利的条件,受制于公共资源城乡均等化配置的进程,受制于农村承包地等相关制度的改革进程;统一城乡户口登记后,劳动力市场上城乡分割的形式和内容都将发生变化,劳动力市场城乡一体化的推进应有新的路径和举措。

本文关注这一变化,结合浙江嘉兴的教师城乡流动制度、浙江丽水的林地经营权流转证制度等实践经验,寻求劳动力市场城乡整合新的着力点。

一、居住证申领:农民工拥有的机会平等

根据《关于进一步推进户籍制度改革的意见》精神,各省市全面启动户籍改革,截

至 2015 年 9 月,已经有新疆、黑龙江、河南、河北、四川、山东、安徽、贵州、山西、陕西、江西、湖南、吉林、江苏、福建、广西、青海、甘肃、广东、重庆、云南、辽宁、湖北、内蒙古等 24 个省、市、自治区出台户籍制度改革方案,其中"居住证"是各省、市、自治区改革方案的"标配"。① 就居住证的获得机会观察,在城市劳动力市场上,农民工受自身能力约束往往呈现更高的流动性特征,导致其在获取居住证的资格条件上受到了更强的隐性约束。

1. 农民工的能力积累与流动特征

农村转移到城市就业的农民工是一个流动性相当高的群体,其流动性高于城市劳动者的流动性(John Knight, Linda Yueh,2004),并且这种高流动性持续存在。一项基于长三角地区江阴市、昆山市、无锡市新区制造业调查数据的研究(姚俊,2010)显示,城市间就业流动 2 次以上的高频流动的农民工人数占到被调查农民工总数 66.8%。② 白南生、李靖(2008)针对北京市 728 名农民工就业史的调查数据显示,调查样本中 63.65% 的农民工变换过工作,其中有就业流动经历的农民工,换 1 次工作的比例为 48.1%,换过 2~3 次工作的比例为 51.9%,平均每人流动 2.06 次。③ 类似的,2013 年上海财经大学"千村调查"数据④显示,64.0% 的农民工有二次跨区流动经历,2014 年这一比例进一步上升到 66.01%。⑤

流动频繁的农民工同时也表现出素质相对较低的群体特征,他们普遍存在受教育程度不高、职业技能水平低等人力资本水平积累不足的问题。据国家统计局 2009—2014 年间发布的《全国农民工监测调查报告》显示,中国绝大部分农民工文化程度只有初中水平,2009—2014 年初中及以下文化程度的农民工占比达 74.8%~77.2%,2014 年该比例高达 76.3%,相反,2009—2014 年中(大)专及以上文化程度的农民工占比仅为 6.7%~10.4%,2014 年该比例仅为 7.3%;与此同时,2009—2014 年中国农民工中没有接受过技能培训的比例达 51.1%~69.2%,2014 年该比例高达 65.2%(见表 1)。

正是农民工的这种相对低素质特征决定了其在城市就业中无奈的高流动性。从农民工群体内部来看,文化程度越低的农民工具有二次跨区流动经历的人数越多,流动性也越高。2013 年上海财经大学"千村调查"数据进一步显示,2000 年以来,小学及

---

① http://difang.gmw.cn/newspaper/2015-09/23/content_109382571.htm.
② 数据源自:姚俊.流动就业类型与农民工工资收入——来自长三角制造业的经验数据[J].中国农村经济,2010(11).
③ 数据源自:白南生,李靖.农民工就业流动性研究[J].中国农村发展论坛,2008.
④ 该调查在全国范围内随机抽取 21 省、30 个县的 120 个行政村,共调查了 6203 户家庭、28840 人.
⑤ 数据源自:上海财经大学"千村调查"课题组(2014).如何让农民工真正"进城"——由农村劳动力城乡转移状况调查引发的思考[N].光明日报 2015-06-17.

以下文化程度的农民工中69.2%有二次跨区流动经历,这一比例在初中、高中及中(大)专文化程度的农民工为 61.3%,在极少数具有本科和研究生学历的农民工中这一比例进一步下降为 55.8%(见表 2)。

表 1　2009—2014 年农民工文化程度构成及培训情况　　　　　　单位:%

	2009 年	2010 年	2011 年	2012 年	2013 年	2014 年
小学及以下的比例	11.7	13.6	15.9	15.8	16.6	16
初中的比例	64.8	61.2	61.1	60.5	60.6	60.3
高中的比例	13.1	15	13.2	13.3	16.1	16.5
中(大)专及以上的比例	10.4	10.2	9.8	10.4	6.7	7.3
未接受过技能培训的比例	51.1	52.4	68.8	69.2	67.3	65.2

整理自:2009—2014 年《全国农民工监测调查报告》。

表 2　2013 年"千村调查"关于 2000 年以来农民工二次跨区流动经历统计

	样本量/人	占全部外出务工样本总量的比重/%	有二次跨区流动经历的比例/%
小学及以下	1794	36.93	69.2
初中、高中及中(大)专	2867	59.02	61.3
本科生和研究生	197	4.05	55.8
合　计	4858	100	64

整理自:常进雄,赵海涛.农民工二次跨区流动的特征分析[J].中国人口科学,2015(2).

从整个农民工群体来看,一方面经济学理论认为劳动者的文化教育水平、培训技能等和人口质量有关的人力资本要素是增加收入的重要来源,而相对低素质的农民工其人力资本存量相对较低,导致其在城市就业中的收入低、待遇差,进而促使其倾向于二次跨区流动以寻求收入水平相对更高的工作。白南生、李靖(2008)研究发现,农民工就业流动频繁,其离职的直接原因主要有:收入低、劳动强度大、家里有事、被解雇,其中收入低是农民工流动的最主要原因。另一方面,农村劳动力的素质决定了他们抓住就业机会的能力(周其仁,1997),人力资本与就业机会间存在正的联系,拥有较高人力资本的劳动者能够更主动地对潜在的、不确定的就业机会作出选择和反应,相反,较低人力资本拥有量的劳动者只能通过相对更频繁的、被动的流动来应对就业机会的不确定,这种流动多表现为无奈的跨区流动,即在当前城市失去了工作,不得不到其他城市寻找工作机会。相比其他城镇迁移劳动力,相对低素质、低能力的农民工其劳动供给的可替代程度高、工作搜寻路径单一、获取就业机会的能力有限,致使其在城市劳动力市场竞争中难以与相对高素质的城市劳动者获得同等的竞争机会,甚至难以谋求一份可以保障其基本生活需要的工作,从而不得不在更广泛的劳动市场范围内频繁流动以寻求更多可能存在的机会。

进一步来看,农民工群体的相对低素质和低能力本质上并非是由其先天的个人特征决定的,即并不是因为他们天生素质和能力就低于城市劳动者,而是因为受长期向城市倾斜的前劳动力市场公共资源配置不均等的"制度"因素影响,他们享受不到和城市劳动者同等的教育、卫生等资源,获得人力资本投资的机会少。这种素质和能力决定的高流动性,可能影响到农民工获得居住证的机会,从而使其实际上无法享有居住证所代表的劳动者权利。

2. 高流动性与居住证的获得

2014 年 12 月国务院法制办发布《居住证管理办法(征求意见稿)》,广泛征求意见。2015 年 10 月 21 日国务院常务会议正式通过《居住证暂行条例(草案)》。根据《居住证暂行条例(草案)》,"公民离开常住户口所在地,到其他设区的市级以上城市居住半年以上,符合有稳定就业、稳定住所、连续就读条件之一的,可以依照本条例的规定申领居住证"。《居住证暂行条例(草案)》同时明确"设区的市级以上地方人民政府应当结合本行政区域经济社会发展需要及落户条件等因素,确定居住证制度实施的区域范围,并根据本条例制定实施办法"。

自《关于进一步推进户籍制度改革的意见》和《居住证管理办法(征求意见稿)》之后,已有深圳出台了《深圳经济特区居住证条例》,自 2015 年 6 月 1 日起实施;上海依据 2013 年发布的《上海市居住证管理办法》,出台了《上海市居住证积分管理办法》,自 2015 年 7 月 1 日起施行;浙江省十二届人大常委会第二十一次会议分组审议《浙江省流动人口居住登记条例(修订草案)》,拟取消临时居住证,统一实行浙江省居住证制度,并规范调整申领条件。

从外来人口流动较频繁的深圳、上海和浙江的制度观察来看,居住证申领的基础条件普遍要求符合有稳定就业、稳定住所,这客观上对农村转移劳动力形成了更多的制约。《深圳经济特区居住证条例》规定非深户籍人员申领居住证应当满足两个条件,即"在特区有合法稳定职业"、"在特区有合法稳定居所",并进一步明确规定"非深户籍人员自办理居住登记之日起至申领居住证之日止,连续居住满十二个月的,视为有合法稳定居所"、"非深户籍人员自办理居住登记之日起至申领居住证之日止,在特区参加社会保险连续满十二个月或者申领居住证之日前二年内累计满十八个月的,视为有合法稳定职业"。《上海市居住证管理办法》同样规定申请办理《居住证》应当符合"在本市合法稳定居住"、"在本市合法稳定就业"两个条件,同时《上海市居住证申办实施细则》将"合法稳定居住"明确为"拟在本市居住 6 个月以上的住所证明",将"合法稳定就业"明确为就业、投资开业、从事个体经营,分别提供 6 个月以上劳动(聘用)合同、企业或个体工商户营业执照和参加本市职工社会保险满 6 个月证明。类似的,2015 年 7

月审议的《浙江省流动人口居住登记条例(修订草案)》规定,"在居住地连续居住六个月以上,有稳定住所或者稳定就业的流动人口,可以申领《浙江省居住证》",其中"稳定住所"证明材料包括房屋所有权证明或者房屋租赁合同、单位宿舍证明等,"稳定就业"证明材料包括参加居住地城镇社会保险证明、劳动合同、营业执照等。

表3 深圳、上海、浙江居住证申领的资格条件

地 区	政策文件	居住证申领的资格条件
深 圳	《深圳经济特区居住证条例》	(一)有合法稳定居所:连续居住满十二个月的,视为有合法稳定居所。 (二)有合法稳定职业:在特区参加社会保险连续满十二个月或者申领居住证之日前二年内累计满十八个月的,视为有合法稳定职业
上 海	《上海市居住证管理办法》、《上海市居住证申办实施细则》	(一)在本市合法稳定居住:拟在本市居住6个月以上的住所证明 (二)在本市合法稳定就业,参加本市职工社会保险满6个月;或者因投靠具有本市户籍亲属、就读、进修等需要在本市居住6个月以上
浙 江	《浙江省流动人口居住登记条例(修订草案)》	在居住地连续居住6个月以上,有稳定住所或者稳定就业。稳定住所证明材料包括房屋所有权证明或者房屋租赁合同、单位宿舍证明等;稳定就业证明材料包括参加居住地城镇社会保险证明、劳动合同、营业执照等

可以看到,农民工相对低素质决定的高流动性特征使其客观上难以实现稳定就业和居住,他们受自身能力约束而不得不经常变化工作,相应地不断变换住所,想要达到各地区普遍要求的"合法稳定就业"、"合法稳定住所"的居住证申领资格条件显然并不容易,甚至是相当困难,他们获得居住证的机会明显低于其他城市迁移劳动者。一方面,农民工极大部分为家庭成员个体外出务工,难以保证在一个城市连续稳定居住,国家统计局发布的《2014年全国农民工监测调查报告》显示,2013年外出农民工年从业时间平均为9.9个月,2014年为10个月;另一方面,农民工集中在次级劳动力市场,非正规就业比重高,绝大部分并未与雇主或单位签订劳动合同,相应的社会保险参保率低,难以达到以就业证明和连续参保为前提的"合法稳定就业"这一居住证申领资格条件。2014年与雇主或单位签订了劳动合同的农民工比重为38%,签订一年及以上劳动合同的农民工比重仅为21.2%。显然,面对统一的户籍和一致的规则,农民工无奈的高流动直接形成了对其获得居住证的更强约束,以"农村→城市"为迁移特征的农民工,与以"城市→城市"为迁移特征的迁移劳动力,由于原有身份特征的延续影响,在不短的时期内仍将无法拥有同等的作为城市劳动者的机会。

二、居住证权利：农民工享有的福利平等

1. 居住证权利与积分规则

居住证登记制度同时将持证人的一系列权利义务捆绑于居住证。《居住证暂行条例(草案)》明确规定"居住证持有人在居住地享受与当地户籍人口同等的"九个方面的基本公共服务、六个方面的便利，并要求"国务院有关部门、地方各级人民政府及其有关部门应当积极创造条件，使居住证持有人享有与当地户籍人口同等的中等职业教育资助、就业扶持、住房保障、养老服务、社会福利、社会救助、居民委员会选举、人民调解员选聘、随迁子女在当地参加中考和高考的资格等权利"。

观察《上海市居住证管理办法》，第二十八条到第三十六条规定，居住证持证人享有的权利包括"子女教育，社会保险，证照办理，住房，基本公共卫生服务，计划生育，资格评定、考试和鉴定，参加评选，国家和本市规定的其他待遇"。但实际享有居住证所代表权利的条件取决于基于个人实际贡献的《居住证》积分制度和规则。《上海市居住证管理办法》第二十条明确规定，"《居住证》积分制度是通过设置积分指标体系，对在本市合法稳定居住和合法稳定就业的持证人进行积分，将其个人情况和实际贡献转化为相应的分值"，"积分达到标准分值的，可以享受相应的公共服务待遇"。同时，《上海市居住证管理办法》第三十七条规定，"持证人积分低于标准分值的，中止享受相应的公共服务待遇。"2015年7月的《上海市居住证积分管理办法》进一步明确"《居住证》总积分标准分值为120分"。上海市的这一居住证积分制度规定并不是个例，观察《浙江省流动人口居住登记条例(修订草案)》，同样规定"居住地政府及有关部门可以采取居住证积分制度，将持证人个人情况通过相关指标进行量化，保障达到相应分值的持证人享受随同子女义务教育、公共租赁住房和养老服务等公共服务"。

居住证积分规则进一步明确了捆绑于居住证之上一系列权利的获得条件。《上海市居住证积分管理办法》规定《居住证》积分指标体系包括"年龄、教育背景、专业技术职称和技能等级、在本市工作及缴纳社会保险年限"四项基础指标，并设置加分指标、减分指标、一票否决指标。年龄指标最高分值为30分，教育背景指标、专业技术职称和技能等级指标最高分值分别为110分、140分，在本市工作及缴纳社会保险年限指标则按照"每满1年积3分"累积。可以看到，教育背景、专业技术职称和技能等级两项内容在基础指标中的积分分值占比是举足轻重的。其中，教育背景指标具体积分标准为：持证人取得大专(高职)学历、大学本科学历、大学本科学历和学士学位、硕士研究生学历学位、博士研究生学历学位，分别积50分、60分、90分、100分和110分；专业技术职称和技能等级指标具体积分标准为：持证人取得技能类国家职业资格五级、四级、三级，分别积15分、30分、60分，取得技能类国家职业资格二级、中级专业技术

职务任职资格或相当于中级专业技术职务任职资格的专业技术类职业资格,积 100
分,取得技能类国家职业资格一级或高级专业技术职务任职资格,积 140 分。农民工
群体由于受流动性高、社会保险参保率低、受教育程度不高、职业技能水平不足等特征
限制,相应的在后三项基础指标积分上存在极大的约束和障碍。同样的,对农民工群
体而言获取加分指标的积分更不容易,加分指标包括:创业人才、创新创业中介服务人
才、紧缺急需专业、投资纳税或带动本地就业、缴纳职工社会保险费基数、特定的公共
服务领域、远郊重点区域、全日制应届毕业生、表彰奖励、配偶为本市户籍人员等。

2. 农民工的人力资本与积分能力

农民工相对低素质和低能力决定的高流动性,同样也可能影响农民工在"统一"、
"平等"的居住证制度面前实际享受不到平等的劳动者权利,原因在于劳动者实际权利
的享有是以有能力积分为前提的,各地居住证制度实际操作中规定"积分达到标准分
值的,可以享受相应的公共服务待遇"。但农民工本身的素质和能力相对较低,在现有
强调人力资本积累水平的积分规则下,他们没有相应的积分能力。

人力资本即人们在教育、职业培训、健康、移民等方面的投资方式所形成的资本
(舒尔茨,1960),是通过人的教育、培训、实践经验、迁移、保健等方面的投资而获得的
知识和技能的积累(王鹏,2006),知识和技能水平的高低是体现人力资本水平高低的
重要方面。同样,农民工受教育程度和技能水平的高低很大程度上反映了该群体的人
力资本积累水平,王艳华(2007)研究认为农民工人力资本可以通过受教育程度、培训
(包括技能、科技、职业等培训)、身体素质几个方面来体现。

农民工群体普遍受教育程度不高、职业技能水平低,相应的人力资本积累不足,即
便面对一致的居住证积分规则,由于积分规则本身强调教育、技术职称和技能等级的
重要性,受制于自身相对低的知识和技能水平,农民工想要达到《居住证》总积分标准
分值并非易事,甚至是机会渺茫。可以说,人力资本积累水平的差异决定了农民工与
城市劳动力在《居住证》积分获取上存在显著差异。从中国的现实来看,外来农民工的
人力资本水平总体上低于其就业地的城市市民(李培林,李炜,2010),新生代农民工与
城市工相比也处于明显的人力资本劣势(俞玲,2010),农民工群体所处的人力资本劣
势导致他们不具备获得《居住证》相应积分的能力和条件,从而也难以真正享受到居住
证所代表的权力。

进一步对照《上海市居住证积分管理办法》规定的积分规则来看,该积分指标体系
的四项基础指标中"教育背景"项的最低积分标准为"持证人取得大专(高职)学历,积
50 分",即便是这一最低积分标准,对绝大部分农民工而言也很不容易达到。国家统
计局发布的《2014 年全国农民工监测调查报告》显示,2014 年中(大)专及以上文化程
度的农民工占比仅为 7.3%,2013 年中(大)专及以上文化程度的农民工占比只有
6.7%;《2013 年全国农民工监测调查报告》显示,即使在受教育程度相对较高的新生

代农民工中,大专及以上文化程度的农民工占比也只有 12.8%,我们看到,只有极少部分的农民工有能力获得该项指标的最低积分。类似的,"专业技术职称和技能等级"指标的最低积分标准为"持证人取得技能类国家职业资格五级,积 15 分",而社会和企业对于农民工的技能培训投资十分有限(周文英,2007),即使是文化程度高于老一代农民工的新生代农民工,他们接受的技能培训机会也比较少,在城市打工过程中不能完全适应企业的需要(郭根山,刘玉萍,2007),农民工本身属于接受技能培训相对匮乏的群体,想要取得技能类国家职业资格也十分不容易。此外,根据"持证人在本市工作并按照国家和本市相关规定按月缴纳职工社会保险费,每满 1 年积 3 分"的积分规则,高流动性的农民工群体由于社会保险参保率低,同样难以获得相应的积分能力。

三、居住证制度下的城乡整合:前置于户口之上的制度

1. 人力资本与劳动者权利

制度和人力资本是同时决定劳动者权利的两个因素,其中人力资本因素是根本性的。具体的,劳动者在劳动力市场上的权利和地位,一方面受制度对其保护(或歧视)的程度影响,城乡差别性的户籍管理制度以及早期对农村劳动者向城市流动的严格限制,就从制度层面剥夺了农村劳动者迁徙的法律权利,从而农村劳动者也不可能拥有实际迁徙权利。另一方面,也受到劳动者自身拥有的知识能力——人力资本水平影响,人力资本存量的高低本质上决定了劳动者的实际地位。人力资本存量越高,相应的劳动者具有越高的市场稀缺性和不可替代性,在经济、社会活动中的作用也越大,市场谈判力和市场地位也越高,从而后期农村劳动者被鼓励向城镇转移时,受到自身相对低水平的知识能力影响,仍有许多农民工难以在城市谋得一份稳定工作。

对于提高劳动者地位而言,人力资本投资比劳动者权益保护制度更具根本性(姚先国,2006)。具体来看,保障劳动者实际权利和地位平等的任何制度或机制要想取得成效,必须以劳动者拥有人力资本为前提。人力资本积累水平极低的劳动者,其可替代程度极大,几乎不具备市场稀缺性,相应的劳动力定价必然很低,制度保护并不会使其获得高收益,也不能保证其不被高素质的劳动者所取代,因而无法根本上提高其市场地位和权利水平。研究表明,城乡劳动者人力资本的差异对其在劳动力市场上就业权利的差异有较强的解释力(姚先国,赖普清 2004;王美艳,2005)。

目前,制度层面的城乡隔离屏障已经被彻底铲除,城乡劳动者已经拥有平等的迁徙就业的法理权利,但城乡劳动者之间的人力资本差异,根本上致使农民工与城市劳动者的"名义权利"平等而"实际权利"并不平等。也正是由于城乡劳动者能力差异这一实质性不平等的存在,在全面实施居住证制度的统一政策约束下,我们看到城乡劳动者权利平等的程度尚受制于获得居住证和实际享有居住证所代表权利的资格条件。

新制度下劳动力市场城乡分割仍然存在,但分割的形式和内容都将发生变化,具体表现为由显性的基于户籍制度约束的直接分割转变为名义权利平等下隐性的基于能力约束的实际权利不平等。这种实际权利不平等进一步具体体现在城乡劳动者获得居住证的难易程度不同、实际达到享有居住证所代表权利的积分能力不同,这两方面的差异共同决定了统一的居住证制度下农民工仍然面临受低能力水平约束的隐性歧视,无法享有获取居住证的机会平等,也无法享有捆绑于居住证之上的实际福利平等。

面对统一的"居民户口"、面对统一的流动人口居住证申领资格条件和统一的居住证积分规则,以实际权利不平等为本质的城乡劳动市场分割可能仍然存在,原因在于劳动者的地位不仅取决于制度,同时取决于能力。城乡劳动者素质和能力的差异,以及由这种差异决定的获取居住证的机会和积分能力的不同,致使如今"取消农业户口与非农业户口性质区分"、"全面实施居住证制度"的统一的制度和规则仍然对农民工群体构成了差别性的约束。然而,城乡劳动者人力资本的差异本身是"制度"的结果——教育、卫生等公共资源长期向城市倾斜的结果,本质上是前置于户口登记之上的公共资源配置长期不均等的结果。

由于在制度和政策上长期的重物轻人倾向,我国整体人力资本投资不足的同时,有限的教育、卫生等公共资源配置又持续倾斜城市,农村居民看不起病、上不起学现象至今时有报道,城乡教育条件、教育质量差距巨大。即使在看似绝对公平的高考制度下,农村考生在基础教育阶段的投入不足已经决定了一些机会与他们的努力根本上无缘。正是由于前劳动力市场人力资本投资不足,形成了城镇劳动力市场上农民工群体整体知识和技能积累不足,缺乏与城市相对高素质劳动者同台竞争的人力资本。

农村转移劳动者在自身人力资本投资先天不足的同时,受教育、卫生等公共资源长期向城市倾斜的制度因素影响,其获得的公共人力资本投资同样缺乏,最终农村转移劳动者所具备的人力资本也低于城市劳动者,导致该群体就业能力不足,也不具备获取相应积分的能力,难以满足获得居住证和实际享有居住证权利的资格条件,相应的市场地位和权利水平难以提高。因此,在统一的居住证制度下,城乡劳动者权利的真正平等,尚受制于公共资源城乡均等化配置的进程,受制于农村承包地等相关制度的改革进程,劳动力市场城乡整合须从前置于户口之上的公共资源配置平等着手,同时配套农村相关制度改革。从各地促进城乡一体化的工作实践来看,浙江嘉兴推进教师城乡流动和丽水推进集体资产流转的实践,可能值得总结和借鉴。

2. 促进公共资源配置均等:浙江嘉兴的教师城乡流动经验

由于城乡二元结构的存在,中国在公共资源的配置上一直实行城乡分割的"双轨制"资源配置模式,城乡公共资源配置呈现出明显差异(吴丽丽,2014)。其中,对城乡劳动者人力资本积累水平差异起决定性作用的教育资源的城乡配置不平等,无论是在人力资本积累的起点,还是积累的动态路径上,都限制了农民工群体人力资本存量的积累,这本质上对农村转移劳动者获取居住证和实际享有居住证代表权利形成了更强的约束。

长期以来,我国在教育资源投入方面实行城乡二元投入模式,重城市教育投入、轻农村教育投入。在义务教育上,城市人均义务教育经费为 1300 元,农村同类经费仅为 450 元左右[1];在高等教育上,国家重点大学的农村居民生源相对偏低,特别是某些"211"、"985"院校农村与城市生源比例出现 2∶8 的现象[2];在师资配备上,《中国农村教育发展报告 2012》显示,2012 年农村学校 30 岁以下年轻教师占比仅为 34.3%,教师主体学历刚刚由"中专"向"本科"实现战略提升(吴丽丽,徐充,2014),但在城市,尤其是大中城市,对教师学历的一般要求为本科学历,甚至更高。我们看到,城乡之间在教育经费、师资力量等方面的配置不均衡现象仍然十分突出。这种教育配置不均,导致农村居民在人力资本积累的起点——获得教育的机会上处于相对劣势,即便获得同等的受教育机会,农村教育质量也低于城市教育质量,限制了农村居民获得人力资本积累的速度和动态路径。

城乡公共资源均衡配置的实质是为消除城乡之间公共资源配置的差异性,将医疗、教育、卫生、基础设施等公共资源适当向农村倾斜,不断提高农村公共资源配置水平,使农村公共资源配置与城市公共资源配置达到一个相对均衡的状态,最终实现城乡一体化。促进公共资源尤其是教育资源城乡配置均等,是改变农村转移劳动者受低人力资本积累水平约束而难以获得实际的劳动力市场权利平等困境的有效途径,其中,嘉兴市嘉善县在这一方面作出的实践尝试在现行政策条件下一定程度上解决了目前的问题:一是弥补了农村人力资本私人投资不足,二是改变长期以来教育资源倾斜城市的政策倾向,有助于农村劳动者素质的提升。

2010 年,嘉善县作为全国唯一独立承担"义务教育学校教师流动"国家教育体制改革的试点县,在全国率先推行了义务教育学校教师流动,以期促进教育资源城乡配置均等。嘉善县实施该项改革的工作重点在于顶层设计和统筹谋划,创新建立了义务教育学校教师流动的四大机制:一是把推进学校发展、促进教师个人成长以及适合教师意愿等结合起来谋划,建立合作共赢目标激励机制。二是建立城乡教师多元交流机制。具体指流动对象多元,涵盖分校级领导干部、中层干部、名师、特长教师以及普通教师等类别;流动范围多元,分片域流动和县域流动;流动方式多元,城乡互动、城城互动、乡乡互动、学段互动。三是建立政策驱动正向引导机制。坚持原则性和灵活性相结合,既强调人文关怀,又研究制定相关政策的激励方式,确保每一名教师愿意流动、

---

[1] 数据源自:王冠群.城乡收入分配格局失衡与机制优化[J].中国金融,2012(23).

[2] 数据源自:汝信,陆学艺,李培林.2012 年中国社会形势分析与预测[M].北京:社会科学文献出版社,2012:69.

乐意流动。具体包括实行校级领导和中层干部任期制,拟提拔的校级领导要有多校任职经历;农村任教的名师津贴是县城的 3 倍;规定县城义务教育学校教师申报中高级职称必须具备 2～3 年以上农村任教经历等。四是建立后续发展跟进管理机制。嘉善县制定出台《关于加强教师流动工作后续管理若干意见》,建立"五个一"平台,即一个名师工作室、一个流动教师业绩档案、一个教师流动网、一个学科基地、一个宣传窗口,努力为流动教师搭建交流成长平台。教师流动机制的实施取得了显著效果,四年来报名参加流动的教师达 1066 人,实际流动 788 人,占适流教师的 46.5%,学校之间形成了一种良性互动的竞争发展态势,促进了义务教育优质均衡发展。此外,该项改革试点工作得到了中共中央政治局委员、国务院副总理刘延东的两次批示肯定,成果已上升为国家战略,中共十八届三中全会决定明确提出"实行公办学校校长教师交流轮岗"。

3. 配套农村改革:浙江丽水推进集体资产流转的经验

除了从公共资源配置均等化的配套政策上着手促进劳动力市场城乡整合外,有必要进一步推进农村相关制度改革的配套,解决农村劳动力进城务工的后顾之忧,提高其在城市就业、居住的稳定性。

目前,以承包地为代表的农村集体资产产权缺权,不能实现自由流转,从而导致进城务工的农民工一方面不能获得农村集体资产的利益,另一方面担心宅基地被收回而往返于城市和农村间,就业受牵制。因此,在新户口制度下促进农村集体资产流转,对推动劳动力市场城乡整合具有两方面的作用效果。一是实现农村集体资产(如土地、林地等)流转后,集体承包资源明确产权,进入市场流转,使得农民不必再受其牵制,同时也可以获得一定的回报收益。这既省去了从事农业经营的时间,也让农民工得以安心在外务工,同时也降低了其就业的高流动性。许多农民平时在城市务工,土地、林地等农村集体资产由亲戚或老人经营,由于其打工收入往往不足以提供生活和养老,或是担心农地所有权被收回,到农忙时节便回家务农,劳动力转移呈现出明显的季节性,这客观上导致他们难以满足申领居住证的"稳定居住"条件,失去平等地享受劳动市场权利的机会,而促进农村集体资产流转在促进农民工稳定就业的同时,一定程度上缓解了这种困境。二是实现农村集体资产流转一定程度上推动了农村教育的发展,有利于农村转移劳动者的人力资本积累。农村集体资产流转促进了农民收入的提高,富裕起来的农民便可以把大部分的收入作为子女的教育支出,提高新生代农民的文化水平。

2013 年以来,浙江丽水龙泉市积极探索林地经营权流转证制度,在全国率先出台并实施《林地经营权流转证登记管理办法(试行)》,改革的核心内容是:将林地承包权和经营权分离,允许经营权流转并发证确认,从制度层面保障流转双方政策权益。改革的具体内容包括:一是破除林地流转制约。龙泉市出台了《关于进一步加快林业产业化发展的若干意见》、《关于竹产业发展若干扶持政策的通知》等文件,并建立了实行林权管理"一户、一证、一图、一表、一卡"的"林权 IC 卡"管理制度。同时,在完成林地所有权、经营权实地勘界的基础上,龙泉市与浙江农林大学联手开发了"林政管理辅助系统",在全省率先完成林政管理网络化。二是探索林地流转路径。将林地和林木的承包权与经营权分离,给符合条件的经营主体颁发《林地经营权流转证》,注明了林地出让方、受让方等相关信息,而林地承包权仍由林农掌握,解决了全国性林地流转难题。三是注重林地流转服务。积极创新林业金融服务,把林权抵押贷款作为金融支农工作的突破口和切入点,创新贷款方式,推出了林农小额循环贷款、林权直接抵押贷款、担保公司担保贷款、林权"联保体"担保贷款、"专业合作社＋社员＋基金"贷款等 5种方式,同时辅之以免收首批林权抵押贷款评估费等措施,以期增强推进林权制度改革的动力。该项改革突破了现行林权管理制度制约林地转包、租赁不能办证的难点,解决了林地流转后农户不愿过户、政策不能过户、银行不敢贷款等问题,促进了农民林地流转。截至 2014 年 6 月底,龙泉市共计发放《林地经营权流转证》136 本,流转面积达 2133.7 公顷,流转证抵押贷款 28 笔、2536 万元。

四、结论与启示

统一城乡户口登记的户籍制度改革从制度层面清除了劳动力城乡隔离,促进了劳动力市场城乡整合,但城镇劳动力市场的城乡分割依然存在。新制度下的分割表现为前劳动力市场相关制度下形成的城乡劳动者人力资本差异,从显性的制度直接分割转变为名义权利平等下的实际权利不平等。让农村居民享有平等的人力资本投资权利,是实现城乡劳动者权利平等的根本,从而从人力资本积累着眼、从户籍以外的分配制度改革着手,促进公共资源配置城乡均等,促进农村集体资产充分流转,是新户口制度下推动劳动力市场城乡整合的主要内容。

(作者简介:钱雪亚,浙江大学公共政策研究院副院长、浙江大学公共管理学院教授;宋文娟,浙江大学公共管理学院博士研究生;叶环保,浙江大学公共管理学院博士研究生。)

作者

金雪军
金　赟

浙江省债券市场发展研究

内容提要：债券融资作为企业的重要融资方式，在促进企业扩大生产、降低企业融资成本、提高直接融资比例和落实国家政策方面均有着显著的作用。近年来，浙江省债券市场规模逐渐扩大，债券品种不断增加，在深度和广度上同时得到快速发展，在全国各省中处于领先地位，取得令人瞩目的成绩。但是伴随着整体经济环境的变化和金融改革的深化，也呈现出一些问题和需要进行改进的地方。基于目前浙江省债券市场的发展现状，本研究报告总结了债券市场存在的一些主要问题，并提出相关的政策建议。

关键词：浙江；债券市场；融资

一、浙江省债券市场发展情况

近几年来，中央政府曾多次表态要大力推进债券市场发展，提高债券融资在企业融资中的重要性。在政策指引和实际需求的推动下，浙江省债券市场呈现出高速发展的态势，在债券发行总数和发行总面额上均保持高增长率，债券市场规模不断扩大，与此同时，浙江省也在积极创设包括资产支持证券、中小企业集合债和小微企业增信债等在内的债券新品种，不断深化债券市场结构，扩大债券发行主体范围，使更多的企业能够通过发行债券进行融资，降低企业融资成本，促进企业发展。

1. 债券发行规模逐渐扩大

2010 年中央政府工作报告指出，"积极扩大直接融资，完善多层次资本市场体系，扩大股权和债券融资规模，更好地满足多样化投融资需求",债券融资作为直接融资的重要组成部分,在实际需求推动和各地政府促进下,近年来呈现快速发展趋势,作为对直接融资有巨大需求的浙江省,更是如此。2010 年以来,浙江省债券市场发展迅速,截至目前,浙江省债券发行只数总计 1829 只,发行量总计 12468.17 亿元,在全国全部省份中位于前列。其中 2014 年和 2015 年[①]发行量大幅度增加的一个原因在于同业存单的发行,作为同业存款的替代物,同业存单的发行量远大于其他类型的债券,2014 年同业存单发行量达到 1175.4 亿元,占到总发行量的 30%,2015 年为 2408.6 亿元,占比高达 57.8%。除去同业存单后,2010 年以来债券发行只数总计 1290 只,发行量总计 8884.17 亿元。在债券发行增速上,2011 年、2012 年和 2014 年都保持了高速增长,增长率分别为 91%、97%和 67%,2013 年,监管部门加强对企业债券发行的分类审核和专项核查,以及 2013 年下半年银行间债券市场资金面趋紧、发行成本上升等,导致债券发行速度大幅减缓,增速仅为 2%,显著低于其他年份(见图 1)。

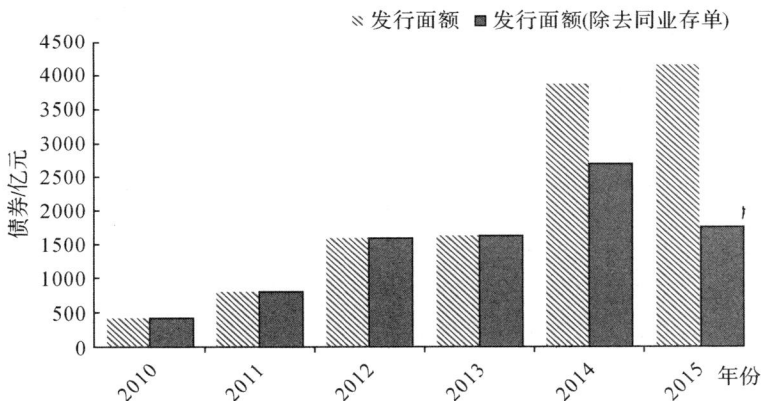

图 1　浙江省历年债券发行总量

2. 信用债[②]整体呈现增长趋势

在具体方面,信用债(包括短期融资券、公司债、企业债以及中期票据)的发行量呈现增加趋势,其中短期融资券发行量长期占据头位,高于其他信用债,公司债的发行量偏少,与其他信用债有较大差距,以 2014 年为例,短期融资券、公司债、企业债和中期票据的占比分别为 41%、5%、32%和 22%。信用债发行量虽整体呈现上升趋势,但是

---

① 本文中 2015 年的数据均为 2015 年 1 月 1 日至 2015 年 7 月 27 日之间的统计数据,并非 2015 年全年。
② 这里所说的信用债仅包括短期融资券、中期票据、公司债和企业债。

在 2013 年时出现下降,2013 年信用债的发行量为 1188.8 亿元,低于 2012 年的 1344 亿元,下降幅度达到 11.55%,但在 2014 年重新恢复快速增长趋势,增长幅度为 56.93%。除了监管部门加强对企业债券发行的分类审核和专项核查以及 2013 年下半年银行间债券市场资金面趋紧、发行成本上升等原因外,2013 年引起信用债发行量下降的一个重要原因在于定向工具的创设。定向工具采用注册制发行,具备发行方式便利、信息披露要求简单、能在有限范围内流动等特点,尤其是定向工具发行规模没有限制,可突破净资产 40% 的限制,使得定向工具对发行企业有较大吸引力(见表 1)。定向工具的发行对企业债、公司债、中期票据和短期融资券的发行有着替代的作用,因此近几年定向工具的大量发行对信用债的发行量有一定的抑制作用,导致信用债发行规模增长速度放缓。

表 1 信用债和定向工具比较

	公司债	企业债	中期票据和短期融资券	定向工具(PPN)
监管机构	中国证监会	国家发改委	银行间市场交易商协会	银行间市场交易商协会
审核方式	核准制	核准制	注册制	注册制
发行人条件	上市公司、非上市公司	非上市公司、企业	具有法人资格的非金融企业	具有法人资格的非金融企业
发行条件	公开发行	公开发行	公开发行	非公开发行
盈利能力要求	最近三年持续盈利,三年平均可分配利润足以支付债券一年利息	最近三年持续盈利,三年平均可分配利润足以支付债券一年利息	未作具体要求	无
净资产要求	一般要求归属母公司净资产大于 12 亿元	一般要求归属母公司净资产大于 12 亿元	未作具体要求	无
发行规模	不超过企业净资产的 40%	不超过企业净资产的 40%	不超过企业净资产的 40%	无
承销商	由具有承销资格的证券经营机构承销	由具有承销资格的证券经营机构承销	由金融机构承销,企业可自主选择主承销商	由金融机构承销,企业可自主选择主承销商

3. 债券品种不断丰富

除定向工具和同业存单外,近年来浙江省也在积极创设其他新型的债券品种,包括可交换债、可转债和资产支持证券等。由于可交换债和可转债处于起步阶段,发行

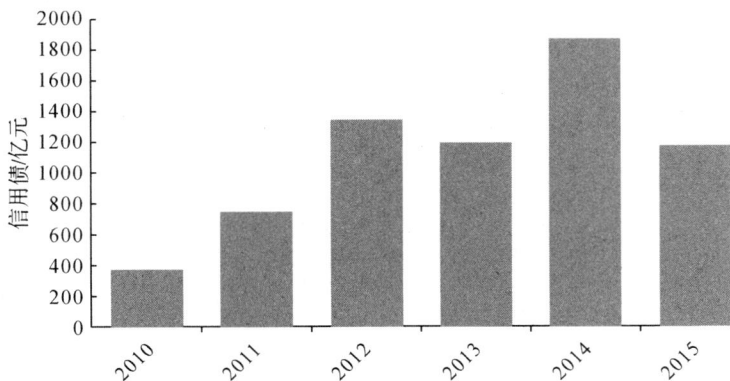

图 2　浙江省历年信用债发行量

的数量还较少,到目前为止浙江省仅有 6 只可交换债和可转债发行,发行的可交换债包括"14 卡森 01"、"14 海宁债"和"15 美大债",发行的可转债包括 2011 年的"海运转债"、2014 年的"浙江转债"和"久立转债"。虽然发行数目较少,但是已发行的可交换债和可转债在市场上普遍受到追捧,认购比例高,未来伴随着可交换债和可转债发行机制的成熟,发行量势必出现大幅增加,发展空间广阔。

　　浙江省资产支持证券在 2012 年第一次发行,发行只数只有 3 只,发行量只有 10 亿元,2013 年没有资产支持证券发行,2014 年以来资产支持证券开始出现井喷式增长,截至目前,一共发行了 51 只资产支持证券债券,发行量达到 206.66 亿元,与全国的形势一致,2014 年全国范围资产支持证券发行量较 2013 年增长了 10 倍以上。虽然我国资产证券化发展迅速,但目前仍旧处于开始阶段,当前我国的资产支持证券规模占 GDP 比重只有 0.5%,远低于美国的 60% 和日本的 3.6%,未来发展空间巨大。2015 年 4 月 3 日,央行宣布信贷资产支持证券发行将由注册制取代审批制,这意味着以后资产支持证券的发行过程将大大提速,将进一步推进资产证券化市场。目前我国的资产证券化主要还是以信贷资产证券化为主,企业资产证券化和资产支持票据所占比例较少,2014 年资产支持证券发行量的快速增长主要就是由信贷资产证券化的大量发行所主导(见图 3)。资产证券化有利于金融创新和经济发展,通过企业资产证券化,企业可以到达直接融资的目的,有助于降低企业的融资成本,同时保持一个低水平的杠杆率;银行通过信贷资产证券化可以将贷款出售,有助于银行盘活信贷资产,提高资金的周转率,降低银行的融资成本。

　　此外,还有多种面向特定企业和领域的新型债券的创设,包括中小企业集合债、小

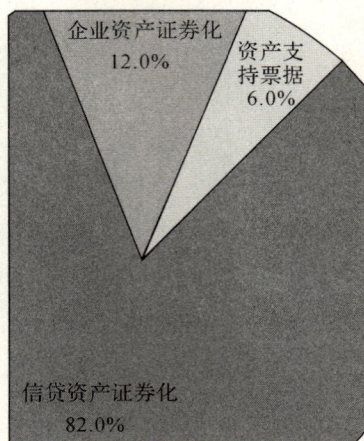

图 3　2014 年我国三类资产支持证券发行占比

微企业增信债、中小企业集合票据、中小企业私募债、棚户区改造项目收益债等,其中面向中小企业的新型债券有利于降低中小企业的债券发行门槛,尤其是其中的中小企业集合债,由当地政府牵头,通过当地政府协调,使当地对融资有需求但无法单独发行债券或单独发行债券成本过高的中小企业集合一起发行集合债券,统一选用承销商、统一确定债券利率,可以合理分摊资信评级、发债担保、承销等费用,有效地降低企业融资成本,提高企业信用等级。目前中小企业集合票据在浙江省已有多次发行记录,发行人包括义乌市中小企业、诸暨市中小企业、乐清市中小企业等十几个地区的中小企业。但中小企业集合债自 2007 年面世以来,在浙江省尚无发行记录。

表 2　传统债券和新型债券

		国家发改委	银行间交易商协会	中国证监会	财政部
一般类	城投债 产业债	企业债	短期融资券、 中期票据	公司债	地方政府债
创新类		中小企业集合债 小微企业增信债 棚户区改造项目 收益债	中小企业集合票据 定向工具 资产支持票据 项目收益票据	中小企业私募债 市政建设债(筹) 并购重组债(筹)	

4. 融资平台受限,城投债减少

分税制改革后,财权上移、事权下移,地方政府财政收支缺口巨大;同时地方官员为了取得更好的政绩,在任期内不惜借钱大兴基建,而将还款问题移交给下届官员,共同促成了 2009 年以来地方政府融资平台的遍地开花及城投债的迅速扩张。根据中国银监会公布的数据,目前全国约有 8708 家政府融资平台公司,其中浙江省拥有融资平台多达 949 家。从城投和产业的角度对浙江省企业债存量进行划分,城投债的规模占比高达 83.5%,无疑成为企业债最大的发行主体。

但是近年来国家对地方政府融资平台的监管日趋严格,2014 年 4 月,国务院转批《发展改革委关于 2014 年深化经济体制改革重点任务的意见》,指出规范政府举债融资制度,开明渠、堵暗道,建立以政府债券为主体的地方政府举债融资机制,剥离融资平台公司政府融资职能。2014 年 10 月,国务院发布《关于加强地方政府性债务管理的意见》(国发〔2014〕43 号),对地方融资平台进行了严格的限制,主要内容是处理存量城投债,并对后续政府融资方式进行规定,其中在建项目的融资方式仍然可以按照原来的融资渠道进行融资,也就是说地方政府还可以发行城投债,但是新增融资不得采用发行城投债进行,这意味着 2015 年将是城投债发行的最后阶段。截至 2015 年本文完稿之日,浙江省城投债发行量为 392.60 亿元,大幅低于上一年同期的 540.50 亿元(见图 4)。

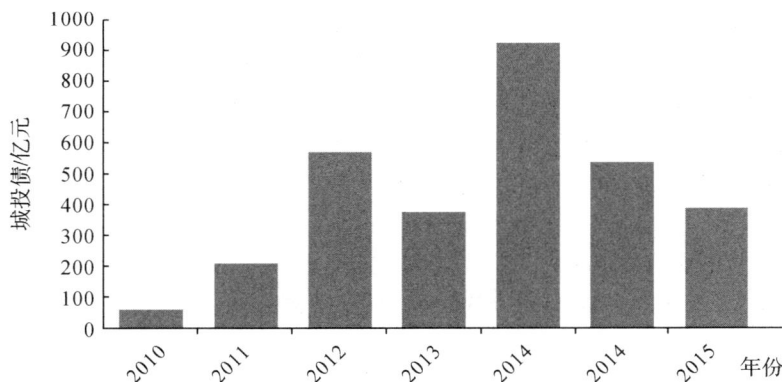

图 4　浙江省历年城投债发行量

5. 专项金融债发行规模扩大

对于中小企业而言,推动其直接融资的难度较大,尤其是在目前还是间接融资为主导的金融体系之下,相比之下,通过为中小型金融机构提供特殊的债券融资渠道,使其有能力为中小企业提供足够规模的贷款,能够在短期内有效地解决中小企业融资难的问题。为此,中国银监会在 2011 年发布《关于支持商业银行进一步改进小企业金融服务的通知》，明确提出"对于小企业贷款余额占企业贷款余额达到一定比例的商业银行，在满足审慎监管要求的条件下，优先支持其发行专项用于小微企业贷款的金融债，同时严格监控所募集资金的流向"，同年的 10 月，中国银监会再次发布《关于支持商业银行进一步改进小型微型企业金融服务的补充通知》，对之前发布的《关于支持商业银行进一步改进小企业金融服务的通知》进行了细化，规定了商业银行发行小微企业专项金融债的要求。在 2011 年 12 月 28 日，中国第一只专项金融债——兴业银行 2011年第一期小企业贷款专项金融债（"11 兴业 01"）成功发行，发行总额为 300 亿元，全部为 5 年期固定利率，票面利率为4.20%，全部募集资金用于小微企业贷款。

浙江省在 2014 年时发行第一只专项金融债，为浙江鹿城农村商业银行发行的 14鹿城"农商债 01"，同年绍兴瑞丰农业商业银行发行了另一只专项金融债——"14 瑞丰农商小微债 01"。2015 年以来，浙江省专项金融债的发行提速，截至完稿，已有 5 只专项金融债发行。目前浙江省发行的 7 只专项金融债期限均为 3 年，发行面额在 10 亿元和 20 亿元之间，总共发行的面额达到 95 亿元，票面利率平均为 5.07%，低于 5.5%的 3 年期贷款基准利率，发行主体均为规模相对较小的区域性商业银行，小微企业专项金融债的发行在一定程度上缓解了小微企业的融资问题，有利于降低其融资成本，对于拥有众多民营企业的浙江省的重要性更大。

除小微企业专项债外，在 2013 年 9 月，中国银监会发布了《关于商业银行发行"三农"专项金融债有关事项的通知》，支持符合条件的银行发行"三农"专项金融债，并规定了商业银行申请发行"三农"专项金融债的准入要求和监管措施，最主要的实质性门槛为商业行业最近两年的涉农贷款年度增速应高于全部贷款平均增速或增量高于上年同期水平。浙江目前共有两只"三农"贷款转向金融债的发行，发行时间均在 2015年，债券期限为 3 年，发行面额分别为 12 亿元和 10 亿元，发行利率分别为 4.87%和4.9%，低利率在一定程度上体现了市场投资者对于"三农"专项金融债的认可。"三农"专项金融债的发行将有利于商业银行扩宽支农资金来源、主动加强负债管理，可以有效缓解涉农小微企业和农户的贷款难问题，预计未来一段时间浙江省的"三农"专项金融债有望迎来发行高潮。

6. PPP 项目快速发展

为解决地方庞大的债务问题，国务院在 2014 年发布了《关于加强地方政府性债务管理的意见》，即"43 号文"，"43 号文"明确剥离了地方融资平台公司的政府融资职能，规定融资平台不得新增政府债务。在抑制融资平台融资的同时，"43 号文"提出推广使用政府与社会资本合作模式（PPP）进行融资，鼓励社会资本通过特许经营等方式，参与城市基础设施等有一定收益的公益性事业投资和运营。同年 10 月，财政部印发《地方政府存量债务纳入预算管理清理甄别办法》，重点提出要大力推广 PPP 模式，通过 PPP 模式将政府债务转为企业债务。大力推广 PPP 模式的原因在于 PPP 模式相比于地方融资平台融资,具有多个优势。首先,PPP 模式在项目初期就实现风险分配,政府承担一部分风险,风险分配更加合理,降低了承建商和投资商的风险水平,有利于降低融资难度,提高项目融资成功的概率,并且 PPP 模式的负债主体主要是企业而非政府,有助于降低政府债务水平,这对于当前承担着高昂债务成本的地方政府而言意义重大;其次,通过 PPP 模式,私人企业的先进技术、管理经验和高水平人员参与到项目的建设之中,有助于推动在项目设计、施工和管理过程等多个方面的革新,提高项目建设效率和质量,并且政府和私人企业共同参与建设和运营,可以形成双方互利的长期目标,更好地为社会提供公共服务。

因此,在相关政策推动和实际融资需求拉动下,PPP 项目在各地快速产生,2014年至今,已有 29 个省和地区有 PPP 项目成立,总项目数达到 1050 个,项目类型主要包含水利、交通设施、市政设施、公共服务、生态环境和其他,其中以交通设施、市政设施和公共服务为主,分别占到 PPP 项目总数的 17.6%、36.4% 和 25.5%(见图 5)。

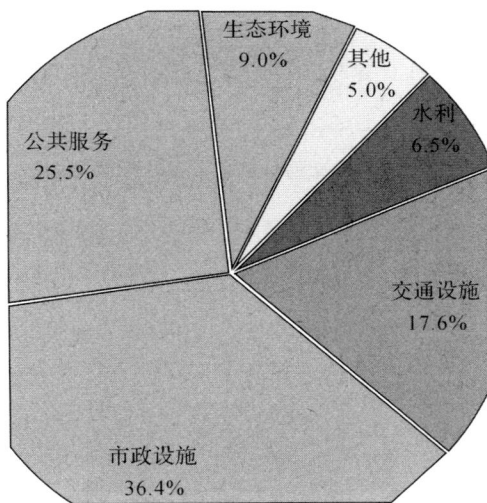

图 5　全国 PPP 项目各类占比

浙江省目前共有 27 个 PPP 项目,其中水利项目 4 个,交通设施项目 13 个,市政设施项目 5 个,公共服务项目 5 个,总投资规模超过千亿元(见表 3)。但相比于 PPP 项目较多的省份,如有 127 个 PPP 项目的安徽省、有 107 个 PPP 项目的江苏省和有85 个 PPP 项目的贵州省等,浙江省的 PPP 项目还是较少,未来具有很大的发展空间和发展潜力。

表 3　浙江省 PPP 项目

项目名称	所属行业	项目名称	所属行业
温州市瓯飞一期工程	水利	衢江(金华段)航运开发工程(兰溪段)	交通设施
温州市鹿城区瓯江绕城高速至卧旗山段海塘工程	水利	衢州航运洋埠港口项目	交通设施
泰顺县樟嫩梓水库及供水工程	水利	黄泽山石油中转储运工程项目	交通设施
龙游县高坪桥水库工程	水利	杭州第二固体废物处置中心项目	市政设施
杭州地铁5号、6号线一期引入社会资本招商项目	交通设施	温州市西片污水扩建工程	市政设施
温州市域铁路 S1 线一期工程	交通设施	温州永强垃圾发电扩建工程	市政设施
杭州至海宁城际铁路	交通设施	温州市综合生态处置中心	市政设施
金台铁路及头门港支线	交通设施	义乌市垃圾焚烧发电厂提升改造项目	市政设施
杭州至南京高速公路浙江段改扩建工程	交通设施	浙江宏达南浔学校项目	公共服务
杭州绕城高速公路西复线工程(德清段)	交通设施	新安老年护理之家	公共服务
杭州湾跨海大桥北岸接线二期工程	交通设施	金华市人民医院迁建项目	公共服务
台州湾大桥及接线工程部分路段	交通设施	钱江源水湖枫楼景区项目	其他
温州市洞头至鹿城公路龙湾永中至海城段工程二期	交通设施	南浔区旧馆物流基地项目	其他
嘉兴内河港海宁港区环城河(海昌)作业区工程	交通设施		

二、浙江省债券市场发展过程中存在的问题

　　尽管近年来浙江省的债券市场发展迅速,取得了许多实质性的进步,但是依然存在着诸多问题。首先,目前债券发行存在主体受限和结构不合理的问题,大型国有企业和上市企业融资比较容易,融资方式多样化,融资成本低,与此相反,中小企业债券融资明显不足,当前主要依靠抵质押和担保以及民间借贷进行融资,不利于降低中小企业融资成本;其次,在债券发行上还存着中介选择不透明和债券发行信用状况差、外部增信方式不足的问题,都不同程度地提高了企业发行债券的成本;再次,在债券流动

的二级市场上,存在着做市商制度不发达的问题,导致债券的流动性不足和债券换手率低,大幅降低了债券的吸引力。

1. 发行人主体受限,结构不合理

目前企业债和公司债对发行主体的要求较高,对企业盈利能力、企业规模、偿债能力等都有着严格的要求。鉴于浙江省民营企业规模都较小,盈利能力较弱,达不到发行企业债和公司债的要求,目前公司债和企业债的发行主体主要为国有企业和大型企业。2015年以来,虽然企业债和公司债的发行门槛都有所降低,但是发行主体依旧是国有企业和大型企业,并未发生实质性的改变。

以企业债为例,2012年、2013年、2014年和2015年上半年浙江省民营企业发行的企业债数量分别为6只、6只、0只和1只,企业债发行状况在2012年和2013年经历好转之后,近两年又出现明显下滑,市场结构尚未出现明显的改善。同时在国有企业发行主体结构中,还存在着省属和地市级国有企业失衡的问题,省属国企的实力较强、资质较好,但是企业债的发行规模很小,且大部分均已到期偿还。相比而言,地市级国有企业对企业债的依赖明显更大,按照企业债发债主体情况的统计,企业债对地市级公司债券融资的贡献率高达80.1%。由于地市级公司的资质与省属国企间必然会存在一定差距,其他融资渠道受到的限制也相对较多,与此同时融资需求却仍然较大,因此使得企业债在其融资中发挥着至关重要的角色。但由于地市级公司参差不齐的现象明显,信息透明度往往较差,违规操作的风险也相对较大,因此需要加强对其风险的把控。

相比而言,短期融资券和中期票据的发行要求明显低于公司债和企业债的发行要求,且短期融资券和中期票据采用注册制进行,发行手续简便,发行人只需将相关申请材料报请交易商协会注册批准后即可发行,同时短期融资券和中期票据对发行企业无担保要求,发行企业只需符合发行标准、提交申请材料并具备信用评级即可,而且发行方式相对灵活,发行成本也较低,成为浙江省民营企业进行债券融资的主要选择。在全部采用短期融资券进行融资的企业中,民营企业的占比为53.7%;在中期票据方面,民营企业的占比为31.8%。但是相比于短期融资券和中期票据,企业债和公司债的发行期限较长,有利于保证企业资金的稳定性,同时长期限的企业债和公司债也有利于调整公司的财务结构,防止短期限债务过多出现违约行为。

2. 中小企业债券融资不足

浙江省拥有数量繁多的中小企业,其竞争力和商业价值都位列全国首位,众多的中小企业为浙江省的经济发展作出了巨大的贡献,尤其是在解决劳动力就业方面,但是浙江省中小企业的融资问题一直阻碍着其进一步发展。浙江省中小企业长期以来存在经营机制不健全和财务制度不规范等问题,使得中小企业难以符合银行贷款的要求,加之银行偏爱风险性低的国有企业和大型企业,对中小企业的放贷比较谨慎,导致中小企业的信用贷款比例长期保持低位,抵押、质押和担保成为中小企业获得贷款的主要方式。浙江省中小企业融资的另一大特点为高度依赖于民间融资,对于处于初期的中小企业,由于难以从银行或者通过发行债券融资,民间借贷成为其主要依赖的融资方式。民间借贷虽能在一定程度上解决中小企业融资难问题,但是民间借贷利率高、难以有效监督等问题决定了其不可能成为中小企业融资的常规性手段,且在过去几年中,民间借贷的很多资金并没有真正进入制造业,而是进入了房地产业,对中小企业发展并没有起到实质性的作用。

债券融资作为企业融资的重要构成部分,目前已成为大中型企业融资的一个重要渠道,但是对于浙江省的中小企业而言,债券融资明显不足。一方面由于债券发行门槛较高,对于很多中小型企业,尤其是成长中的中小型企业难以达到要求,无法通过发行债券进行融资;另一方面,目前中小企业在评级和增信环节存在较大问题,一是省内缺乏统一的企业信用评级标准,不同评级公司的企业信用评级流程差别较大,缺乏统一的权威性评级公司,二是增信方式单一且比较混乱,目前浙江省中小企业的增信方式主要是担保,担保主体为担保公司和大型企业,虽然浙江省担保公司数量众多,但是主要还是以民营担保为主,担保机构质量参差不齐,存在着较大的系统性风险。

3. 企业债券中介选择透明度不够

企业债券在浙江省的经济发展中起着重要的作用,截至 2014 年年底,浙江省已累计发行了包括城投债和产业债在内的企业债券 186 只,总的融资规模达到 2119.9 亿元,一共拉动投资 6473.76 亿元。目前浙江省的许多重点工程,包括杭州湾跨海大桥、西溪国家湿地公园等都是由企业债券进行融资。虽然企业债券发行融资对浙江省经济社会发展起着重要作用,且呈现出快速发展的趋势,但是长期以来,浙江省的企业债券发行存在着诸多的问题,其中一个主要问题为中介选择不够透明,包括企业债券发行涉及的承销、法律、评级、会计等中介机构的选择,中介机构选择的透明度不够易造成寻租现象,不利于企业债券的公平竞争和健康发展。2014 年起,随着国家加大对债市的整顿,关于企业债券发行审批的负面新闻大量出现,导致企业债券的吸引力下降。此外,近几年来,新型债券品种包括中期票据、短期融资券、中小企业集合债和超短融等采用市场化注册制的债券发行规模逐渐扩大,同时公司债在中国证监会的推动下,审批发行效率和发行过程透明度不断提高,都对企业债券的发行造成了巨大的冲击。如果不对企业债券的发行过程进行改革,不提高中介选择的透明度和公平性,那么企业债券必然会失去竞争力,成为城投债和低信用债券的专属品种。

为此,在 2015 年 2 月,浙江省发改委下发了《关于企业债券发行中公开选定中介机构的通知》,对企业债券发行中的中介机构选择作出了规范性要求,明确要求各地发改委部门不得指定中介机构或划定选择范围,不得干预发债企业选择中介机构,要求发债企业在选择中介机构时做到"公平、公正、公开",在降低企业发行企业债券成本的同时,加强承销商、评级、法律和会计等中介之间的相互竞争,提高中介业务水平。此外,该通知中还提出省发改委将着手建立企业债券信用记录体系,涵盖从发行审批到到期兑付的全部过程,发行人和中介在浙江省开展企业债券业务的主要情况都将如实进行登记,并对违规人员予以惩罚。这一通知的发布和实施将加强对浙江省企业债券发行和承兑的监督,保证发行过程的公平和公开,有利于提高企业债券的吸引力,推动企业债券的发展壮大。目前长兴县、桐庐县、海宁市等企业已经通过招标方式选择了主承销商,效果良好,尤其是其中的长兴县采用中介费用与发行结果挂钩方式,大幅降低发行成本。

4. 债券信用评级低,外部增信不足

信用评级状况是反映企业还债能力强弱的指标,同时也决定了企业的融资成本。相比于全国,浙江省债券的信用状况明显较低,2015 年以来,全国新发行的债券中 AAA 级水平的债券占到 38.23%,而浙江省 AAA 级水平的债券仅占到 10.75%,远低于全国水平。信用债方面同样如此,AAA 级水平的仅有 8.09%,而全国这一比例为 31.67%。浙江省债券和信用债券的信用评级状况主要集中于 AA+级和 AA 级水平,在 AAA 级水平上远落后于全国(见表 4)。

该现象的产生,一方面是来自浙江省民营企业占比较大及产业结构方面的影响,民营企业自身规模较小、缺乏持续的盈利以及资金来源不稳定等,导致信用评级机构对民营企业的信用评级都较低,且多数企业属于低端制造业类型的企业,发展前景有限,创新能力不够。另一方面是浙江省债券外部增信措施不足所致,良好的债券外部增信能够提高债券信用等级,使信用等级较低的企业也能够通过债券市场融资,大大节约融资成本,同时还可以为债券投资者提供多样化的保障,在发生债券违约时,通过追偿担保人和处置抵押物等方式获得补偿。目前浙江省债券外部增信方式过于单一,仍然是最常见的第三方担保和抵质押担保,创新品种少,而且担保公司大部分实力薄弱、担保能力十分有限,导致无法发挥债务外部增信的实际效果,难以提高企业债券信用状况。信用评级低导致企业债券利率相对较高,债券的流动性受限,融资成本高,不利于浙江省民营企业的长期发展。

表 4 2015 年以来债券评级分布情况

	AAA 级	AA+级	AA 级	AA-级
全国债券	38.23%	21.60%	27.08%	5.31%
浙江省债券	10.75%	33.33%	39.25%	10.22%
全国信用债	31.67%	25.31%	36.10%	6.24%
浙江省信用债	8.09%	33.09%	45.59%	12.50%

5. 做市商制度不发达

相比于国外成熟的做市商制度和充足的做市商从业人员,我国的做市商制度还处于发展初期,发展缓慢。做市商对于整个金融体系的运作有着非常大的作用,一方面做市商获得的市场信息要远远多于普通投资者获得的信息,做市商可以通过对公司内在信息的分析,报出充分反应市场信息的价格,起到价格发现的功能,避免中小型投资者的盲目性,提高整个市场的透明度;另一方面做市商承担做市所需的资金,可以随时应付任何买卖,起到中间桥梁的作用,活跃市场,能够保证市场进行连续的交易活动,提高整个市场债券的流动性,这对于交易次数较少的债券尤其重要。而且做市商对市场利率的敏感性高,进而可以将市场利率变化迅速地反映到债券价格上,提高债券价格对市场利率的敏感性。浙江省的做市商情况和全国相似,目前还处于初期阶段,发展比较缓慢,做市商数量偏少,为提高浙江省企业债券的吸引力和债券的流动性等,提升整个债券市场的运作效率,加强做市商制度是必然的选择。

三、对促进浙江省债券市场发展的政策建议

基于浙江省债券市场发展存在的诸多问题,并结合浙江省的实际情况,本文从多个方面提出建议。首先,在债券发行发面,伴随着公司债和企业债发行门槛的降低,建议积极推动符合要求的企业发行公司债和企业债,此外建议加大新型中小企业债券的融资,增加中小企业采用债券融资的比例;同时,鉴于目前企业违约风险的加剧,建议加大企业风险控制、推进全省信用体系的建立并完善企业债券外部增信;在债券流动的二级市场上,目前浙江省的做市商制度不健全,对债券流通的推动作用十分有限,建议积极推动做市商制度的建设,发挥其积极的作用,提高债券的流动性。

1. 推进公司债和企业债的发行

公司债和企业债长期以来发行门槛高,采用核准制进行审批,审批过程复杂、持续时间长、对公司的规模和盈利能力有着硬性高要求,导致发债主体主要为规模较大的国有企业和大型企业,中小型企业难以达到要求。2015 年以来,公司债和企业债发行门槛显著降低,公司债发行主体范围不再限于上市公司和证券公司,扩大至所有公司制法人,同时进一步丰富了发行方式,既可以采用公开发行也可以采用私募发行,而且公开发行中取消了保荐制度和发审委制度;在企业债方面,对于募集资金用于七大类重大投资工程、六大领域消费工程项目融资的优质企业,不受发债企业数量指标的限制,另外,发行战略性新兴产业、养老产业、城市地下综合管廊建设、城市停车场建设、创新创业示范基地建设和电网改造等重点领域专项债券,不受发债企业数量指标的限制,县域企业发行用于重点领域、重点项目建设的优质企业债和专项债券也不受发债企业数量指标的限制。

公司债和企业债门槛的降低有利浙江省中小企业的债券融资,使得优质的中小企业能够通过公司债和企业债进行直接融资,在降低融资成本的同时丰富负债期限结构。为此,省相关部门应积极推动中小企业公司债和企业债的发行,支持和鼓励符合要求的优质中小企业发行公司债和企业债,扩大公司债和企业债的发行规模,充分发挥其在直接融资中的重要作用。

2. 推动新型中小企业债券融资

企业债券中的创新产品,如小微企业增信债、中小企业集合债等,均被国家发改委划入"加快和简化审核"范畴,且不占用企业发债额度,具有一定优势。加大创新产品的推进力度,既符合国家政策导向,也有利于企业融资方式的拓展。

小微企业增信债同时降低了债券发行门槛和融资成本,在政府缓释基金的支持下以打包形式发售,能够有效稀释违约风险。浙江省民营经济发达,企业融资需求旺盛,完全具备相应条件,但尚未有小微企业增信债成功发行的案例。为推动此项工作进展,需要充分调动商业银行的积极性,发挥商业银行作为主承销商在发债对象选择、委托贷款发放等方面的优势,例如将小微企业定为战略重点的民生银行,在江苏省小微企业增信债的推广过程中即发挥了重要作用;同时当地政府的支持、推动也不可或缺,政府出资建立风险缓释基金,对国家扶持的特定领域,可以通过财政贴息的方式进行补贴。

中小企业集合债作为市场上比较成熟的中小企业融资工具之一,使用较为灵活,募集资金规模小于1万亿元的可全部用于补充公司营运资金。通过政府协调,将多个中小企业进行捆绑集合发行企业债券,可以合理分摊资信评级、发债担保、承销等费用,提高信用等级,可以有效地避免单个中小企业发债规模下发行成本过高的弱点,使中小企业发行企业债券成为可能,同时信用增级能够降低融资成本,减轻企业融资压力。浙江省的中小企业众多,目前中小企业的主要融资渠道还是银行贷款,成本高居不下,而发行债券的难度又较大,因此中小企业集合债对于降低浙江省中小企业的成本有着重要的作用。为推进中小企业集合债的发行工作,地方政府需做好牵头工作,加强企业的捆绑融资意识,组织企业参与,并由相关中介部门进行筛选和实地调研;同时由于集合债的风险相对较大,如"10中关村债"无法兑付则由担保公司兜底,"有效担保"在融资过程中格外重要,理顺担保关系、协助其获得强有力的外部增信措施,均为必要的步骤。

此外,国家发改委即将推出的棚户区改造项目收益债券,将开创发改委体系下以项目主体进行发债的先河,改变以公司为主体发行企业债券的局面。在清理平台公司的大背景下,未来符合国家政策方向的城镇化、保障房建设等项目,不排除也会有类似的以项目为主体发行债券的可能性。浙江省基础建设水平在全国各省市中居于领先位置,不少项目的盈利和现金流状况尚可,挖掘符合发债条件的项目,推进棚户区改造项目收益债券的发行,不仅有利于浙江省的地方建设,也将为发行部门积累以项目为主体发债的宝贵经验。

3. 降低企业违约风险、完善债券外部增信

随着经济下行压力增大、债务风险不断显性化,企业的违约风险呈现上升趋势,从2014年开始,全国范围内公司债、中期票据、私募债券等品种已陆续出现多起违约事件,截至2015年7月份,发生的企业债券违约事件数已经超过了2014年发生的企业债券违约事件的总数。同时在取消了国企刚性兑付之后,国企发行的债券违约风险也在提升,继2015年4月份出现第一家国企债券天威中票违约后,已出现多家国企债券违约事件。虽然目前还没有出现企业债违约事件,但是2015年上半年出台的《国家发展改革委办公厅关于充分发挥企业债券融资功能支持重点项目建设促进经济平稳较快发展的通知》对企业债的发行要求进行了调整,对于债项信用等级为AAA级,或由资信状况良好的担保公司(主体评级在AA＋级及以上)提供第三方担保,或使用有效资产进行抵质押担保使债项级别达到AA＋级及以上的债券,募集资金用于七大类重大投资工程包、六大领域消费工程项目融资,不受发债企业数量指标的限制,企业债发行门槛大幅降低。同时国家发改委在2015年6月份对该文件进行了说明,进一步放宽企业发债指标,主体信用等级为AA级的发债主体,以自身合法拥有的资产进行抵质押或由担保公司提供第三方担保的债券,或项目自身收益确定且回报期较短的债券,亦不受发债企业数量的限制。企业债发行门槛的降低和企业债发行数量的增加将加大企业债的违约风险。

在当前经济增速放缓的情况下,企业盈利能力降低,尤其是对于中小型企业,违约风险加剧,为此,应加大对企业风险的控制,防范企业兑付风险,对于民营企业比例高的浙江省,降低企业违约风险更是当务之急。一方面,企业应从自身角度出发,积极改善资产负债结构,优化现金流现状,多样化负债期限结构,降低出现违约的概率。另一方面,有关部门需要做好全省企业树立诚信意识的工作,进一步加快全省信用体系建设,完善外部增信资源,以优化债项评级。目前浙江省担保公司虽然数量较多,但以民营担保为主,整体实力较弱、规模较小,尚难以为债券发行提供有效担保。而在邻省江苏,担保公司中国有控股的比例达到近1/3。因此,做大做强浙江省国有担保公司,在已有相应金融资源的省属平台上进行整合,将是提高担保公司对浙江省企业债券发行的外部增信作用的捷径。此外,还应完善企业债券的常态化监督制度,相关部门需要做好企业债券的分类监管和重点审核工作;各县市发改部门应督促主承销商在债券存续期内做到尽职监管,发行人应及时做好重大事项的信息披露工作;债权人可通过债券持有人会议,形成对发行人的监督和制约。

4. 建立健全做市商制度

成熟的做市商制度能够提高债券流动性和扩宽债券发行的目标客户群,对于债券

市场的发展有着显著的推动作用。目前浙江省的做市商数目少，相互之间的竞争不够，且主要集中在少数收益率较好且信用程度高的债券，对整个市场债券的推动作用有限。为此，有关部门应当加快做市商制度的建设，一方面要加大做市商的数量，健全做市商监管制度，使做市商能够充分活跃在债券市场的各个角落，盘活整个债券市场，同时随着做市商数量的增多，相互之间的竞争加剧，防止做市商之间出现合谋行为。另一方面要加大对做市商的政策支持力度，给予做市商融资方面的便利，满足做市商的资金需要，使做市商有足够的资金保证债券交易的持续性，而且融资便利的增加有助于做市商扩大债券交易的种类，提高整个债券市场的流动性。

（作者简介：金雪军，浙江大学/浙江省公共政策研究院执行院长、浙江大学经济学院教授；金赟，浙江省公共政策研究院兼职研究员。）

作者
范柏乃
金 洁
张 骞

浙江民间资本交易市场建设研究

　　浙江经济经过 30 多年的持续增长,近年来出现了商品市场的优势不断弱化,经济增长动力逐渐衰退的症状。特别是受到美国金融危机和欧洲债务危机的严重冲击,浙江省经济发展遇到了严重困难,"两多两难"问题十分突出:一方面,一大批中小微企业出现了融资难、融资贵等突出问题,不少民营企业在债务危机中相继衰败和死亡;另一方面,民间蕴藏的大量资本缺乏投资渠道,居民财产性收入低下,在趋利性的影响下,难以真正进入实体经济的庞大民间资本随时可能冲击楼市、股市、农产品市场,引发市场动荡,危及社会稳定。本课题组认为,在未来 30 年,浙江要继续创造经济发展奇迹,必须构建新的动力源,在全国率先创建民间资本交易市场,从根本上破解中小微企业融资难、融资贵问题,拓宽民间资本投资渠道,全面推进浙江省创业富民,促进浙江省金融业大发展大繁荣,推进经济转型升级。

一、浙江民间资本交易市场建设的指导思想与目标定位

　　目前,民间资本进入金融业,在政策和法律层面已没有任何障碍。2005 年国务院发布的《关于鼓励支持和引导个体私营等非公有制经济发展的若干意见》("非公经济 36 条")规定,允许非公有资本进入金融服务业。2010 年国务院出台的《关于鼓励和引导民间投资健康发展的若干意见》("新 36 条")强调,允许民间资本兴办金融机构,并特别提出,要为民间投资创造良好环境,切实保护民间投资的合法权益,培育和维护平等竞争的投资环境。2012 年 5 月,中国银监会颁布的《关于鼓励和引

导民间资本进入银行业的实施意见》再次强调,要为民间资本进入银行业创造良好环境。2011年11月,浙江省人民政府出台了《关于加强和改进民间融资管理的若干意见(试行)》,明确支持民间资本参与地方商业银行、农信社、小额贷款公司等非银行金融机构的设立和增资扩股。

30多年来,浙江人凭借独特的商业智慧,创建了不计其数的商品交易市场,积累了丰富的"造市"能力和经验。同时,浙江具有非常丰富的民间资本供给和非常旺盛的民间资本需求,具备了在全国率先创建民间资本交易市场的独特条件。因此,省委省政府要进一步解放思想,大力弘扬敢为天下先的"浙江精神",先行先试,敢闯敢做,紧紧抓住民间资本市场发展的历史性机遇,在全国率先创建民间资本交易市场,建立健全浙江民间资本交易市场体系,为再创30年浙江经济发展奇迹构造新的动力源。

"十二五"期间,浙江金融业发展以满足中小企业金融服务为核心,以强化金融业的投融资服务和财富管理能力为中心,重点在发展直接融资、增强地方金融实力、金融资源集聚、民间资本有效转化等方面实现突破。应尽快由省政府牵头,由政府、省内在中小微企业融资服务方面具有优势的投资集团、交易平台等共同出资建设浙江民间资本交易市场。

浙江民间资本交易市场的目标定位为一个"立足浙江,面向长三角,服务全国"的民间资本合理流动、资源有效配置的公共平台系统,重点探索中小微企业优质产权、股权、债权流通新模式,搭建低成本融资平台,多方位拓宽融资和民间资本投资渠道,建起民间资本与产业直接对接的通道,引进风险投资、创业投资和民间资本进场,实现中小微企业产权、股权、债权直接融资,全面推进浙江省创业富民,促进浙江省金融业大发展大繁荣,推进经济转型升级。

浙江民间资本交易市场建成后,将成为继主板市场、创业板市场、三板市场后的"第四个资本市场",形成立足于中小微企业金融服务、实现民间资本流动的"投融资撮合平台",通过实体市场与网络服务相结合,以模式创新与技术创新,实现个人、企业、金融机构以及政府间的密切合作,打造中国的纳斯达克,真正助力中小微企业发展,让个人、机构在安全有序的环境里实现共赢,拓展金融市场的深度与广度。

二、浙江民间资本交易市场体系层次要素设计

浙江民间资本交易市场由不同能级、不同规模和不同功能的民间资本交易市场组成的。本课题组认为,可按"1+10+100"模式(1个特大型的省级民间资本交易市场、10个大型的市级民间资本交易市场,以及100个中小型的县级民间资本交易市场),通过10年时间,分3个阶段,自上而下逐步完成金字塔形的浙江民间资本交易市场体系建设(见图1)。

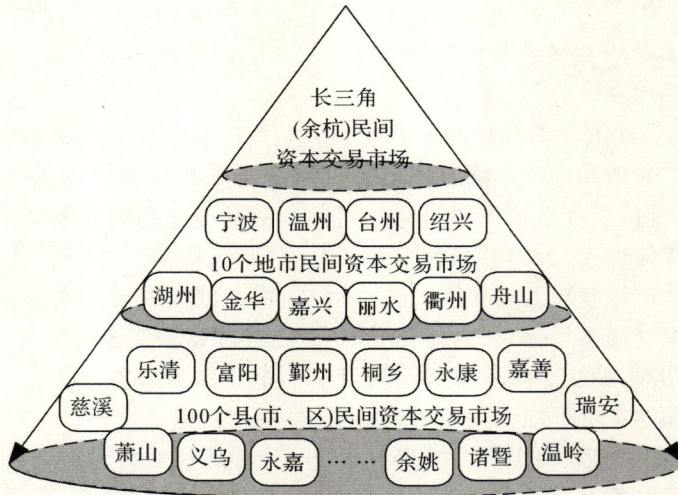

图 1　浙江民间资本交易市场体系建设

第一阶段：省级民间资本交易市场建设。未来，杭州将成为长三角南翼最重要的区域金融中心，与上海国际金融中心接轨的金融服务基地，尤其在民间资本交易方面，依靠浙江省民间资本活跃的特征，形成在全国有影响力的民间资本交易服务基地、民间财富管理机构集聚区等公共服务基地。本课题组认为，在第一阶段可以用 4 年时间，在省会城市杭州建设一个特大型的省级民间资本交易市场——长三角（余杭）民间资本交易市场。

根据民间资本交易市场成功运作的基本条件，把长三角（余杭）民间资本交易市场落户于杭州未来科技城（海创园），列入浙江省重大工程建设项目，并在财政、税收、人才和土地供给等方面给予政策倾斜。在杭州未来科技城规划出 33 公顷土地，在全国率先创建民间资本交易市场——长三角（余杭）民间资本交易市场，力争在"十二五"期间引进 100 家民间资本交易服务机构（包括风险投资公司、资产管理公司、地方商业银行、小额贷款公司、村镇银行、农村信用社、农村资金互助社、资产评估公司、风险评估公司、担保公司、保险公司、公证机构、律师事务所等），资本交易额突破 2000 亿元。到2020 年，引进 500 家民间资本交易服务机构，交易额突破 5000 亿元。

第二阶段：市级民间资本交易市场建设。在长三角（余杭）民间资本交易市场建设的经验积累基础上，积极推进地市级的民间资本交易市场建设，同时依据各地级市的不同经济产业结构，设置侧重点有所不同。建设专业化更强的市级民间资本市场，打造金融服务品牌。例如，宁波可以成为对接上海、服务海洋经济的重要专业民间资本交易市场,在航运融资、航运保险等方面,形成航运金融服务特色品牌;而温州则应致力于连接珠三角和长三角两大经济区,形成鲜明特色的地下民间资本交易阳光化的重点示范市场。

本课题组建议,把市级民间资本交易市场建设列入地市的重大工程建设项目,并在财政、税收、人才和土地供给等方面给予政策倾斜。计划用3年时间,在宁波、温州、绍兴、金华、台州、嘉兴、湖州、衢州、舟山、丽水等地创建10个大型民间资本交易市场。到2020年,每个交易市场平均引进100家民间资本交易中介服务机构,每个市场平均交易额突破500亿元,交易总额突破5000亿元。

第三阶段:县级民间资本交易市场建设。课题组建议,把县级民间资本交易市场建设列入各个县(市、区)的重大工程建设项目,并在财政、税收、人才和土地供给等方面给予政策倾斜。用3年时间,在各个县(市、区)创建100个中小型民间资本交易市场。到2020年,每个交易市场平均引进50家民间资本交易中介服务机构,每个市场平均交易额突破100亿元,交易总额突破1万亿元。

本课题组估计,按可比价格计算,浙江民间资本交易市场总额到2020年将突破2万亿元,到2025年将突破4万亿元,这不仅能从根本上解决中小微企业、民营企业、农村经济组织和个体工商户的融资难、融资贵问题,为浙江经济结构的战略性调整、再创30年浙江经济发展奇迹注入强大动力,而且将为全面推进我国金融机构的市场化改革,带动全国各个省市民间资本市场的大发展、大繁荣作出重大贡献。

三、浙江民间资本交易市场的顶层设计

参考已有实践对中小企业融资问题的解决,根据民间资本交易的特征和遇到的困难,本课题组认为,浙江民间资本交易市场应采用网络交易与实体的交易服务大厅相结合的方式,包含网络信息系统、交易平台系统、风险控制系统、信用评价与信息库、市场监管系统等五个系统构成,其中交易平台系统分为股权交易平台、债权交易平台,以及新型资本交易平台三个子交易平台,包括多种交易模式。五个系统相互联系、相互依存、相互影响,共同构成浙江民间资本交易市场。

网络信息系统、交易平台系统和风险控制系统这三个系统属于物理支撑系统,是浙江民间资本交易市场的支撑实体和建设重点;信用评价与信息库、市场监管系统属于管理支持系统,是保障物理系统有效运转的前提,是浙江民间资本交易市场的支撑软件和建设难点(见图2)。

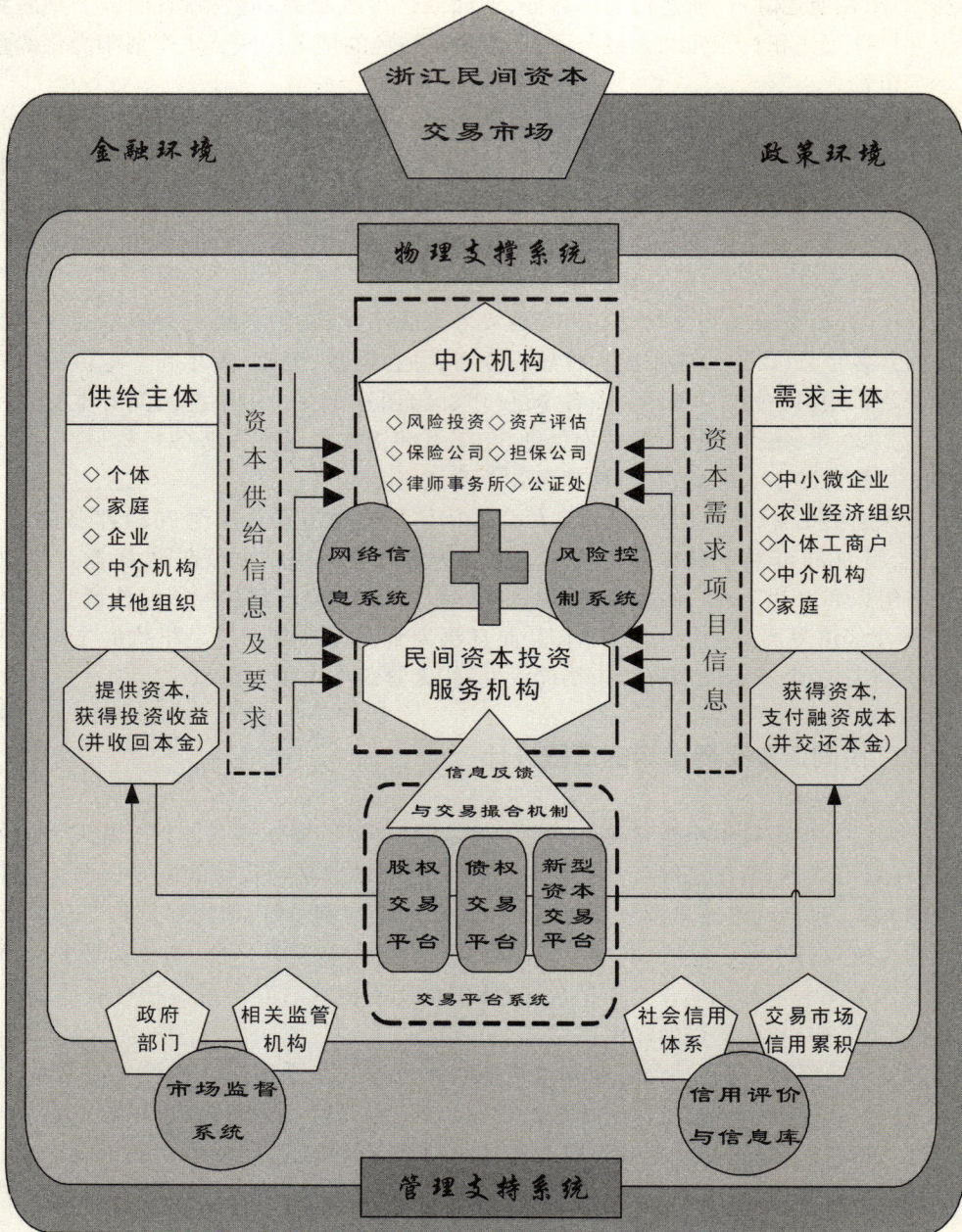

图 2　浙江民间资本交易市场的顶层设计

（一）网络信息系统

网络信息系统是浙江民间资本交易市场供求双方得以对接和共享资源的基础。资本需求方将资金需求信息(包括金额、期限、用途、项目具体情况、可接受最高利率等)登记备案,录入数据中心;资本供给主体将自身可提供的资金信息(包括可借出金额、投资类型偏好、期望收益率等)进行备案,形成一个类似股票市场的网络信息平台。允许经过民间资本交易市场认证准入的供求双方会员,以及交易市场引入的特定民间资本投资服务机构登录网络信息系统,查看信息,并对供求信息进行配对的预处理。配对成功后,管理中心会及时将供求双方的资本流动情况反映在网络信息系统中,并定期开展信息披露,以提高系统效率。

（二）交易平台系统

交易平台系统是浙江民间资本交易市场的核心部分,供求双方在该系统中完成资金的配对和交割,并进行登记、公证等处理。在该系统中,民间资本投资服务机构和其他中介组织都发挥着作用,促使交易高效、合理地实现,使民间资本交易市场得以运转。在交易平台中,民间资本投资服务机构主要负责对网络信息系统中的供求信息进行审核,为供求双方牵线搭桥,撮合交易;中介机构则主要受供求双方委托,对投资决策作进一步讨论,最终策划资本交易方案,并对交易过程进行公证和相应的法律手续处理。

（三）风险控制系统

科学有效的风险控制体系是民间资本交易市场可持续发展的前提和基础。为保证交易市场中资金高效、安全的使用,必须对风险进行识别并加以控制。风险控制系统分步骤、分层次对民间资本投资前、中、后期的风险全程实时控制,保障交易市场的安全畅通,实现良性循环。在此过程中,担保机构、保险公司、风险评估公司、资产评估公司都起到举足轻重的作用。通过审查资本需求项目所在行业前景、企业实力和信用情况、政策环境等内容,在事前对项目风险作出识别;担保机构保证金制度、风险准备金制度,以及政府信用的引入,确保项目中期的风险得到控制;事后对项目进行定期回访与跟踪,对投资项目双方的表现进行记录,作为交易市场中的信用积累,以达到事后风险控制和再次交易时事前风险控制的效果(见图3)。

（四）市场监管系统

民间资本交易较正规金融活动存在更大的风险,同时也可能对资本市场产生巨大冲击,如何引导民间资本合理、有效地进入实体经济,而不是采取单纯的趋利行为,是

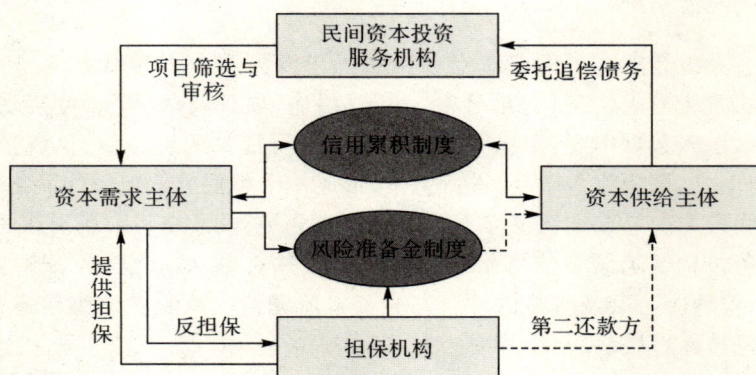

图 3　风险控制流程

民间资本交易市场面临的一大挑战。民间资本交易市场的监管主体主要由政府部门和相关监督机构(中国银监会、中国证监会)构成,政府主要起引导作用,并为民间资本交易市场创造良好的金融环境,以及提供政策支持;而监管机构则主要负责交易规则的制定,以及对交易情况的日常监督。

(五)信用评估与信息库

信用评估是风险控制的基础,将为民间资本交易带来稳定因素。中小微企业、民营企业融资难主要由于其信用体系缺乏,信用评估困难,信用信息不易获得。在市场运作中加入信用评估,以及信息库的成长,将成为民间资本交易市场的一大特色,同时加强中小微企业财务信息、经营状况的信息披露,使民间资本交易的成本逐渐降低,最终形成完善的、信息相对对称的资本交易市场。

四、浙江民间资本交易市场的参与主体及行为分析

浙江民间资本交易市场的参与主体主要有四个部分,资本供给主体、资本需求主体、民间资本投资服务机构,以及中介机构。交易市场的四个有机组成部分互相合作、互相协调,最终促使民间资本自由、有效地流动,实现民间资本交易市场的高效运作。

(一)资本供给主体

供求双方是市场赖以存在的灵魂,资本供给者一方面通过资本交易向交易市场注入资金,另一方面对交易市场的运行态势及其整体状况施加影响,以反映自己对交易

市场的综合评价,是民间资本交易市场不可或缺的要素。

民间资本交易市场的资本供给主体是民间资本拥有者,可以包括个体、家庭、企业、中介机构和其他组织等。凡是希望通过交易市场投资实体经济、为中小微企业发展作出贡献的资本持有者,通过一定的准入审核便可进入市场,在市场中完成交易。

对于个体、家庭而言,由于其可供投资的资金量有限、专业知识缺乏,往往具有较强的投机性特征,而这部分资本供给者数量庞大,拥有巨大的投资潜力,也是交易市场最基本、最活跃的资本供给主体。在股市震荡、银行存款利率低的情况下,如何培育和发展民间个体资本供给者,为其创造良好的投资环境,增加其财产性收入,是民间资本交易市场建设的初衷和目标。而企业、中介机构和其他组织,一般会立足于自身发展的长远利益,以理性的投资态度和专业的投资方式进行投资,将是民间资本交易市场支柱性的资本供给者。民间资本交易市场为它们搭建了一个与资本需求主体共享资源的信息平台和数据库,使投资行为、资本交易行为能够更有效地展开,获得相对更高的投资收益。

资本供给主体具有以下权利:①要求资本接收方提供相应项目信息;②与资本接收方商议、自主确定投资受益方式的权利;③对资本接收方的资金使用情况具有知情权,若发现有违反协定的情况可要求撤资;④在民间资本交易市场获取信息的权利。同时,资本供给主体还应负有以下责任:①按时按协议商定交割资本;②自觉自行承担投资风险;③确保投资资本来源正当合法,协助管理和监督机构确定资本可信度调查;④不得有操纵市场行为。

（二）资本需求主体

民间资本交易市场主要为由于各种情况难以进入主板、创业板,难以通过银行等正规金融手段获得资金的组织提供入市融资的机会,符合条件的资本需求主体是民间资本的接受方和项目风险的最终承担者,也是交易市场的最大受益者。

民间资本市场的资本需求者主要包括中小微企业(特别是从事高新技术产业和新兴产业的企业)、农村经济组织、个体工商户、其他组织和家庭等。

这些资本需求主体在已有融资渠道难以获得资本支持,进而走向了地下金融,给经营和发展带来了巨大的风险。构建浙江民间资本交易市场的宗旨和功能决定了中小微企业等金融接受方面的"弱势群体"才是市场主体的多数。

资本需求主体具有以下权利:①在交易市场发布项目信息,获取民间资本的权利;②与资本供给者共同商议,确定融资成本与方式的权利;③在遵守约定的情况下,自主支配所获资本的权利。作为资金的最终使用者,资本需求主体是风险的主要来源,应该严格遵守以下责任:①按照最终协议规定使用所获得的资本,并定时向资本供给者汇报资本使用状况;②根据民间资本服务机构和市场管理机构的要求,及时报送相关信息并公开;③按时足额还本付息、交付红利等,并支付交易的相关费用。

(三)民间资本投资服务机构

民间资本投资服务机构在民间资本交易市场中扮演"红娘"角色,为民间资本供求双方牵线搭桥,通过市场网络交易平台尽可能撮合供给主体和需求主体达成交易。同时,民间资本投资服务机构也是交易市场风险缓冲机制的重要主体,达成交易双方经过商定可以要求将资本存入民间资本服务机构的账户,方便监督与管理。另外,在资本交易到期后,若发生逾期等情况,受供给方委托向需求主体进行追偿。资金需求主体也可以将自己的资金委托这些民间资本服务机构来进行管理,在它们提供的备选方案中挑选出最佳选择。在交易市场中,民间资本投资服务机构将通过按规定收取交易额的一定比例作为投资服务费用来获取收益。

根据民间资本交易市场的定位、功能与特征,市场将主要引入风险投资公司、资产管理公司、地方商业银行、小额贷款公司、村镇银行、农村信用社、农村资金互助社等民间资本投资服务机构。

民间资本交易市场存在多种交易模式,根据不同交易模式、交易供求双方的不同特征,选择不同的民间资本投资服务机构,以期最大限度地利用专业机构来降低交易成本、提高交易效率。例如:风险投资公司对创业初期企业项目的可投资性、回报率等有更高的敏感性;资产管理公司则在投资理财方面有更多的见解和经验;地方商业银行对作为资本需求主体的中小微企业(尤其是区域内的中小微企业)的信用情况有更可靠的把握,能提供一定建议;小额贷款公司能够更好地进行小额资本的交易运作;村镇银行、农村信用社、农村资金互助社则对所辖区域的小微型企业、农村经济组织、个体工商户、其他组织、家庭有更多的接触,具有关系型信息优势。

特别需要指出的是,民间资本投资服务机构在撮合交易过程中必须保证独立性与中立性,不得受到资本需求方的利益绑架,而应当根据提供的信息,如实调查需求额度和真实用途,并根据资源最优配置原则来撮合供求双方。

(四)中介机构

如果说民间资本投资服务机构是民间资本交易市场中对接供求双方的"红娘",那么中介机构就是这场资本"相亲会"后供求双方的"策划师"。中介机构为交易市场提供包括风险评估、资产评估、借贷担保、投资保险、合同公证、法律咨询等重要服务,贯穿于资本交易的每个环节,帮助资本供给主体在一定程度上控制和降低风险。

根据民间资本交易服务对中介服务的需求,交易市场将引入风险评估公司、资产评估公司、担保公司、保险公司、公证机构、律师事务所等机构。

风险评估公司对资本需求主体项目风险进行评估,帮助资本供给主体确定其预期收益,提供投资建议;资产评估公司则对资本需求主体的各类资产(包括有形和无形资产)进行估价;担保公司则是市场风险和收益的主要承担者,是平台运作的中坚力量,向平台推荐优质项目,并进行担保,对担保项目进行调查,掌握用资企业的生产经营和资信状况;保险公司通过投资保险、信用保险为资本交易提供保障;公证机构则通过对资本交易合同的公证,降低民间资本交易的违约风险,并提高交易合同的法律效益;律师事务所提供的法律咨询服务将使民间资本参与主体无后顾之忧,保持更清醒的交易头脑。

　　资本供给主体、资本需求主体、民间资本投资服务机构和中介机构等构成了民间资本交易市场的参与主体,在市场运作中互相合作、互相协调,缺一不可(见图4)。

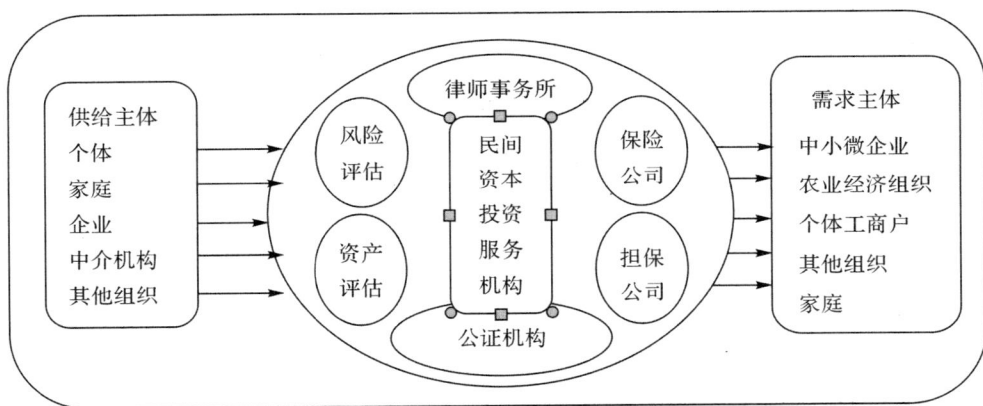

图4　浙江民间资本交易市场的参与主体

五、浙江民间资本交易市场的交易模式设计

　　民间资本供给主体和需求主体之间的资本交易通常有两种业务模式,一种是债权交易模式,另一种是股权交易模式。而随着资本交易市场的发展,一些新型资本交易形式也将成为交易市场中的重要交易模式。

　　浙江民间资本交易市场的交易平台系统由债权交易模式、股权交易模式,以及新型资本交易模式这三个子平台构成。债权交易模式包含了个人直接融资、企业直接融资、小贷公司资产转让、应收账款转让等形式;股权交易模式,主要是非上市的中小微企业通过交易市场进行股权性融资,吸引民间资本入股;新型资本交易模式则通过仓单抵押融资、集群性融资、融资租赁等方式进行。

（一）股权交易模式

在股权交易模式下，资本需求主体向供给主体融资，属于民间股权投资范畴，供给主体与需求主体需要签订股权投资合同（见图5）。

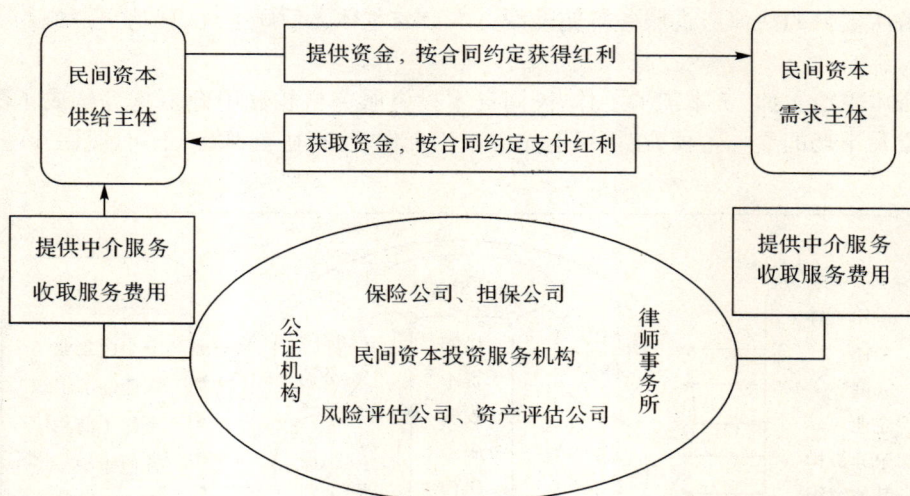

图5　浙江民间资本交易市场的股权交易模式

（1）资本供给主体的职责是按合同约定及时通过市场交易平台向需求主体提供资金，并按时获得红利回报。

（2）资本需求主体的职责是通过市场交易平台从供给主体获取资金，并按合同约定按时支付红利。

（3）民间资本投资服务机构的职责是对资本需求主体作尽职调查，认真审核其融资额度，通过市场网络交易平台尽可能撮合供给主体与需求主体达成交易，督促资本需求主体向供给主体按时支付红利，并按规定收取交易额的一定比例作为投资服务费用。

（4）风险评估公司、资产评估公司、保险公司、公证机构、律师事务所等中介机构接受资本供给主体的委托，相应地开展对投资项目的风险评估、资产评估、投资保险、合同公证、法律咨询等特定的委托服务，并按约定收取一定的中介服务费用。

（二）债权交易模式

在债权交易模式下，资本需求主体向供给主体借款，属于民间借贷范畴，供给主体与需求主体需要签订借贷合同(见图6)。

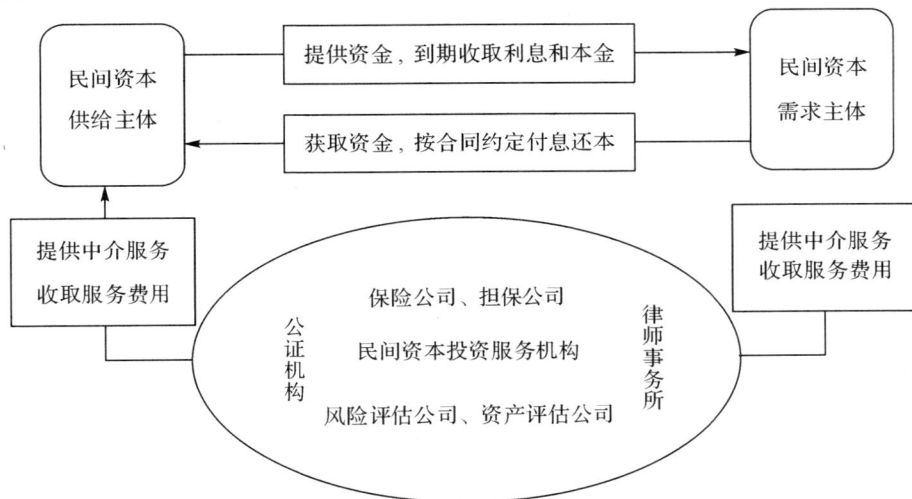

图6　浙江民间资本交易市场的债权交易模式

(1)资本供给主体的职责是按合同约定及时通过市场交易平台向需求主体提供资金,并按时收取利息和本金。

(2)资本需求主体的职责是通过市场交易平台从供给主体获取资金,并按合同约定按时还本付息。

(3)民间资本投资服务机构的职责是对资本需求主体作尽职调查,认真审核其融资额度,通过市场网络交易平台尽可能撮合供给主体与需求主体达成交易,到期后若发生逾期等异常情况,受供给主体委托向需求主体(或担保公司)追偿,并按规定收取交易额的一定比例作为投资服务费用。

(4)风险评估公司、资产评估公司、担保公司、保险公司、公证机构、律师事务所等中介机构接受资本供给主体的委托,相应地开展对投资项目的风险评估、资产评估、借贷担保、投资保险、合同公证、法律咨询等特定的委托服务,并按约定收取一定的中介服务费用。

交易形式剖析1　个人或企业直接融资

业务模式:中小企业主以个人的名义在交易市场的平台上向个人借款,形成借贷关系,并引入优质的担保公司提供全额担保(见图7.1)。

该模式的法律形式:个人或企业向个人借贷,属于民间借贷范畴。借款人与投资人签署借贷合同。该模式各方的职责剖析如下:

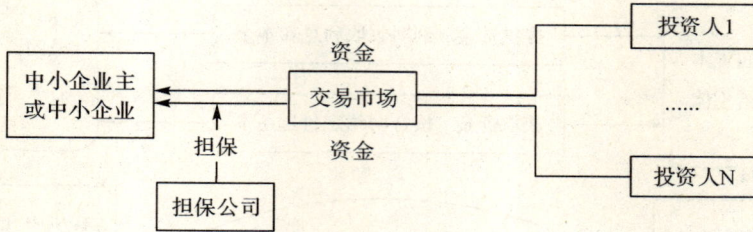

图 7.1　个人或企业直接融资业务模式

中小企业	担保公司	交易市场
◇直接在交易市场平台上向个人投资者借贷 ◇到期还本付息	◇对中小企业（主）作尽职调查，审核其融资额度 ◇为企业（主）借贷行为担保，当到期发生逾期或坏账，向投资人偿付 ◇如发生逾期等异常情况，向中小企业追偿	◇对中小企业（主）作尽职调查，审核其融资额度 ◇通过网络交易平台撮合企业（主）和投资方 ◇到期后在发生逾期等异常情况时，受投资人委托向担保公司追偿

交易形式剖析 2　小贷公司资产转让

业务模式：中小企业与小贷公司合作，拟采用小贷公司通过交易市场平台，向投资人转让其所有的企业的债权或基于债权产生的应收账款来获得融资（见图 7.2）。

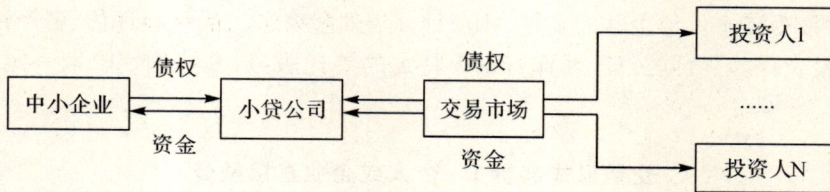

图 7.2　小贷公司资产转让业务模式

该模式的法律形式：小贷公司向投资人转让其所有的债权（应收账款也属于债权的范畴），到期后投资人获取此债权的预期价值和收益。小贷公司与投资人签署债权转让合同。该模式各方的职责如下：

中小企业	小贷公司	交易市场
◇到期还本付息	◇向中小企业放贷，获得有效贷款债权 ◇在交易市场平台上挂牌，转让债权或基于债权的应收账款给个人投资者 ◇贷后管理贷款合同 ◇如发生逾期等异常情况，向中小企业追偿	◇审核小贷公司、中小企业资质，评估资产包价值 ◇通过网络交易平台撮合小贷公司和投资人 ◇受投资人委托监督小贷公司进行贷后管理 ◇到期后在发生逾期等异常情况时，受投资人委托监督小贷公司追偿

交易形式剖析3　应收账款转让

业务模式：中小企业将其所有的应收账款通过保理公司或者直接在交易市场的平台上转让给多个投资人，或者将应收账款的收益转让给投资人获得融资（见图7.3）。

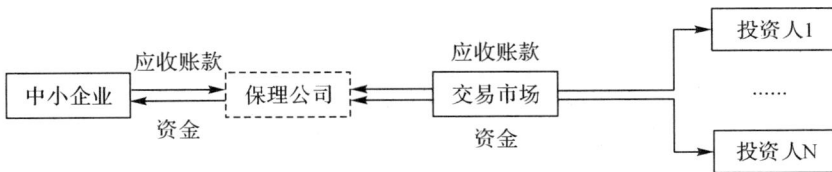

图7.3　应收账款转让业务模式

该模式的法律形式：投资者购买企业/保理公司应收账款债权或权益，到期后获取此应收账款的预期价值和收益。企业/保理公司与投资者签署应收账款/应收账款收益转让合同。

应收账款转让各方的职责剖析如下：

中小企业	保理公司	交易市场
◇出让其所有的应收账款,确保其应收账款的真实有效性 ◇协助债权人向债务企业催款	◇做企业保理业务,得到企业有效真实的应收账款转让 ◇在交易市场网络交易平台挂牌,转让应收账款给个人投资者 ◇贷后管理应收账款池 ◇如发生逾期等异常情况,向债务企业追偿	◇审核保理公司、中小企业资质,评估应收账款价值 ◇通过网络交易平台撮合保理公司和投资人 ◇受投资人委托监督保理公司进行贷后管理 ◇到期后在发生逾期等异常情况时,受投资人委托监督保理公司追偿

(三)新型资本交易模式

新型资本交易模式则通过仓单抵押融资、集群性融资、融资租赁等方式进行交易。在新型资本交易模式下,资本需求主体向供给主体融资,既可能属于股权投资范畴,也可能属于债权投资范畴,根据交易形式的不同而有所影响,供给主体与需求主体需要签订投资合同(见图 8)。

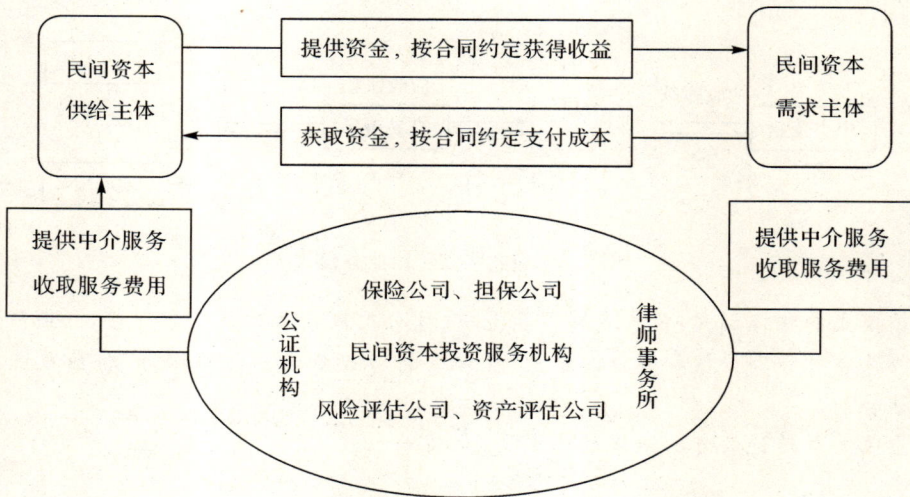

图 8 浙江民间资本交易市场的新型资本交易模式

(1)资本供给主体的职责是按合同约定及时通过市场交易平台向需求主体提供资金,并按时获得收益。

(2)资本需求主体的职责是通过市场交易平台从供给主体获取资金,并按合同约定按时支付成本。

(3)民间资本投资服务机构的职责是对资本需求主体作尽职调查,认真审核其融资额度,通过市场网络交易平台尽可能撮合供给主体与需求主体达成交易,督促资本需求主体向供给主体按时支付成本,并按规定收取交易额的一定比例作为投资服务费用。

(4)风险评估公司、资产评估公司、保险公司、公证机构、律师事务所等中介服务机构接受资本供给主体的委托,相应地开展对投资项目的风险评估、资产评估、投资保险、合同公证、法律咨询等特定的委托服务,并按约定收取一定的中介服务费用。

交易形式剖析 4　仓单抵押融资

业务模式:中小企业以其在大宗商品交易市场中检验合格、高流动性的仓单为抵押,在交易市场平台上向个人投资人借款(见图9.1)。

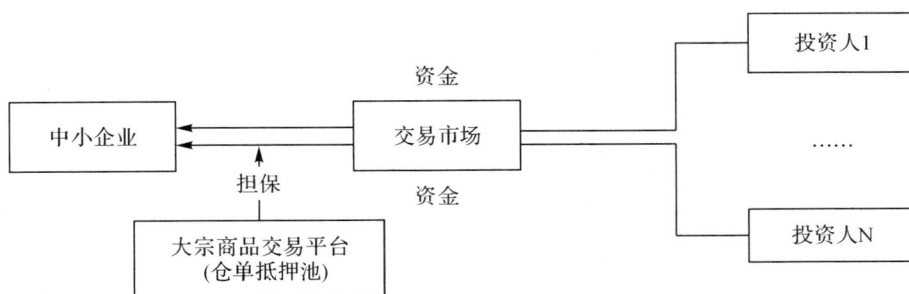

图 9.1　仓单抵押融资业务模式

该模式的法律形式:企业向个人借贷,属于民间借贷范畴。企业与个人投资者签署借贷合同。

仓单抵押融资各方的职责剖析如下:

中小企业	大宗商品交易平台	交易市场
◇向商品交易平台提供合格的商品,形成仓单 ◇直接在交易市场平台上向个人投资者借贷 ◇到期还本付息	◇检验商品,评估商品价值 ◇负责商品的物流管理 ◇如发生逾期等异常情况,在其交易平台上处置商品,向投资人偿付	◇审核中小企业、商品交易平台资质及商品价值评估 ◇通过网络交易平台撮合企业和投资人 ◇到期后在发生逾期等异常情况时,受投资人委托通知商品交易平台启动仓单变现偿付流程

交易形式剖析5 创新股权产品融资

业务模式:在满足严格的风险审核控制的基础上,向经认证的合格投资人和优质股权投资基金提供投融资信息服务平台(见图9.2)。

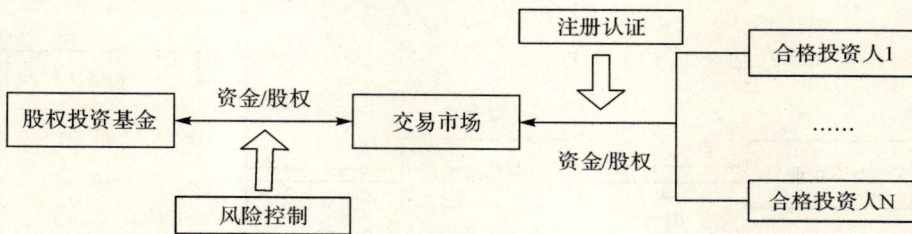

图9.2 创新股权产品融资业务模式

该模式的法律形式:优质股权投资基金通过交易市场向经注册认证的合格投资人介绍自身的投资能力和投资理念并最终获得投资人认可,签署基金募集协议、基金管理协议以及基金资金托管协议等系列文件,成立合伙制基金并开始投资经营。

该模式各方的职责如下:

股权投资基金	合格投资人	交易市场
◇直接在交易市场的平台上提交信息,公布自身的投资理念、投资方向并展示投资能力和风险控制水平 ◇协助投资者履行投资入伙的法律程序,并做好投资者信息服务沟通工作 ◇基金到期返还投资者本金和股权投资收益	◇在交易市场完成注册、接受系列投资教育 ◇充分认可股权投资的模式、周期和收益 ◇与基金签订系列法律文件并履行投资入伙义务 ◇到期收回本金和投资收益	◇对股权投资基金作尽职调查、审核其投资能力和内部管理水平 ◇对投资人完成认证、培训 ◇严格规范日常市场规范,杜绝异常交易

交易形式剖析6　集群性融资

业务模式:以产业集群出现的中小微企业,以集群形式在交易市场的平台上向个人借款,形成借贷关系,并引入优质的担保公司提供全额担保。得到借款再由集群分配到各企业,投资人与集群产生借贷关系,不与企业直接发生借贷(见图9.3)。

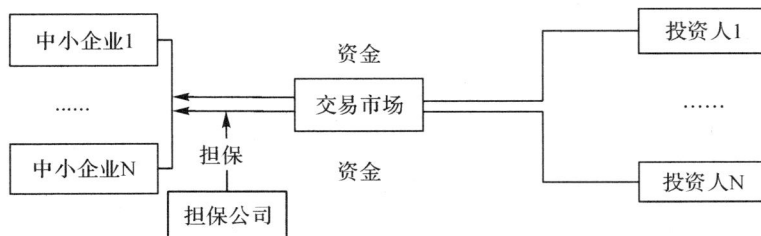

图9.3　集群性融资业务模式

该模式的法律形式:企业集群向个人借贷,属于民间借贷范畴。借款人与投资人签署借贷合同。

该模式各方的职责剖析如下:

中小企业集群	担保公司	交易市场
◇直接在交易市场平台上向个人投资者借贷 ◇到期还本付息	◇对中小企业集群作尽职调查,审核其融资额度 ◇为企业集群借贷行为担保,当到期发生逾期或坏账,向投资人偿付 ◇如发生逾期等异常情况,向中小企业追偿	◇对中小企业(主)作尽职调查,审核其融资额度 ◇通过网络交易平台撮合中小微企业集群和投资方 ◇到期后在发生逾期等异常情况时,受投资人委托担保公司追偿

六、浙江民间资本交易市场管理机制设计

民间资本交易市场的建设与顺利运行,面临着这样四个挑战:一是有足够多的优质企业与项目;二是有足够充裕的民间资金;三是有能承担风险能力的合格投资者;四是有良好的金融生态环境。

本课题组认为浙江省的民间资本与民营经济的发展水平,足以应对第一项和第二项挑战。从浙江民间资本交易市场管理角度看,应把重点放在挑选优质的企业、项目,以及合格投资者上,同时更应该创造良好的市场交易氛围和金融生态环境。

(一)管理主体及政府作用

政府在交易市场建设过程中,应当起到"推动"、"建设"、"保护"、"调控"的作用。所谓"推动",就是政府要推动交易市场的发展,尤其是在资本交易市场发育初期,市场的培育、规范都需要政府力量的加入。所谓"建设",就是政府要加强资本交易市场的制度建设、基础建设,完善市场制度和规则。所谓"保护",即是保证、维护的意思,政府必须维护市场的公平、公正、公开,保护投资者的合法权益。所谓"调控",即政府有责任和义务对资本市场进行宏观调控,及时出台各种政策和措施,以保持资本市场的稳定和健康发展。

可见,在市场建设初期,政府应发挥巨大的作用。但是对于一个开放的资本交易市场,为了实现资源的有效配置,不应过分强调政府在交易市场中的作用,而应该建立相对独立的市场管理委员会,具体落实资本交易市场的经营和管理。

(二)市场管理机制设计

市场管理机制应包括以下几个重要组成部分:第一,市场准入、退出机制;第二,交易流程规范;第三,信息披露制度;第四,风险控制与防范。

第一,市场准入、退出机制。优秀的企业项目、合格的投资主体是交易市场得以正常运行的重要保障。浙江民间资本交易市场必须明确其准入与退出机制,挑选出符合条件的市场参与主体。供给主体(即投资者)应具有一定规模的资产总量,独立的民事责任能力,较高的风险承受能力,以及达到其他一些要求才能获得准入资格;对资本需求项目则应在项目类型、质量,企业财务、信用、经营能力及发展潜力等方面有一定的要求;对中介机构则应在经营状况、业务道德等方面有一定的要求。同时对于一些资信下降、出现不符合要求状况的市场主体,应当确立退出机制,使其能够及时退出市场,防止引发系统性风险。

第二,交易流程规范。根据国家相关法律法规规定,制定合理的交易范围,不得进行非法交易。同时对于三个交易子平台的每种交易业务,都必须制定相应的交易流程规范,应包含交易细则、交易相关流程、收费标准、交易方式的风险警示。

第三,信息披露制度。交易市场严格遵循信息披露公开透明的原则,在不违反相应法律法规的前提下,向市场参与主体全面公开各项交易信息,包括但不限于会员协议、交易细则、交易相关流程、收费标准、交易资产信息、投资项目信息、融资方相关信息和交易风险等,并通过各种渠道,如网站公告、短信、站内邮件等方式,保障公开信息的及时传达。

第四,风险控制与防范。所有的融资请求和资产转让首先都会经过交易市场专业级的内部审核,并通过中介机构进行风险评估与担保。对一些风险稍大的交易,交易市场应对投资人设立较高的投资门槛,确保只有合格的投资者才能参与。同时,为保证投资者的资金安全,交易市场应采用多管齐下的资金管理制度,制定严格的资金管理流程和完善的结算系统,对资金状况进行监督监控,降低操作风险。

七、创建浙江民间资本交易市场的制度保障体系

商品交易市场的先发优势,创造了30多年浙江经济发展奇迹;民间资本交易市场的先发优势,将再创30年浙江经济发展奇迹。在新时期、新阶段,省委省政府要像改革开放之初重视商品交易市场一样,重视民间资本交易市场,建立健全制度保障体系(见图10),充分发挥浙江人的智慧和创造精神,着力创建浙江省民间资本交易市场的先发优势,为再创30年浙江经济发展奇迹注入新动力。

第一,制定《浙江省民间资本交易市场建设规划》。为了加快推进浙江省民间资本交易市场建设,抢先构建浙江省民间资本交易市场,使全国各地的民间资本向浙江快速流动集聚,制定具有科学性、前瞻性和可操作的《浙江省民间资本交易市场建设规划》就显得特别重要。建议由分管的副省长牵头,组织政府相关部门的领导、金融机构负责人和专家学者等对浙江省民间资本供给、民间资本需求的现状,以及变动趋势等

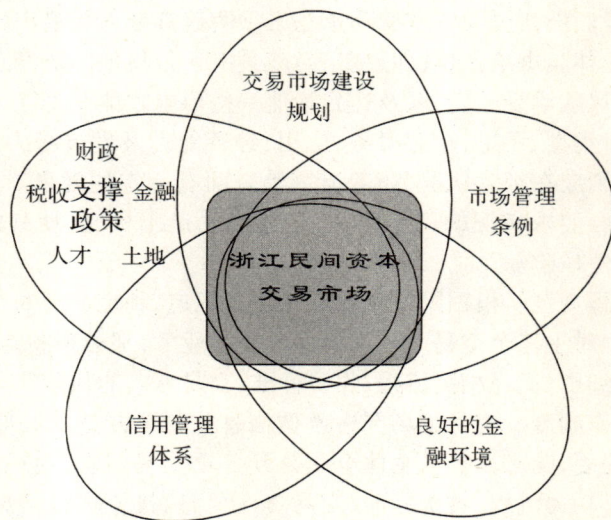

图 10　浙江民间资本交易市场的制度保障体系

进行科学调查,科学把握浙江省民间资本交易市场建设的有利条件、比较优势和面临挑战,充分借鉴浙江省商品交易市场建设的丰富经验,研究制定《浙江省民间资本交易市场建设规划》,明确浙江省民间资本交易市场建设的战略意义、指导思想、体系结构、目标任务、建设重点、建设内容、推进阶段、保障机制和主要抓手等。

第二,颁布《关于推进浙江省民间资本交易市场建设的若干政策》。建议省委省政府组织有关专家,认真总结和汲取浙江省商品交易市场建设的成功经验,紧密结合《国务院关于鼓励支持和引导个体私营等非公有制经济发展的若干意见》(国发〔2005〕3号)、《国务院关于鼓励和引导民间投资健康发展的若干意见》(国发〔2010〕13 号),以及浙江省人民政府出台的《关于加强和改进民间融资管理的若干意见(试行)》,尽早制定颁发《关于推进浙江省民间资本交易市场建设的若干政策》,对推进民间资本交易市场建设的财政政策、税收政策、金融政策、人才政策,以及土地供给政策等作出明确规定,不断完善和推进浙江省民间资本市场建设的政策体系,充分激发民间的"造市"智慧和创造精神,充分激发民营企业参与民间资本市场建设的积极性,充分激发各类中介机构参与民间资本交易中介的积极性。

第三,出台《浙江省民间资本交易市场管理条例》。为了规范民间资本交易市场的举办、经营和管理活动,维护市场交易秩序,保障市场举办者、场内经营者、资本供给者和需求者各方的合法权益,促进民间资本交易市场的健康有序发展,浙江省人大应尽快研究制定并颁布地方性法规《浙江省民间资本交易市场管理条例》,对民间资本交易市场的举办者、场内经营者(包括民间资本投资服务机构和其他中介服务机构)的市场准入条件作出明确规定;对市场监管主体、监管原则、监管内容和监管责任作出明确规定;对民间资本的交易原则、交易内容、交易程序、交易方式以及交易合同等作出明确规定;市场监管主体的职责是维护民间资本交易市场秩序,打击违法犯罪,保护守法合规经营,保护市场参与者主体的权益,确保民间资本交易市场公开、公正、公平的原则得到落实;对市场举办者、场内经营者、资本供给者和需求者各方的法律责任作出明确规定。

第四,建立健全浙江民间资本交易市场的信用管理体系。市场经济既是法制经济,又是信用经济。民间资本交易市场的基石是信用,如果缺失了市场信用,民间资本交易市场就会丧失价值投资功能。因此,全面推进浙江省民间资本交易市场建设,需要把市场信用建设摆在最突出的地位。着力抓好民间资本交易市场的信用管理制度建设,研究制定严密的经营者准入制度、信用记录制度、信用查询制度、信用发布制度、不良行为经营者教育培训制度、失信者惩戒制度等一系列市场信用管理制度和监督机制。加强经营者征信信息采集工作,推动部门沟通协作,扩大经营者非银行信息的采集范围,增强征信系统信息的覆盖面。着力做好经营者信用档案电子化建设,建立信用信息征集和更新的长效机制。按照市场原则培育合格的社会征信服务机构,规范信用评级制度。开展广泛的诚信道德宣传教育活动,营造"讲信用、守信用、重信用"的整体氛围,使守信者得到鼓励,使失信者受到惩戒;使守信者得到好处,使失信者付出代价;使守信者生意兴隆,使失信者寸步难行。

由于中小企业,尤其是小微企业的信用记录缺失,对个人信用记录的运用将对中小企业信用体系产生巨大的帮助。同时还可以考虑补充税收、工商、海关等对于中小企业经营状况和信用表现最为重要的非金融类信息,探索合作模式,提高中小企业信用信息的可得性和有效性。建议参考我国台湾地区金融联合征信平台(JCIC)的经验,在收集企业基本信息和信贷信息的基础上,将个人征信系统内的小企业主或主要经营人的个人信用记录也纳入中小企业的信用评定中,提高信用评定的快捷性和可预测性,弥补因小微企业财务信息等的不充足而带来的征信难问题。

第五,营造良好的民间金融环境氛围。采取有力措施保障金融安全,打击金融犯罪,必须有效区分制度范围内的民间金融与制度允许范围外的民间金融,特别是重点打击非法集资、高利贷等违法活动,防止其借中小企业民间金融服务平台来扩张自身的规模,扭曲服务平台构建的初衷。做好金融安全知识宣传教育工作,大力培育中小企业与民间金融安全意识。积极与工商、交通、教育、文广新闻等部门联系配合,有效开展金融安全宣传活动。加强对金融犯罪的打击力度,进一步重视和落实反洗钱工作责任,增强对可疑交易的甄别能力,开展反洗钱法制法规自查工作,督促各机构重视开展反洗钱工作。对可疑金融交易进行梳理、识别和排查,并建立跨区域、跨部门的联合打击机制。

（**作者简介**：范柏乃,浙江大学公共管理学院教授；金洁、张骞,浙江大学公共管理学院博士研究生。）

作者

蔡　宁　姜志华
王节祥　袁　燕
崔　晋　孙杨涛

浙江省生活垃圾焚烧处理模式研究

内容提要：本文在对杭州、嘉兴、金华、温州和苏州等地进行实地调研,听取政府部门、企业、民众、环保组织等各利益相关者的真实想法和利益诉求的基础上,梳理出浙江省生活垃圾焚烧在当前存在的突出问题,对垃圾焚烧行业的技术、经济、社会等特征进行深入分析,借鉴国内外垃圾处理的先进经验,立足垃圾回收、清运、无害化处理到资源化利用的处理链条,审视垃圾焚烧项目选址、投资、建设、运营、监管等多个方面,运用"系统思维",从项目选址、运作模式、定价机制、技术选择、监管机制五个要素和链条前后端优化着手,构建起浙江省生活垃圾焚烧处理模式。

关键词：浙江;生活垃圾处理;经验;模式

一、浙江省生活垃圾处理现状与焚烧处理面临难题

(一)浙江省生活垃圾处理现状

浙江省生活垃圾处理现状的总体评价是本研究的现实背景。根据数据分析和实地调研,浙江省生活垃圾处理现状主要表现为:生活垃圾总量持续攀升,特别是"五水共治"河道垃圾纳入治理后增长趋势凸显;生活垃圾处理方面,无害化处理占比持续提升,但部分地市仍以填埋处理为主,可填库容日趋紧张、难以持续。焚烧是垃圾处理的另一主要方式,但省内焚烧处置能力增长却十分缓慢,且常有群体性事件发生。最后从垃圾处理的整个链条看,垃圾前端分类和清运已广受

重视,但市场化运营水平整体偏低。具体阐述如下:

1. 生活垃圾总量持续攀升,环保要求提升后增长趋势凸显

近年来,随着城镇化的快速推进和人民生活水平的不断提高,生活垃圾产生量不断增长。据统计,"十二五"期间全省生活垃圾产生量平均增长率超过 5%,日均产生生活垃圾约 4.2 万吨,人均垃圾产生量约为 0.77 千克/日。尤其"五水共治"和"两美浙江"建设推进以来,河道垃圾缺乏专业处置出口,大量按照生活垃圾予以处理。农村多年来"无人问津"的垃圾,随着环保要求提升亦被大力清理,导致垃圾总量激增。以省会城市杭州为例,近年来杭州主城区的生活垃圾量以每年 10% 的速度增长,据杭州市城管委统计,2013 年杭州市区生活垃圾产生总量为 308 余万吨,仅此一年的垃圾量,就能填满 1/5 个西湖。杭州市环境卫生科学研究所工作人员作了个形象的比喻:"如果把这些垃圾堆在黄龙体育中心的足球场上,可达到 430 米,超过 140 层楼的高度。"同样,省内其他城市也为"垃圾围城"现象所困。据了解,2013 年 11 月,温州全城的生活垃圾日产量高达 3200 吨,而实际处理能力仅为 2700 吨。2014 年,宁波市六区及东钱湖、高新区等区域每天产生的生活垃圾已超过 4000 吨,而宁波市垃圾设计日处理能力为 3750 吨,生活垃圾的产生量已超过现有的填埋处置能力。"垃圾围城"不仅在设区城市暴发,也是诸多小县城面临的难题。如何合理有效地处理生活垃圾,已经成为摆在城市管理者、公众、环境专家面前的现实问题。

2. 垃圾无害化/处理占比大幅提升,部分地市无害化处理仍以填埋为主

城镇生活垃圾无害化处理设施是城镇重要的基础设施,是浙江省推进生态文明建设的重要支撑。生活垃圾无害化处理是一项系统工程,能够有效提高城镇生活垃圾处理水平,控制城镇环境污染。根据《"十二五"全国城镇生活垃圾无害化处理设施建设规划》(国办发〔2012〕23 号),"十二五"期间浙江省计划投入 58.4 亿元新建垃圾处理设施 40 座(焚烧厂 17 座、填埋场 23 座),新增垃圾处理能力 17850 吨/日;投入 5.8 亿元,新建 15 座餐厨垃圾处理处理设施,处理能力达 1925 吨/日。截至 2013 年年底,全省实际运行的垃圾处理设施有 94 座,其中填埋场 52 座、焚烧及综合处理厂 39 座,生活垃圾日处理能力为 50000 多吨。如图 1 所示,2009—2013 年浙江省垃圾无害化处理总量稳定上升,垃圾无害化处理能力也在不断提升。

然而,目前浙江省部分地市生活垃圾处理仍以填埋为主(见图 2)。部分经济发展较快的地市垃圾焚烧处理量无法满足生活垃圾产生量,导致填埋厂超负荷运转。以杭州为例,主城区生活垃圾日均产生量 9000 吨左右,其中填埋处理的量高达 65% 左右,天子岭垃圾填埋厂日处理垃圾 4700 吨,超过日处理设计能力 1.5 倍,处于持续超负荷运行状态。此外,2013 年,丽水、衢州等经济欠发达的地市仍保留着"全填埋、零焚烧"的生活垃圾处理模式。

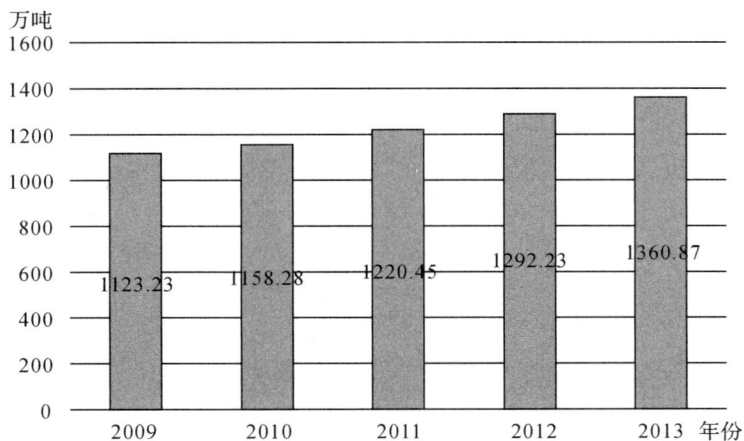

图1　2009—2013年浙江省垃圾无害化年处理量

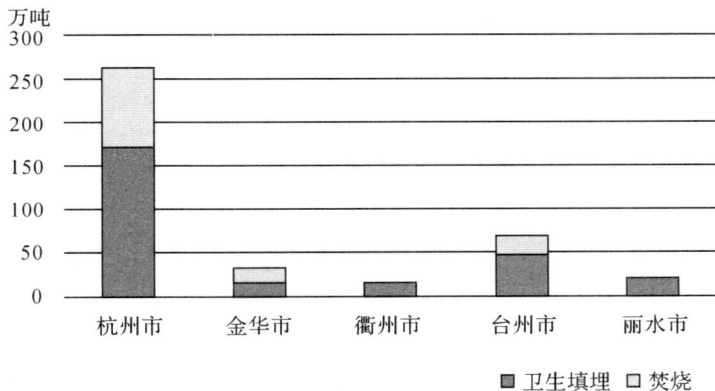

图2　2013年浙江省部分地市生活垃圾无害化年处理情况

3. 垃圾焚烧处置能力增长较为缓慢，群体事件常有发生

浙江属于国内垃圾焚烧先行先试地区，最早在2000年左右即开始垃圾焚烧试验，主要以杭州锦江集团流化床焚烧工艺和温州伟明集团炉排炉焚烧工艺为代表。在国内垃圾焚烧处理快速发展的大趋势下，省内也新建了一批垃圾焚烧厂，如湖州南太湖垃圾焚烧厂、绍兴中环垃圾焚烧厂、金华市八达垃圾焚烧厂等。然而，由于大部分焚烧厂建设时期早，普遍存在处理规模小、设备老化、故障率高等问题，省内垃圾焚烧能力增长十分缓慢。以杭州为例，自2007年以来垃圾焚烧能力没有任何提升（九峰垃圾焚烧项目还处于建设期间），其原因是垃圾焚烧项目容易诱发大型群体性事件。2009年

广州番禺垃圾焚烧厂建设受阻事件发生以来,国内各地新建垃圾处理设施均面临周边地区居民的阻力。随着社会公众广泛参与及其维权意识的提高,邻避、群众聚集现象时有发生;同时媒体报道和移动互联网对信息的放大作用,给地方政府造成很大压力的同时,也给垃圾焚烧项目实施带来巨大影响。2014年5月,杭州九峰垃圾焚烧项目规划公示引发周边居民群体性事件,造成不良社会影响,引起中央高层和省委省政府的高度重视。此外,下属地市垃圾设施原址提标改造在环评和公示阶段也遭到周边群众阻挠,惠民利民的公用设施建设和改造进程由于"邻避"问题而拖延进度、历经波折,甚至最终夭折,严重阻碍了垃圾焚烧公共事业的发展。

4. 垃圾处置前端分类和清运广受重视,市场化运营水平仍偏低

垃圾分类和清运是垃圾无害化处理及资源化利用的起点和基础,是整个垃圾处理链条中至关重要的一环。浙江省是推广垃圾分类和清洁直运较早的省份之一,试点工作在全省各地区均有开展,但总体效果十分有限。其一,公众垃圾分类和源头减量的意识不足,生活习惯的改变需要一个长期过程,践行垃圾分类的实际行动还较少。其二,垃圾分类回收体系建设不到位,没有一整条完善的分类、收集链条,哪怕从源头上进行了垃圾分类,最后处理垃圾的时候又会受技术限制而将分类过的垃圾重新混合,使得前期的垃圾分类成了无用功,浪费了大量财力、物力和人力。其三,垃圾分类和清运工作在大部分地区仍由政府主导,具体由环卫部门负责,这种运营模式市场化程度较低,导致整体工作推进效率不高,从而制约整个垃圾处理链的有效运转,特别是对后端的垃圾焚烧处置产生影响。

(二)浙江省生活垃圾焚烧处理面临难题

浙江省"垃圾围城"形势十分严峻,破解这一困局需大力发展垃圾焚烧处置。然而,浙江推进垃圾焚烧又面临诸多难题,主要包括:垃圾焚烧项目缺乏长远科学规划,政府被动应对,重视程度不够;在垃圾焚烧项目落地上,面临严重的"邻避效应"困境;在垃圾焚烧项目运营中,技术、经济、社会特征与处理模式不匹配导致垃圾焚烧项目运营效益较差,政府补贴水平相比兄弟省市偏高;在垃圾焚烧项目监管和舆论宣传上,缺乏完善的监管体系和正面的舆论引导。具体阐述如下:

1. 政府被动应对垃圾处置,缺乏长远科学规划

(1)垃圾量增长预测能力较弱,缺乏对垃圾处置能力提升的长远规划。政府在整个垃圾处置问题上长期以来被动应对,缺乏长远规划。对城镇化和生活水平提高所带来的生活垃圾量增长缺乏有效预期,城市垃圾焚烧处置能力的提升与生活垃圾量的增长不能匹配,从而出现"垃圾围城"困境。此外,地方政府对环保要求提高引发的垃圾处理问题亦没有充分准备,如对浙江推进"五水共治"和"两美浙江"建设以来垃圾量增长的预期严重不足,对于垃圾焚烧项目的推动大多局限在已有垃圾焚烧厂提标改造

上,缺乏系统性的战略布局。

(2)生活垃圾处理未纳入考核体系,地方政府重视程度不够,进一步延缓了垃圾处置能力提升方案的科学、及时提出。目前省内并未将垃圾处置工作与政绩考核体系有效挂钩,政府部门垃圾处置工作的开展缺乏相应的激励奖惩机制,从而导致政府部门对垃圾处置重视程度不够。主要领导对垃圾处置的决心和魄力直接关系着垃圾处置的力度和效率。城镇生活垃圾处置是关系民生的市政工程,是城镇管理和环境保护的重要内容,是社会文明程度的重要标志,关系人民群众的切身利益。政府需勇于担当,向公众表达治理垃圾的决心。

(3)生活垃圾焚烧项目涉及多个政府部门,缺乏跨部门协调机制,管理条线存在地区差异。生活垃圾处理项目涉及建设局、环保局、环卫处、规划局、物价局、电力局等多个部门。举例而言,焚烧项目以环卫部门为主体推进,必须得到规划部门在选址等方面的配合,没有科学规划文件,一旦发生民众抗议事件,政府缺乏应对支撑。当前对垃圾处置问题的监管职责划分不明确,政府在组织体系上没有形成统一协调的管理机制。各部门的明确分工,统一调配,各负其责,形成对垃圾处置整个链条的全方位管理,是今后政府各部门改革的重点。

2.“邻避效应”困境凸显,垃圾焚烧项目落地困难

(1)公民环保意识提升,对生活垃圾焚烧处置项目提出更高要求。垃圾焚烧设施的“邻避困境”是世界性难题。随着国内公民环保意识的提升,民众对周边生活环境也愈发关注,尤其社会公众广泛参与及其维权意识的提高,对于垃圾焚烧设施建设的阻碍越来越大。虽然,垃圾焚烧设施是一个城市必不可少的公用设施,但是民众出于自身利益考量,均不愿意焚烧厂分布在自己的周边,这种心理扩散进而形成了“邻避效应”,造成垃圾处理行业选址困难,难以落地。甚至原址上的扩建和提标改造都会引起民众的抗议。如何规避“邻避效应”,协调垃圾焚烧设施与民众的关系,统筹规划、合理选址,是垃圾焚烧设施建设中的难点。

(2)以往垃圾焚烧项目囿于财政水平等因素,环保形象较差,导致负面示范效应。浙江省属于引进垃圾焚烧项目较早的省市之一,已建成的部分垃圾焚烧厂受财政资金约束等多方面因素影响,采用的技术较为落后,没有注重焚烧厂建设与周边环境的提升改造工作,加之政府监管不力,导致厂貌破旧、设备故障频发、污染严重、臭气散布等不良后果,无论从民众感官上还是环境保护上,均给予公众不良印象。这种负面示范效应,加深了民众对垃圾焚烧项目的厌恶与恐慌。

(3)垃圾焚烧处置项目新建和提升改造工作流程有待优化。推进政府工作透明化是大势所趋,垃圾焚烧项目从立项、环评到公示都应该透明化,但并不意味着流程复杂化。垃圾焚烧项目是重大民生工程,这种带有公共物品属性的服务提供应当区别于普通商品服务提供。以垃圾焚烧厂选址征求民众意见为例,应当确定垃圾焚烧厂周边科学合理范围内的民众作为意见征集对象,对于该范围外的民众在程序上则无须纳入。诸如此类,垃圾焚烧项目建设流程上存在的冗杂和不当亟须优化。

3. 焚烧技术、经济、社会特征与处理模式不匹配,项目运营效率低,补贴水平高,垃圾处置安全难以得到保障

(1)焚烧技术和规模水平选择缺乏科学依据。政府在对垃圾焚烧项目进行招标时,往往更看重企业投标是否更具经济性,而对企业的环境责任、技术的先进程度以及焚烧工艺对于当地大环境的适应性等方面存在一定的忽视,以致垃圾焚烧项目运营以后,与当地环境现状和垃圾处理产业不匹配,导致项目运营效率偏低。国内大中型城市新建垃圾焚烧处理设施日趋大型化,如上海老港、北京鲁家山、深圳宝安等均新建了3000吨/日垃圾焚烧厂,浙江省内还没有此规模的大型焚烧厂投入运营,从而无法发挥垃圾焚烧的规模和范围经济效应。在城乡统筹方面,省内缺乏有效的区域和城乡统筹体系,顶层设计不明确,市区之间、县域之内存在隔离,造成很多城市垃圾焚烧厂规模偏小,处理效率相对较低,中小型县级城市垃圾处理量一般只有300~500吨左右,焚烧厂投资成本和运行成本较高。

(2)垃圾焚烧处理市场的区域分割明显,竞争程度低。浙江省生活垃圾处理区域性壁垒明显,外省企业参与垃圾焚烧厂投建的项目相对较少,如大部分地区的垃圾焚烧厂都是由本土民营企业或特定国有企业运营。由于垃圾焚烧具有自然垄断经营特征,因而需要在项目建设前的招标中就引入市场化竞争机制。竞争不充分将降低项目运营效益,相应的政府补贴水平就会提升。根据项目组调研初步了解的信息,省内不少区域垃圾处置补贴费用近100元/吨,市场化运营区域的垃圾处置补贴费用相对较低,而公益性国企运营区域的垃圾处理补贴费用更高。据了解,兄弟省市垃圾处置费用补贴相对较低,以国内垃圾焚烧标杆企业光大国际为例,其运营的江苏吴中静脉产业园生活垃圾焚烧处理项目,政府价格补贴仅70元/吨,其在此价格水平上亦能取得较好收益。

(3)垃圾处理定价机制不合理。当前垃圾焚烧领域已初步形成"财政补贴＋电价补贴(垃圾发电)"的定价模式。财政补贴一般采用成本加成模式,即根据成本基础上的微利原则,通过核算焚烧企业成本,谈判协商确定协议价格。这种定价方式存在两个方面的问题:其一,无法激励企业降低经营成本,进而逐步减少政府补贴;其二,在提高企业技改扩产的积极性方面也显得无能为力。

(4)垃圾处置安全难以得到保障。由于垃圾处置的规模性要求,同一地区的垃圾焚烧市场往往具有区域垄断特点,例如温州市3个焚烧厂都是由当地民营企业伟明集团经营,而且其垃圾处置能力无法在短时间内提升。另外,因技术原因,垃圾焚烧处理装置在一段时间内需要停修停检,垃圾填埋处理是必不可少的备用补充手段。然而,近年来各地区现有填埋场的处理能力被严重透支,垃圾应急填埋能力大大减弱,区域内垃圾处置的安全得不到有效保障。此外,因各种情况,现有垃圾焚烧企业的运营积极性不高,某垃圾焚烧厂一年内竟有58天停修停检。垃圾焚烧企业的低运营效率加剧了区域内垃圾处置的安全性风险。

4. 垃圾监管体系不完善,政府和社会舆论正面引导较少

(1)垃圾处置监管体系不明确,地区间监管效果差异较大。尽管对于垃圾焚烧项目目前已经有一套技术指标监测标准,但垃圾监管体系的建设仍有待完善。省内各地对于垃圾处理设施的监管,不同的审查项目列入不同的监管部门,城管委、公安部门、环卫处、环保局均有参与,导致监管体系混乱,分工不明确,存在监管漏洞。此外,垃圾焚烧厂的监管过程不透明,整个环节民众和社会各界的参与相对缺乏,严重影响政府公信力。目前仅杭州、宁波、温州等地市成立了专业垃圾处理监管机构和相对完善的监管体系,不定期委托第三方对焚烧行业进行监管。大部分县市尚未建立监管体系,监管制度的地区差异较大。

(2)垃圾处置问题广受舆论关注,但缺乏建设性宣传报道。随着公民环保意识的提升,环境问题越来越受媒体重视,从柴静2015年推出《穹顶之下》纪录片所引发的社会关注可见一斑。然而,媒体的关注点往往在于社会性事件本身,对于其背后的环境问题却缺乏相应的深度报道,导致公众对垃圾焚烧形成了错误片面的认识。反映生活垃圾处置设施建设紧迫性、与垃圾焚烧技术宣传教育相关的专题纪录片还十分有限,媒体尤其是官方媒体对垃圾焚烧的正面宣传太少,缺乏对公众的正面引导,不利于垃圾焚烧项目的推进和发展。

二、生活垃圾焚烧技术、经济、社会特征分析

解决生活垃圾焚烧问题,是当前政府工作的重点和难点。垃圾焚烧处理难题存在的深层次原因是其技术、经济、社会特征。因此,对垃圾焚烧技术、经济、社会特征开展剖析,是构建适应浙江区域特点生活垃圾焚烧处理模式的重要理论依据。

(一)技术特征分析

在焚烧具体技术上,主要包括炉排炉技术和流化床技术,优劣势不同,不同地区可因地制宜地采用;在焚烧后端处理上,有害气体需要加强监管,飞灰则需要填埋保障;在焚烧处理设备上,因高损耗需要不定期停检停修。

1. 垃圾焚烧技术各具优劣势,需因地制宜采用

目前,国内垃圾焚烧行业主要以炉排炉技术和流化床技术为主,热解炉技术也有所应用,各类技术特点如下:

(1)炉排炉焚烧技术。炉排炉焚烧技术是相对比较成熟的垃圾焚烧技术,在国内

外各大城市均有广泛应用。生活垃圾依次通过干燥区、燃烧区、灰渣形成区,以精确的时间控制保证完全燃烧。是主要以炉排的机械运动辅助垃圾混合均匀,在辅助燃料、氧气助燃的情况下进行充分燃烧的技术。通常可分为平推式、斜推式、逆推式以及滚筒式。炉排炉技术在燃烧较高热值的生活垃圾时具有明显优势,其工艺流程相对成熟,焚烧产生的炉渣相对较多,而飞灰量则较少。炉排炉焚烧工艺适用于垃圾热值较高、垃圾产生量较大、经济发达、有一定财政能力的城市。比利时 Waterleau 炉排技术、日本三菱重工和德国马丁逆推炉排炉技术位于国际领先水平,我国温州伟明集团研发的往复多列式炉排炉技术也已得到较广泛应用。

(2)热解炉焚烧技术。热解炉焚烧技术是指以少量空气送于初次燃烧室的固定炉层上燃烧,使垃圾有机成分分解为可燃性气体,并被送至二次燃烧室,以充分的空气供应使其完全燃烧,而残渣则通过炉床尾端连续排出。由于初次燃烧室内的空气低于理论化学反应计量,因此生活垃圾可以实现充分燃烧,不致因大量过剩空气激起扰流而产生扬灰,故颗粒物排放降低。炉内 850℃ 的高温能够有效控制尾气中二噁英等多种有害物质的排放。热解炉由于对技术要求相对较高,运行和维护费用相对较高,对垃圾预处理条件相对复杂,并不适用于中国垃圾普遍不分类、热值较低、含水率较高的现状。通常情况下,热解炉焚烧技术需要配合以相应的碱液脱酸技术处理尾气,日本斯宾德公司的改良半干法脱酸技术脱胎于此,我国深圳汉氏固体废物处理设备有限公司也有热解炉的生产和供货。

(3)流化床(CFB)焚烧技术。流化床(Circulating Fluidized Bed, CFB)焚烧技术一般采取在炉底预先铺好热砂或炉渣的方式,通过投入预先分类和掺入煤粉预处理的垃圾,以翻腾燃烧的方法进行处理。流化床焚烧技术能够实现炉内温度场充分均匀可控,可以使垃圾充分燃烧。研究表明,流化床炉温相对较高,加上煤中的硫可以对二噁英的产生起到有效的抑制作用,可以有效减轻尾气处理的压力。流化床焚烧工艺适用于垃圾热值不高、垃圾种类复杂、对环境保护要求相对较高的城镇。日本荏原公司的回旋流化床、德国 Lurgi 公司的循环流化床及配套烟气净化技术在国际上较广泛应用。我国的垃圾焚烧厂通常采用北京中科通用能源环保公司的循环流化床或浙江大学热能工程研究所研制的异重型循环流化床的相关技术。

根据表 1 所示生活垃圾焚烧工艺的特点,浙江省目前采用的是炉排炉焚烧工艺和流化床焚烧工艺并行的模式,根据当地环境状况、区域经济情况、垃圾产量、垃圾组分的不同因地制宜,垃圾热值较高、产量较大、经济情况较好的地区采用炉排炉焚烧工艺;垃圾热值较低、成分复杂、经济欠发达地区采用流化床焚烧工艺。

表 1　生活垃圾焚烧工艺比较

项　目	炉排炉焚烧工艺	热解炉焚烧工艺	流化床焚烧工艺
占地面积	大	中	小
垃圾预处理	不需要	热值较低的垃圾需要	需要
运行费用	低	高	低
含水量适应性	通过干燥段	通过停留时间	炉温随含水量变化
飞灰产量	低	低	高
二噁英控制	难	较易	易
环境友好性	较好	好	很好
适用条件	垃圾热值较高、产量较大的地区	不符合国情，没有推广	垃圾热值较低、成分复杂的地区

2. 垃圾焚烧产生有毒有害气体及飞灰

垃圾焚烧发电的过程中,会产生烟尘、硫氧化物、氮氧化物、氯化氢、重金属、水银、二噁英等有害物质。尾气中会形成含有大量有毒重金属的飞灰,属于规定的危险废物,必须进行稳定和固化处理。此外,尾气中的一级致癌物质二噁英具有强致癌性和较强的生殖毒性,同样必须进行相应的后处理工作。通常情况下,废气的处理涉及两个方面:烟尘的处理和有害物质的处理。通过吸附类装置可以有效消除尾气中的烟尘,如布袋除尘器、静电吸附装置等。而有害物质的处理相对比较复杂,不能用单一办法进行处理。尾气中的硫氧化物、氮氧化物等通常使用脱酸的办法进行处理,如湿法洗涤法、干式处理法等;二噁英则通过优化焚烧炉的燃烧结构,使炉内温度保持在850℃以上,实现充分燃烧分解的目的,在经过多重后处理手段后,尾气仍需经过检测符合标准以后才可以排放到环境中,一般会在排放烟气的通道中根据相应大小设置不同数量和密度的点进行检测;炉内产生的重金属飞灰,属于危险废物,必须妥善处置,通常采用稳定固化以后进行填埋的方法。浙江省目前垃圾焚烧厂的废气和污水等排放基本符合国家规定标准,但垃圾焚烧后产生的重金属飞灰的处理问题仍亟待解决,垃圾焚烧产生的飞灰仍存在无法处理或直接进入生活垃圾填埋场等情况,危险废物填埋场等配套设施仍需完善。

3. 焚烧设备需要不定期的停修停检

由于垃圾焚烧处理技术设备损耗大,焚烧处置需要不定期停检停修。特别是部分地区垃圾焚烧厂相对老化,很难达到现有环境排放标准,亟待提标改造,甚至有垃圾焚烧厂时常出现故障,如省内某发电厂365天有58天在故障停修停检,以致垃圾处理量严重低于设计量,部分垃圾因无法处理露天堆放或运到垃圾填埋场进行超负荷填埋。一些垃圾焚烧厂也出现过垃圾焚烧烟气处理系统的故障问题,而由于经济条件有限,烟气处理备用设施没有普及,使垃圾焚烧厂被迫停修,影响垃圾处理量。因此,政府对于垃圾焚烧项目的处理量设计应有一定的冗余,在单条生产线出现故障时依旧有足够的垃圾处理能力。对于一些大型故障停修,也应有垃圾填埋场的应急保障。

(二)经济特征分析

垃圾焚烧项目具有典型的负外部性特征,需要政府采取价格调控和加强监管等多样化手段消除其负外部性;垃圾焚烧项目属于民生保障性基础设施,因而需要合理的价格补贴机制设计和补贴水平保障;垃圾焚烧项目具有较强的规模和范围经济效应,因而在垃圾处置上要注意打破区域限制,有效集中处理。

1. 负外部性

福利经济学认为,如果一种商品的生产或消费会带来一种无法反映在市场价格中的成本,就会产生一种"外部性"。垃圾处置具有很强的外部性。垃圾处置不论产品结构如何,其生产过程中肯定为社会提供了环境服务(如垃圾焚烧的处置减少了垃圾污染,节约了土地资源等),给处理外的行为主体带来了有利的影响,即产生了外部正效应。但是垃圾处置本身还会产生二次污染,垃圾焚烧会产生恶臭、噪声、废渣、烟气、垃圾渗滤液、飞灰等危险废弃物和一级致癌物二噁英,这种污染则表现为垃圾处理的负外部性。外部性最大问题之一是导致经济效率的降低,市场中的价格机制不能正常发挥作用。一个正常的价格应该是供给者和消费者之间的均衡结果,在完全竞争和不存在外部性的情况下,该均衡结果与帕累托最优相一致,因而经济是有效率的。否则,经济是低效率的。为了实现经济效率,就需要设计一种非均衡价格机制:通过提供一个正确的刺激,对外部效应的制造者设计一个非零价格(对外部经济性设计一个正价格,对外部不经济性设计一个负价格),而对外部效应的消费者设计一个零价格。此时,非均衡结果与帕累托最优相一致,经济又重新回到有效率状态。

2. 价格补贴

由于垃圾焚烧发电项目是含有公益性质的基础设施工程,前期投入大,规模要快速增长,项目回收期较长(一般为 15 年左右)。由投资方进行运营,利润空间相对有限,单凭垃圾焚烧项目的发电收入远远无法弥补前期成本投入,难以实现盈亏平衡,而且一般的垃圾焚烧项目的利润空间往往来自政府的补贴。生活垃圾处置设施是城市基础设施的重要组成部分,是与人民群众密切相关的公用事业,其经营活动具有自利性和社会性相结合的特点。一方面,垃圾焚烧企业作为市场主体,具有谋取自身利益最大化的本性。另一方面,生活垃圾处置本身作为公用事业,其经营活动同时又具有社会性功能。因此需要政府相关部门对其进行一定的补贴,以保证垃圾焚烧的市场化运营。政府对垃圾焚烧价格的补贴要到位,各种补贴和收入应该足以使企业有能力和信心应对垃圾焚烧发电的污染控制,企业才会尽最大可能,使用最先进的技术和装备,确保降低垃圾焚烧发电的各种污染物排放,更有动力及能力去执行控制污染物排放的最高标准,以最大限度降低垃圾焚烧的负外部性。

3. 规模经济

规模经济是指生产专业化水平的提高等原因,使企业的单位成本下降,从而形成企业的长期平均成本随着产量的增加而递减的经济。据我们调查,垃圾焚烧厂的最低经济规模一般为日均处理生活垃圾 600 吨,据 2014 年统计年鉴,浙江省有 41 个县市日均处理生活垃圾低于 600 吨。垃圾焚烧发电企业的规模经济,一般来源于内部规模经济和外部规模经济。内部规模经济可以从以下方面实现:①在厂房、固定设备不变的前提下,增加生产线,全天候运转,实现大批量垃圾处理,降低单位投入成本和垃圾处置费用;②采用先进工艺,改进生产技术,设备大型化、专业化,降低能耗和原材料消耗等各种物耗,取得显著的经济效果;③通过水平和垂直联合组成经营实体,不仅可带来单位产品成本、物耗降低,取得"全产品生产线"的效益,减少大量管理人员和工程技术人员,还可使企业有更多的资金用于产品研制与开发,使其具有更强的竞争能力。外部规模经济就要依靠在同一个地方同行业企业的增加,多个同行企业共享当地的辅助性生产、共同的基础设施与服务、劳动力供给与培训所带来的成本的节约,因此规模化运作是垃圾处置行业长远发展的大趋势。

4. 范围经济

范围经济指由厂商的范围而非规模带来的经济,也即是当同时生产两种产品的费用低于分别生产每种产品所需成本的总和时,所存在的状况就被称为范围经济。只要把两种或更多的产品合并在一起生产比分开来生产的成本要低,就会存在范围经济。垃圾焚烧发电企业在其规模不变的前提下,应该尽可能通过范围经济,来实现自身利润和效益的最大化。应该充分利用自身技术优势,开拓垃圾处置新的市场,如餐厨垃圾、危险废弃物、大件垃圾、建筑垃圾处置等新业务,拓展现有垃圾处置的产业链条,将垃圾分类、处理、资源化利用、后处理多个环节集中化,纳入企业业务,发挥垃圾处置产业的范围经济优势,将有效提高生活垃圾处理效率,实现资源的循环利用,节约技术研发投入、人员成本等。垃圾焚烧厂的垃圾焚烧余热也将得到更好应用,垃圾发电收益更显著。

(三)市场特征分析

垃圾焚烧项目具有公共产品属性,对于公共产品的市场供给要把握好市场效率和社会保障的平衡,既要市场化运营以提升效率,又要加强总体控制;垃圾焚烧项目专用性资产投入大,需要引入特许经营,从而容易造成市场垄断,而且垃圾处理属于政府民生工作,频繁的政企接触容易形成区域壁垒,政府在市场化运营方面的顾虑较多。因此,推进垃圾焚烧处理的市场化方向明确,限制和困难较多。

1. 公共产品属性

与私人产品不同,公共产品具有非竞用性和非排他性,直接或间接地为企业的生产和个人家庭生活提供服务,是社会总产品中重要的不可缺少的部分。生活垃圾处理是一种具有明显社会公益性的公共产品,在很大程度上都被定义为纯公共产品,垃圾处置的公共产品属性关系民生,相对于其他基础服务设施而言,垃圾处理具有典型的必需品特征,一直以来都由政府承担保证供给的责任。但是随着城市化的高速发展和生活垃圾治理任务的加重,生活垃圾处置更加紧迫,也愈加严峻,既要保证垃圾处置这一公共服务的正常供给,又要实现市场化的运作效率,就必须实行可控的市场化运作。因此像垃圾处置这种公共产品,是保证社会发展和社会安全的关键产品,既需要私人参与公共产品的生产与提供,但又必须由政府在总体上进行统筹,并通过相应的政府管制来保证和维护公共利益。随着经济社会的不断发展,公众对于垃圾处置呈现出多样化和层次化需求,政府、市场以及第三部门任何一方,都很难独自承担起公共产品供给的责任,一种相互协调、多中心、优势互补的公共产品供给机制将成为今后公共产品供给主流趋势。

2. 区域市场垄断

垃圾处置行业具有专用性资产投入高的特征,投资形成的资产由于改变使用属性的成本太高,在事后容易受到侵占,因而需要在权力上予以保护,这种权力往往就是市场的垄断经营特权。对应到垃圾焚烧项目,政府在引入项目时,采用 BOT 等商业模式,给予垃圾焚烧企业以特许经营权,就给了垃圾焚烧企业充分的权力保障,这也就导致垃圾处理市场具有典型的市场垄断特征。此外,垃圾处置具有明显的区域性特征。垃圾处置项目是政府重大民生工程,政府握有企业选择的权力,地方政企关联容易形成区域壁垒。此外,垃圾处理事关民生,政府在市场化运营方面的顾虑较多。由此,垃圾焚烧处理市场就形成了区域市场垄断特征,打破这种垄断是提升效率的必然要求,但阻力巨大。

(四)社会特征分析

垃圾焚烧作为社会生活的重要方面,是关系民生的重大问题,并且随着民众环保意识的提升,将日益受到重视,焚烧处理标准将越来越高。对垃圾焚烧项目的"邻避效应"重视不够和处理不当,极易引发群体性社会事件,对社会稳定可能造成不良影响。

1. 垃圾焚烧处理是关系民生的重大社会问题

垃圾处置是一个城市的"出口",关系到每一个人的生活,是重大社会问题。垃圾焚烧处理不仅仅是垃圾焚烧行业的问题,更关乎城市建设与环境保护,与人们的生活息息相关,是政府、企业和社会关注的焦点。治理垃圾是关乎国计民生的工程,是城镇管理和环境保护的重要内容,是社会文明程度的重要标志,关系人民群众的切身利益,从这个意义上来说,治理垃圾任重而道远。垃圾处置并不是简单的焚烧、填埋,更与每一个公民息息相关,从垃圾分类、垃圾回收利用、垃圾清运、垃圾无害化处理到垃圾的资源化利用,关系到家家户户的切身利益,丈量着一个城市的文明程度,如果我们每个人都能把这件"最难做的简单事情"做好,就可以有效应对"垃圾围城"的危机。

2. 焚烧"邻避效应"处理不当易引发群体性社会事件

垃圾焚烧具有明显的"邻避效应",在选址建设过程中往往会遇到当地民众的反对,受"邻避效应"影响,任何可能会产生负面影响的工业设施也会受到百般阻挠,受到煽动的民众情绪极不稳定,一旦政府处理不当极易引发群体性社会事件。针对"邻避主义",无论是一国还是一个地区,一味逃避并非良策。关键在于我们在全社会真正地建立并执行一整套抵御环境风险的全社会参与和沟通机制,以及完善的市场治理体系。相信只要做到决策过程透明,让多元主体共同参与讨论和评估,取得最大公约数,充分照顾各方的利益需求,"邻避困境"这一世界性难题就有望得到破解。

三、国内外生活垃圾处理先进经验

对垃圾焚烧技术、经济、社会特征的分析是从理论角度阐明解决垃圾焚烧难题,是构建合理的垃圾焚烧处理模式应该予以考虑的科学基础。本部分对国内外垃圾处理先进经验的提炼则是从实践角度对理论层面相关结论的验证,同时也为浙江生活垃圾焚烧处理模式构建和实施提供经验参考。

(一)美国经验:政策引导合理选择垃圾处理技术

美国是最大的垃圾生产国之一,国土面积 937.26 万平方千米,人口 3.15 亿,人口密度仅仅约为 30 人/平方公里,由于土地资源相对丰富,垃圾焚烧技术的发展并不急迫,因此美国的生活垃圾处理超过 50% 采用卫生填埋的方式,此外也有部分生活垃圾采取堆肥的处理方式。1885 年以来,垃圾焚烧厂就已经开始陆续投入建设,但速度缓慢,直到 2004 年垃圾焚烧在美国获得可再生能源生产的税收抵免资格,现有工厂扩容工程和新垃圾焚烧厂评估建设工作逐渐开展,美国生活垃圾处理转而向垃圾焚烧和垃圾填埋并行发展。但随着环保意识和标准的提高,很多垃圾焚烧厂陆续关停。此外,随着大型的、低成本的地区性垃圾填埋区的增加和垃圾发电厂的税收抵免政策废除,垃圾焚烧技术的发展速度也受到了限制,2012 年美国垃圾焚烧量仅占处理总量的 11.7%。由此可见,垃圾处理技术的选择要与区域实际情况和经济社会发展阶段相匹配。

(二)日本经验:注重生态和谐和民众意识教育

日本是一个土地资源相对匮乏的岛国,没有垃圾填埋的实施条件,从 1893 年日本建成第一座垃圾焚烧厂起,垃圾焚烧技术得到了大规模推广,尽管近年来垃圾焚烧厂的数量有所下降,但处理能力和规模都大幅度上升,清洁高效的工艺模式值得借鉴和学习。日本乡间街头都设有垃圾收集点,垃圾会被严格地进行分类,以进行垃圾焚烧或回收利用。在垃圾焚烧厂建设的基础上,日本政府尽可能保证当地居民的健康生活水平,长野垃圾焚烧发电厂附近增设医疗保健中心、干洗中心等便民场所,为当地居民提供优质廉价的生活服务项目。此外,在垃圾焚烧厂周围还建有市民农业园、生态村等,并在垃圾焚烧厂设置环保学习点,通过组织参访等方式向市民宣传环保知识。临近的垃圾焚烧发电厂往往会进行协作,形成互信互补的关系,会给两地民众提供较大的便利。在日本,垃圾焚烧厂的建设也曾经饱受争议,而当时的民意主要出于一种狭隘的心理,即"焚烧厂可以建,但是不要建在我家旁边"。尽管垃圾焚烧厂相对占地面积较小,但也不便于建设在远离居民区的空地,这样会大大提高运输成本。在武藏野市,垃圾焚烧厂的选址问题也曾使项目一度陷入僵局,而政府采取了市民参与选址的方式,建立选址预备会规则,由专家和市民组成环境委员会,以公开透明的形式进行选址。选址问题从政府与民众之间的问题被巧妙地转化为民众自己的问题,从而化解了相应的矛盾;在饭塚市,为恢复市民对政府行政部门的信任,政府及时向市民公开有关垃圾焚烧厂建设的相关信息,与市民意见达成一致后再动工。此外,政府组建由市民、技术人员和政府工作人员直接参与的代表委员会,定期召开代表协商大会,收集整理民众意见,并将这些意见传达给上级部门。环境问题和垃圾处理设备的安全性也由代表委员会参与监督,委员会代表将定期到垃圾焚烧厂进行考察,保证尾气排放、飞灰填埋符合国家标准。

（三）欧洲经验:加强垃圾前端处置

欧洲大多数国家垃圾循环利用率普遍在 40% 以上,处于世界领先水平。这跟垃圾分类有密不可分的关系。自 20 世纪 90 年代起欧洲各国就开始实行垃圾分类收集,时至今日垃圾分类体系已经十分成熟。而对于垃圾分类意识的普及,是从每一个市民幼儿时期的教育开始的。通常生活垃圾被分为绿色垃圾、玻璃、衣物、小型化学垃圾、纸类垃圾、汽水瓶等。普通市民家庭中也会设有不同颜色的垃圾箱,用于放置生物垃圾、纸张、其他垃圾等。欧洲大部分国家都制定了严厉的处罚规定,并设有专门的环境警察来监督居民垃圾分类,以警告信、垃圾罚单等形式对垃圾分类进行进一步规范。在欧洲,垃圾清运部门一般为法律授权的垃圾公共清运单位,根据收费规定向居民和企业收取垃圾清运费用,并承担宣传、教育、咨询等工作。在欧洲多数国家,垃圾管理和回收有明确的垃圾日历,根据垃圾种类和季节的不同设定了不同的垃圾回收时间,一般间隔在一周到两周不等,由垃圾清运车到指定回收点或住户家中收取,并随后运往垃圾回收站。垃圾回收站中的垃圾定期被能源部门授权的民营公司运送至不同的垃圾处理厂进行处理。

（四）中国台湾经验：驻厂监督制度

20 世纪 80 年代，中国台湾地区以填埋作为垃圾处理主要方式，由于海岛面积有限，且极易产生二次污染或火灾，垃圾焚烧厂应运而生。台湾地区垃圾焚烧厂主要由企业投资，环保管理部门进行监督，专业的第三方运营公司运营。环保管理部门会委派工作人员作为环保专员进驻垃圾焚烧厂进行监督。以北投垃圾焚化厂为例，占地面积约 10.61 公顷，每天可焚烧垃圾 1800 吨，其建筑主体设计精美，车间采用完全密闭结构，廊道则是透明的，方便游客参访和监督监管。焚化厂中央有一根 150 米高的烟囱，可以俯瞰整个台北城，为了进一步显示垃圾焚烧无害化，焚化厂甚至在烟囱 120 米处设立了一家全玻璃幕墙 360 度旋转餐厅。此外，建立温水游泳池、公园、健身房等公众服务设施，也是垃圾焚化厂普遍采用的亲民措施。像台中的文山垃圾焚化厂，靠焚烧垃圾产生的蒸气发电，每年卖电收益可达 1 亿新台币，而垃圾焚化时产生的余热则供给当地的温水游泳池，供民众享用。

（五）中国江苏苏州经验：充分发挥规模和范围经济

江苏吴中静脉产业园前身是 2003 年光大国际与苏州市政府签订特许经营协议投建的垃圾焚烧发电厂，经过 10 年发展，形成了以垃圾焚烧发电项目为核心的静脉产业园。产业园主要由三部分构成：由光大国际投资的生活垃圾焚烧项目、危险废物填埋项目以及沼气发电项目；由政府财政投资的生活垃圾填埋项目、渗滤液处理厂；由地方私企投资的医疗废物处理厂、餐厨垃圾处理厂等。垃圾焚烧厂规模的进一步扩大，以及垃圾分类、处理、资源化利用、后处理多个环节集中化纳入产业园区，充分发挥了规模经济和范围经济的优势。吴中静脉产业园建设以前，所在地木渎镇七子村的卫生环境相对较差，生活条件亟待改善，人口存在流失现象。吴中静脉产业园通过自身硬实力逐渐改善当地的生态环境，同时，以利益共享的形式共建当地和谐，每处理一吨垃圾向环卫系统捐一元用于环境卫生事业的建设，并把炉渣无偿提供给当地民企处理，实现资源共享。

四、浙江省生活垃圾焚烧处理模式构建

垃圾焚烧处理涵盖从垃圾分类、回收、清运、焚烧到进一步资源化利用等多个环节（见图 3）。因此，解决浙江省生活垃圾焚烧问题，需立足于"垃圾处理链"，以"系统思维"为指导，构建起符合焚烧技术、经济、社会特征和国内外先进实践规律的垃圾焚烧处理模式。这一模式构建涵盖五个方面的要素，即"项目选址、运作模式、定价机制、技

术选择、监管机制",并辅以焚烧处理链条的前后端优化。具体而言,垃圾焚烧首要问题是破解垃圾焚烧项目选址"邻避效应",制定科学选址操作机制和相关原则;选址完成后,构建起总体可控的市场化运作模式,明确政府与企业的主体定位和责任分工;项目落地后要明确定价机制和技术模式选择问题,进而制定严格的项目监管体系;最后要对垃圾焚烧的前端垃圾分类和清运以及后端资源化利用进行整体配套优化。具体阐述如下。

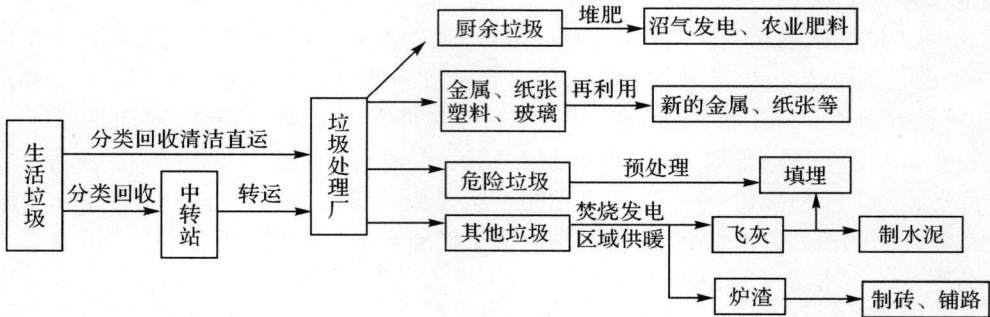

图3　垃圾焚烧处理流程

(一)生活垃圾焚烧处理选址困境突围

1. 选址操作机制

借鉴日本经验,在垃圾焚烧厂规划以前,邀请相关专家和市民代表成立垃圾焚烧选址委员会,参与到垃圾焚烧厂的选址中来,协商讨论垃圾焚烧厂选址的问题,一是提高民众对建设垃圾焚烧项目的心理预期,二是实现垃圾焚烧项目建设的信息充分沟通。在垃圾焚烧厂选址过程中,保证政务公开透明,向民众公开有关垃圾焚烧厂建设的相关信息,与市民达成一致意见以后再动工,以提高政府公信力。

2. 选址影响最小原则

垃圾焚烧选址应尽量平衡好垃圾焚烧厂服务半径、垃圾运输成本与居民居住环境的关系。尽量选择原来环境较差的地点,或远离居民区,减少垃圾焚烧对市民的影响,同时考虑垃圾焚烧厂的服务半径及垃圾的运输成本。垃圾焚烧厂可以和城市工业园区相结合,在焚烧发电的基础上,向周边工厂实现热电联供,提高资源利用率。

3. 选址协同优化原则

借鉴苏州经验,垃圾焚烧厂选址应注重区域统筹规划,由传统的小型化、分散化向园区化、集中化、规模化发展,即构建以生活垃圾焚烧项目为核心,危险废物处理、渗滤液处理、医疗废物处理、餐厨垃圾处理、飞灰制水泥厂、炉渣制砖厂等模块相结合的静脉产业园区,实现规模经济和范围经济协同效应,同时一次性解决不同垃圾处置项目的"邻避效应"问题。垃圾焚烧选址还要考虑城乡统筹,考虑垃圾量较小县(市)与其他县(市)的统筹,实现垃圾处置的有效协同。

4. 选址合理补偿原则

参考日本经验,在垃圾焚烧厂选址确定以后,做好附近市民的安抚工作,主动给予一定补贴,力求减少负外部性对垃圾焚烧项目的影响。垃圾焚烧厂的形象力求美观大方,并在垃圾焚烧厂周边建设惠民设施,如绿化带、垃圾焚烧展示馆、生态跑道、游泳馆等。垃圾焚烧厂应优先为当地提供就业机会,并定期为当地市民提供旅游和考察机会,减轻当地居民对垃圾焚烧厂的负面印象。建立地区间垃圾统筹补偿基金,垃圾输出方应承担对垃圾输入方所在地的一系列补偿。

(二)生活垃圾焚烧处理运作模式选择

1. 构建垃圾处置安全总体可控的市场化运作模式

在生活垃圾处置的整个链条上,原有的事业供给模式已经不能适应社会经济发展的需要。一方面,单一的财政投资渠道使得作业经费捉襟见肘;另一方面,行政性垄断的供给机制导致运行效率下降。面对人民生活水平提高与公共服务供应不足之间的矛盾,由政府包办环卫作业的模式有必要进行改革。而改革的核心是引入市场竞争机制,通过竞争降低公共服务成本、提高供给质量,为人民群众提供更多更好的公共服务。与此同时,由于垃圾焚烧具有区域市场垄断特征,以及垃圾处置对一个城市的重要性,应理顺社会、企业、政府三者之间的关系和定位,强化政府对市场化垃圾处置的规制,在市场化运作模式下保障城市垃圾处置功能的安全。

2. 政府与企业明确定位,保障垃圾处置安全

(1)政府定位:购买服务、加强监管、应急保障。在总体可控的市场化运作模式中,政府定位首先是购买服务。政府需从由"过程买单"转向"见效付费",逐步完善基于顶层设计的各项政策、标准、法规,建立健全环境服务采购体系,充分发挥市场动力机制作用。与此同时,加强政府垃圾处置和环保要求的双重监管,建立规范严密的环保法治体系,保证环境治理效果。在目前大力推广第三方治理的背景下,未来垃圾焚烧监管需改变以往以"工程建设目标性规划、污染控制约束性指标"为核心的绩效考评体系,向保证"环境治污效果"转变,以"环境治理效果"为核心的环保时代已经来临。此外,在大力发展垃圾焚烧的同时,政府应该加强垃圾处置的应急保障——垃圾填埋。虽然垃圾填埋有诸多弊端,不应成为垃圾处理的主流方式,但是作为一种应急保障,垃圾填埋场对于城市来说是不可或缺的。它既是应对垃圾焚烧技术停检停修的手段,也是防止垃圾处置市场垄断风险的有效举措。

(2)企业定位:投资运营、环保达标、效率提升。该模式中企业定位于做好垃圾焚

烧项目的投资运营。具体而言,因地制宜地提出垃圾焚烧项目建设的系统性方案,签订特许经营协议后,保证垃圾焚烧项目的顺利建设和高效运营。此外,以环保企业使命要求自身,履行国家乃至国际更高排放标准。在垃圾处置过程中企业要坚持自律、诚信可靠,积极履行社会责任,选择成熟可靠、先进适用的技术,运行规范,防止二次污染发生,以安全稳定的运行方式,严格执行国家的环保标准,同时积极主动提升改造,提高运行效率。

(三)生活垃圾焚烧处理定价机制选择

1. 项目招标有效竞争,形成合理定价

市场竞争定价是最为有效的定价机制。由于垃圾焚烧处置项目具有区域垄断的市场特征,难以在事后形成竞争定价,因此需要在招标过程中引入充分的竞争机制。在竞标成本基础上基于环境责任和承诺对竞标企业进行考核,减少由恶性竞争产生的恶意压价。鼓励民营企业、外资及各类投资主体参与垃圾处理设施的投资和经营,积极推进垃圾处理的产业化发展。出台关于针对不同垃圾焚烧工艺的不同政策,针对不同地区采取更适应的焚烧工艺,考虑规模效益和经济平衡性,对能源转化率高的产业予以扶持,最终形成经济效益、环境责任、工艺技术等多方面综合考虑的合理定价机制。对于原有的垃圾焚烧项目,其处置定价建议参考新建垃圾焚烧项目的处置价格。

2. 明确动态调价机制,给企业以价格预期

建立动态调价机制,打破固定不变的定价机制。政府与企业签订 BOT 合同时,应明确规定基于成本变动的价格调整等协议条款,给予企业合理范围内的调价预期,使企业有盈利的空间和技改的动力。逐步建立包括经营成本、项目静态投资、上网电价等三个不同的因素变动的焚烧发电 BOT 项目价格调整体系,充分考虑项目公司和政府双方的风险分担。应考虑垃圾焚烧企业运营的主要成本,建立与居民平均收入、CPI 或燃料价格等经济指标直接挂钩的动态调价机制,给企业以合理的价格预期与相对宽松的运作空间,实现垃圾焚烧企业利益与社会利益的均衡。对积极进行技术改进,承担环境责任的优秀企业,应当予以额外补贴,形成正向激励。对于排放不达标的企业,加强行政和经济处罚力度,倒逼企业提标改造。

(四)生活垃圾焚烧处理技术模式选择

1. 环杭州湾地区:炉排炉焚烧工艺

环杭州湾地区土地资源紧缺,人口密度较大,经济社会发展迅速,基础设施较为完善,主要包括杭州、宁波、绍兴、嘉兴等城市。对于环杭州湾地区,由于经济发展水平很高,基础设施较为完善,生活垃圾所含热值普遍较高,宜采用炉排炉焚烧工艺,由于尾气中二氧化硫、二噁英含量相对较高,应配有相应的碱液脱酸技术进行处理。垃圾焚

烧后产生的飞灰中重金属含量较高,不适合作回收再利用,宜统一回收进行填埋。炉排炉焚烧工艺产生的炉渣较多,一般为焚烧1吨生活垃圾产生0.2吨炉渣,可以用于制砖、铺路。

2. 金衢丽地区:流化床焚烧工艺

金衢丽地区经济发展潜力较大,人口密度相对较小,用地矛盾相对缓和,城镇密集区主要分布于金衢盆地、金丽温沿线和松古盆地地区。对于金衢丽地区,经济社会发展总体水平与环杭州湾、温台沿海地区有较大差距,基础设施相对比较薄弱,当地主要以农业、制造业发展为主,生活垃圾所含热值相对较低,宜采用流化床焚烧工艺。生活垃圾经收集后需要进行一定预处理,控制垃圾中所含水分,由于炉内温度相对较高,二噁英含量可以得到很好的控制,尾气中飞灰含量较高,但飞灰中所含重金属较少,适宜收集进行二次利用。

3. 温台沿海地区:炉排炉焚烧工艺/垃圾填埋有益补充

温台沿海地区人口密度较大,经济发展速度很快,主要包括温州大都市经济圈、台州都市区以及鳌江流域中心城市,即"一圈一区一城"。由于当地农产品海洋产品加工业、制造业相对发达,生活垃圾所含热值相对较高,而受海洋影响,垃圾含水量相对偏高,因此需要进行一定的预处理,宜采用炉排炉焚烧工艺。此外,由于温台沿海地区具有丰富的滩涂资源,适宜采用一定程度的垃圾填埋方式作为有益补充,并且温台地区间差距较大,城乡一体化进程较为缓慢,在无法集中垃圾焚烧的区域也应构建填埋处理方式。

4. 沿海岛屿地区:转运集中处理

沿海岛屿地区因为其地理位置特殊,对于环境保护方面的要求则更高,故应将垃圾转运集中处理。单独使用垃圾填埋或垃圾焚烧技术往往不能满足无二次污染的前提,因此工艺应根据岛屿具体情况的不同适当调整。其中,流化床炉燃烧室内温度稳定,启停均较快,操作过程中可以更大程度地避免二噁英产生。因此从环境保护的角度来说,流化床焚烧工艺在沿海岛屿地区更具适应性。

(五)生活垃圾焚烧处理监管机制设计

1. 政府部门监管:多部门联合、驻厂专员制度

环卫和环保部门应通力协作,共同实现政府对垃圾焚烧厂的监管。环卫部门对垃圾焚烧厂的运行情况进行监督,在垃圾处理流程和垃圾处理量方面进行监控;根据垃圾焚烧厂的规模,由环保部门取点采样监测,并进行实时联网。对于难以实时监测的数据,如二噁英,则采取定期检查和不定期抽查相结合的形式进行处理,并对炉温等间接数据加以监控。此外,借鉴我国台湾地区经验,环保部门应在垃圾焚烧厂设置驻场监管,把责任落实到人,垃圾焚烧厂的相关排放指标及时向环保部门汇报,形成多部门

联合的环境监测体系。

2. 第三方监管：专项基金、社会参与

在政府部门监管的基础上，也应成立专项环保基金，由居民、环保组织等利益相关方进行运作，环保组织积极行使和履行众环境监督、生态社区建设、环境教育传播等权利和义务，通过专项基金聘请权威的第三方对垃圾焚烧厂进行不定期检测；垃圾焚烧厂周边市民应当理智对待垃圾焚烧项目的建设，积极了解垃圾焚烧的相关背景和科学知识，以居民委员会的形式参与到垃圾焚烧的监督监管中来。垃圾焚烧厂的环境检测数据应 24 小时对外公开，并欢迎社会各界团体突击检查。

3. 建立以监管结果为基础的评价制度，建立以评价结果为依据的奖惩机制

垃圾监管需要激励和惩罚机制相匹配。监管结果直接与垃圾焚烧处理价格补贴相挂钩，建立焚烧厂评分制度，对于评分不达标企业给予价格补贴费用扣发惩罚，整改达标后方可补发。对于高评分焚烧厂，予以相应资金补贴和品牌宣传支持。对于焚烧处理严重不达标企业，相关行政处罚相应衔接。尽快出台垃圾焚烧后处理监管的相关政策，完善《环保法》等环保部门监管处理依据，并加大对垃圾焚烧不规范后处理的行政处罚力度，一旦发现不规范后处理情况，立刻要求整改。

（六）生活垃圾焚烧处理链前后端优化

1. 生活垃圾分类和清运环节：加快市场化改革

垃圾分类是垃圾无害化处理及资源化利用的起点和基础，是整个垃圾处理链条中至关重要的一环，只有做好了前端的垃圾分类，后端处理才能顺利推进；垃圾运输则是确保垃圾有效处理的重要环节。针对目前垃圾分类和清运整体效率偏低的现状，本课题组认为关键是运作模式的问题，这类公益性服务理应由政府提供，但提供方式可以是市场化购买服务。因而，加快市场化改革是做好垃圾分类和清运环节工作的有效途径，以市场化改革打通垃圾处置的前端。

2. 生活垃圾资源化利用环节：积极探索

生活垃圾处理链条的后端则是资源化利用，这也是未来发展趋势。探索资源化利用，是垃圾科学化处理、提升垃圾附加价值的有效途径，也是未来真正实现垃圾无害化的重要路径。未来需要以"政府主导、市场化运作"的模式积极探索垃圾燃料、餐厨垃圾细化分类和集中利用等新兴生活垃圾资源化利用项目。

五、浙江省生活垃圾焚烧处理模式构建的保障措施

为确保浙江省生活垃圾焚烧处理模式的有效运行，需要相应环境的支撑，以及体制与机制的建立。这需要我们从舆论宣传、组织保证、制度建设方面进行全面与系统

的思考。

（一）推进媒体客观公正地报道垃圾焚烧事项，正面引导民众对垃圾焚烧的态度与观念，使民众对垃圾焚烧有理性的认识

即使目前的垃圾焚烧技术完全可以保证焚烧产生的尾气不会对人体产生危害，但是在垃圾焚烧厂建设问题方面，民众依然在意识上十分反对。由于部分民众反对垃圾焚烧的声音占支配地位，在大众媒介的参与下，"沉默的螺旋"困境已经形成。垃圾治理是一项系统工程，需要坚持政府主导力、企业主体力、市场配置力、社会协同力和媒体传播力"五力合一"。垃圾焚烧需要政府的大力推动，需要参与企业的努力、自律与责任感，更需要舆论的正确引导，以及公众的理解与认可。政府应勇于担当，要求媒体客观公正报道垃圾焚烧事项，不回避、不隐藏，让民众逐渐意识到，垃圾焚烧厂的建设不是对生活环境有害的工业工程，而是面临"垃圾围城"严峻形势下势在必行的举措。在舆论宣传方面，媒体应该坚守职业道德，主流媒体更应加强正面宣传，营造积极正面的舆论导向，使民众对垃圾焚烧形成理性的认识和价值判断。

（二）在省政府层面建立协调机制，并将垃圾处置作为考核政府领导绩效的重要内容之一，以推动生活垃圾焚烧处置工作的顺利开展

垃圾问题是一个关系民生安危、社会稳定和环境友好的公益基础性事业，处置效果直接关乎社会稳定。政府应该对垃圾处置负主要责任，勇于承担垃圾处置重任，垃圾处置应成为"一把手"工程。主要领导要思想上高度重视，行动上审慎对待垃圾处置问题，担当主协调人的角色。垃圾焚烧处理项目的建设和运营，以及污染综合治理目标完成情况，需要与各级领导政绩考核有效挂钩，纳入考核评分体系，下级主要领导要定期向上级汇报本县（市），垃圾处理状况及进展。省、市级分别组建垃圾处置工作推进领导小组，从上到下形成一个负责机制，主管领导下面的各部门严格执行，层层推进，保证垃圾焚烧处理各个流程环环相扣、责任到人。

（三）积极做好垃圾量的预测工作，超前规划、科学规划垃圾处置问题，涉及城乡统筹、县（市）之间统筹的，要建立相应的协调机构及协调机制，并积极推进静脉园区的建设

城镇化的快速推进，尤其"五水共治"和"两美浙江"建设以来，浙江省垃圾总量激增，使得垃圾处理设施"供不应求"，各市垃圾填埋场超负荷运行成为常态。"垃圾围城"的困境告诉我们，对于垃圾处置一定要超前规划，政府相关部门应该做好垃圾量预测，科学、长远地规划垃圾处置，不是拆东墙补西墙，而是与垃圾进行一场持久战，主动应对垃圾对城市建设的挑战。垃圾处置设施的科学规划涉及城乡统筹和区域协调。

为实现生活垃圾处理的规模效应和范围经济,城乡一体、县域统筹、区域协调是今后的发展趋势。人口少、垃圾量相对小的县级市应打破行政区划的限制,实现县域统筹和区域协调的垃圾合作治理。人口多、经济相对发达、垃圾量大的大城市,应实现生活垃圾焚烧发电项目由传统的小型化、分散化向园区化、集中化、规模化发展。此外,应积极推进静脉产业园建设,借鉴江苏吴中静脉产业园经验,打造以生活垃圾焚烧项目为核心,危险废物处理、渗滤液处理、医疗废物处理、餐厨垃圾处理、飞灰制水泥厂、炉渣制砖厂等相结合,一体化的固废处置静脉产业园区,在实现规模效益的基础上进一步提高资源利用率。

(四)完善生活垃圾焚烧项目的审批制度,优化公示流程,审批制度与公示流程可适当区分改建项目与新建项目

生活垃圾焚烧项目是与人民群众息息相关的重大民生工程,从立项、环评、审批到公示都应该透明化,但并不意味着这一流程应该复杂化。目前全省范围内,生活垃圾焚烧项目建设的流程不甚合理,程序上存在冗杂和不当,亟须优化。政府相关部门应进一步完善生活垃圾焚烧项目的审批制度,为生活垃圾处置设施建设开设绿色通道,优化公示流程,缩短审批时限,推动项目实施日程。此外,对于新建项目与旧址改造项目应该予以区分,审批制度与公示流程上不可以一刀切,否则将会阻碍生活垃圾处置设施在原址上的提标改造和扩建扩容。同时,全省范围内应该尽快出台生活垃圾处置定价的规范机制和实施办法,抓紧淘汰落后的老办法,形成生活垃圾处理费的征收与使用的管理办法,合理设置生活垃圾处置收费水平,出台配套政策。

(五)明确不同政府职能部门的监管职责,追究监管不作为、不到位部门的责任,并制定驻厂监管以及第三方监管的制度与办法

针对目前监管体系混乱的现状,政府要抓紧制定生活垃圾处理设施运营监管办法,明确不同职能部门的监管职责,追究监管不作为、不到位部门的责任,积极稳妥推进生活垃圾处理设施的日常维护管理。创新监管体制和方法,制定驻场监管和第三方监管的制度和办法,实现政府监管与社会监管相结合,技术监管与市场监管相结合,运行过程监管和污染排放监管相结合。建立健全生活垃圾处理企业污染排放日常监测制度,新建生活垃圾焚烧设施必须安装自动监测系统和超标报警装置,每年委托有资质单位对二噁英排放情况进行不定期检测。

(作者简介:蔡宁,浙江省公共政策研究院副院长,浙江大学公共管理学院教授;姜志华,浙江大学公共管理学院博士研究生;王节祥,浙江大学公共管理学院博士研究生;袁燕、崔晋、孙杨涛,浙江大学公共管理学院硕士研究生。)

国际视野

作者

徐 林

超前治理：新加坡的城市管理理念

内容提要：综合国内外学者有关城市管理内涵的阐述，将城市管理的职责界定为城市政府为城市居民所提供的软、硬两方面的公共服务，即城市公共空间的规划和管理、公共基础设施的建设和维护、社区建设和管理，以及基本社会服务供给。城市公众对公共服务的需求及其变化、城市社会经济与技术发展等环境因素，以及公共管理理论演进所引领的城市政府治理机制建设，是驱动城市管理制度变迁的三个维度。新加坡"超前治理"的城市管理理念以居民需求为导向、技术革新为手段、公共管理的理论发展为引导，并建构在其特殊的社会、经济、政治和文化环境之上。

关键词：超前治理；城市管理；体制机制

一、引 言

城市不仅是一个国家或者地区的政治、经济、文化、科技和教育中心，同时也是经济增长的引擎，城市的兴衰关乎国家的兴衰，城市的发展关乎国家的发展。然而，高速城市化对于一个城市，乃至一个国家，既是千载难逢的历史机遇，又是严峻的挑战，尤其是对发展中国家而言。诸如城市生态环境建设和污染控制，城市历史文化资源的保护，城市硬软件设施建设，城市产业结构调整与布局，城市规划、建设和管理相互之间的衔接，城市人口迅速增加带来的住房建设、垃圾处理、交通拥堵、教育资源配置和就业等问题，城市贫困人口增加带来的社会管理困境，以及城市政府治理机制转变等，这些不断出现的问题制约着城市的进一步发展，也考量着城市政府的管理水平。

作为发展中国家，目前我国很多城市正面临着或者将要面临上述这些问题,各地城市政府也不断探求着城市管理体制和机制的创新,希望能够破解诸多的城市发展困境。如 2004 年北京市东城区率先试行"网格化"城市管理,接着北京市朝阳区、扬州市、厦门市、贵阳市等地先后引入了这一管理模式。目前,这一模式已经形成了"一级指挥、两级监督、三级管理"的城市管理体系,实现了"分工明确、责任清晰、处置及时、无缝覆盖的'大城管'格局";2007 年,深圳市集中了工商、规划、环保、水务、卫生等部门的部分行政处罚权,借助数字化城市管理平台,形成了以综合执法为特色的城市管理模式;2009 年 2 月,南京市成立了由市长任主任,分管副市长担任副主任的城市管理委员会,成员单位包括 23 个市级相关部门和各区县政府,市城管委下设城管办,协调全市的城市管理工作,主任由分管副市长兼任,城管办又下设 10 个小组,执行具体工作,"南京模式"体现了"权威、综合、统一、协调"的特点。

然而,这些被冠以"某某模式"的城市管理体制看似各不相同,但是细究起来,"创新"不外乎两个方面:

1. 管理机构调整

成立一个市领导挂帅的协调机构,即城市管理委员会(简称城管委),综合协调分散于各个职能部门的管理职责,体现领导重视。然而,这种"大城管"模式除了进行机构上简单重组以外,没有对具体的管理边界、管理方式、管理机制作相应改革,实行了一段时间后收效甚微,并未从根本上改变当前城市管理的困境,因此,一直以来备受争议,以至于广东省委省政府 2014 年 7 月批准东莞市终结"大城管"模式,重回"谁审批、谁监管"的老路。

2. 建立一个高科技数字管理平台

将城市划分成"万米网格单元",形成"全地域覆盖、全时空监控、全过程管理"的数字城管,然而,这一高科技的管理方式仅仅停留在"数据库建设、公共信息平台建设以及应用系统开发"等硬性的指标方面,法律规范、管理流程再造、人才建设等"软"的问题远未涉及。正如住房城乡建设部原副部长仇保兴所评价的:重平台建设、轻管理跟进;重硬件建设、轻实用效果;重新建扩建、轻资源整合,即"三重三轻"。因此,目前的数字城管根本没有触及"那些更深层面的结构和秩序,比如说权力关系、政治关系和监督程序",只是"以一种提高效率和能力同时维持现状的方式,将信息系统纳入现行的轨道"(简·芳汀,2010:18)。

之所以在城市管理领域出现这样的乱象,究其原因,是目前我国的城市政府没有对城市管理的内涵进行比较深刻的解读①,对城市管理体制演进的历史脉络也缺乏足够的了解,因此,在分享新加坡的城市管理经验之前,本文有必要先厘清城市管理的概念,以及推动新加坡城市管理机制创新的内在驱动力。

---

① 对城市管理内涵的认识模糊,是城市管理理论研究和实践发展的潜在障碍。

二、城市管理的概念辨析

1. 西方学者对城市管理概念的争论

西方学者对城市管理内涵的理论探索可以追溯到 20 世纪 70 年代至 80 年代。早期的一些学者认为,城市管理只是拥有可分配资源的城市管理机构和需要资源的城市基层社区之间的"中介",因此,所谓的"城市管理根本就不是一个理论,甚至谈不上是一个普遍认同的观点,它只是一个研究的框架",从实践来看,城市管理"与城市内部的权力关系、城市的特性以及城市的经济社会结构之间有着明确的关系"(Williams, 1978),城市管理的目标就是"提供基础设施和服务",在"权力行使的过程中,哪些人拥有执行权就是非常核心的问题"(Leonard,1982)。按照这一观点,"委员会制"、"市长—议会制"、"议会—经理制"等形式的市政管理结构在本质上都是对市政权力的不同分割。

随着城市的发展,城市政府的职能也发生了相应的变化。到了 20 世纪 90 年代,西方学术界对城市管理的内涵进行了激烈的争论(Stren,1993;Mattingly,1994;McGill,1998),然而一直没有取得共识(Werna,1995;Obeng-Odoom,2012)。在这一轮的辩论中,西方学者对城市管理的内涵有了一个大体的认识,即城市管理至少应该包括这几个方面:①城市政府的规划能力[1],尤其要考虑到"规划的动态性"(Clarke,1992);②城市的公共基础设施建设和维护,如道路交通设施、污水处理设施、供水设施、供电设施、城市卫生设施、住房建设、棚户区(squatter settlement)改造以及维修翻新等(McGill,2001);③一些关乎城市居民生活品质的基本的公共服务供给,如基础教育和医疗服务、环境保护、城市家庭福利的增长等(Steinberg,1991;McGill,1998)。一些实践部门也参与到讨论中,如世界银行都市和城市管理项目认为:城市管理应包括的关键内容是政府财政、城市竞争力、提升城市对私营部门投资的吸引力、提升就业率、更高效地提供公共服务、环境保护等[2];联合国城市管理项目认为,城市管理的主要任务是制定城市发展战略规划,建立城市各参与主体间的合作伙伴关系,提供公共服务等。[3] 而在基础设施的建设过程中,技术和工程项目投入是非常重要的,并且随着现代科技的发展,信息技术对于城市规划和城市管理的重要性日益凸显(Chakra-

---

[1] 规划能力是城市管理的重要职责,至今仍然备受城市管理的研究者重视,如 Nuissl 和 Heinrichs(2011)就尤其强调城市的空间规划。

[2] 参见:Meine Pieter van Dijk. Urban Management Make Cities More Competitive, But Requires Capacity Building[EB/OL]. http://www.urbanicity.org/FullDoc.asp? ID=382.

[3] 参见:United Nations Human Settlement Programme[EB/OL]. http://www.unhabitat.org/categories.asp? cated=374.

barty,1998),更进一步,城市管理的思想和理念也是不断更新的,这种更新是伴随着公共管理研究范式的演进而进行的(Werna,1995)。

有些学者从评估城市管理绩效的角度阐释了城市管理的内涵,其中 Davey(1993)的论述比较全面,他认为评估一个城市的绩效应从以下六个方面着手:①技术能力:拥有基础设施投资的选择、设计和执行能力,同时也包括后续的运营和维护方面的能力;②资源利用效率:即在人力、物力和财力使用上具有效率,这种效率是通过预算、项目评估、人事管理以及程序执行获得;③财政的可变性:这种可变性建基于积极的税收基础的开发和正确的财务管理;④对城市不断增长的需求的回应性:有能力提前(至少同步)为城市的发展和服务作出规划;⑤关注城市的贫民:通过干预来提升城市贫民获得住所、基本服务和就业的机会;⑥环境保护:通过提供公共服务以及规制私人部门来达致。在 Davey 的视野中,城市政府的运行管理能力和财务能力也属于城市管理的范畴,之所以如此,是因为城市管理的推动力主要来自强力的地方政府或城市政府,为保证城市规划和基础设施的有效性,政府的职能建设和财务能力是城市管理工作得以顺利推进的重要保障(McGill,1994,1998)。Davey 的六个指标中提到了城市政府需要回应城市居民的需求,提前规划城市发展和服务,而这已经成为当前城市管理和城市政府关注的重要内容。

20 世纪 80 年代开始,随着新公共管理运动的兴起,各类非政府组织和志愿者在城市公共服务递送中的地位不断显现,学者们开始批评政府部门对基础设施和公共服务的垄断。一些学者认为城市管理要"吸引私人部门参与公共产品的供给,政府和私人部门结成伙伴关系,相互合作共同提供公共服务,以提升服务效率"(Davey,1993;Warner & Hefet,2008)。但是,政府需要制定并实施一系列的规则(正式制度),为这些互动行为"确立正规化的基础"(Kooiman,2003:4;罗西瑙,2001:2),尤其是在公私合作过程中,对于合同的管理非常重要(Levin & Tadelis,2010;Hefetz & Warner,2011),以"降低参与主体之间达成合意契约的成本"(Greif,1994)。

城市管理工作是一个整体性的概念,涉及城市政府的各个部门,因此,有效的城市管理需要跨部门的合作,需要全面提升城市政府机构和非政府组织的能力,协调和整合国家层面和地方层面城市管理机构的行动,动员城市的资源,提高投资效率,降低运行成本。由此,城市管理的内涵大大丰富了,不仅包括城市管理机制的设计与运行(Stren,1993;McGill,2001),也涉及城市管理者递送服务的方式(McGill,1998;Chakrabarty,1998),换言之,引入第三部门、构建城市管理的参与机制也成为城市管理的内涵之一。在此基础上,McGill(1998)提出城市管理必须要涉及以下主题:①谁是城市管理的推动力量?政府还是城市建设过程中的所有参与者?②城市管理的机构建设,要解决部门利益和城市管理跨部门、综合性的特点之间的冲突,确保职能机构与城市管理的战略议题相匹配。③要解决城市战略规划和城市日常经营活动之间的矛盾。其中的第一条就是参与问题。

随着治理理论的发展,"城市治理"的概念悄然兴起,西方学者对城市治理的内涵展开了讨论,Harpham 和 Boateng(1997)强调了厘清城市治理内涵的重要性,并梳理了四个维度,即技术、政治、机制和文化,来考察城市是否达到善治。拉比诺维奇(Jonas Rabinovich)对比了"城市管理"与"城市治理"的概念,认为传统的单一主体的城市管理必然走向主体多元的、更具回应性的"城市治理"[①],分权(decentralisation)、企业主义(entrepreneurialism)和民主化(democratisation)三个维度构成了城市是否达到善治的评估标准(Obeng-Odoom,2012)。可见,"协调、整合公共和私人部门的所有行动"[②]已经成为城市管理的主要职责之一。如在非政府组织高度发达的美国,州政府和地方政府与非营利组织的伙伴关系已经成为非政府组织发展的重要因素(Van & David,2003;Marvel & Howard,2008),非政府组织也会因合并、联盟或者吸纳而与地方政府组织合作(Malatesta & Smith,2014)。城市的治理时代使得"城市间竞争日趋激烈,从福利国家模式走向经济发展模式的城市更像是城市企业家","城市为吸引投资而发展富有地域特色的区域文化",治理强调分权,使"城市与国家之间的关联度减弱",城市政府更多地"寻求与跨界组织的合作,不仅跨城市边界,还可能跨越省界,甚至是跨国界的组织"(Kearns & Paddison,2000)。这种合作治理或者说"参与式治理"(Baiocchi,2003)"以平等主体的自愿行为打破了公众参与政府过程中的中心主义结构","不仅拒绝统治型的集权主义的政府中心主义取向,也不赞成旨在稀释集权的民主参与型的政府中心主义取向"(张康之,2008)。可见,城市治理涉及多层次的互动,为地方政府服务的创新提供了机会,私人部门、志愿组织和社区广泛参与公共服务供给,这同样考验着政府的监管能力。

2. 我国学者对城市管理内涵的认识

我国城市管理实践起步较晚,因此,国内学者对城市管理的研究也比西方学者稍晚,总体而言,学界对城市管理的关注兴起于 21 世纪初。表 1 和图 1 是 1990—2014年我国学界关于城市管理研究的文献数量。表中数据来源于万方数据(包括期刊论文、学位论文和会议论文),检索方式为分别按照关键词和主题为"城市管理"进行检索。

---

① 参见:Jonas Rabinovich. From Urban Management to Urban Governance Towards a Strategy for the New Millenium. [EB/OL] http://www. Urbanicity. org/FullDoc. asp? ID=314.
② 转引自:张国庆."十一五"期间北京城市管理的观念、体制、机制研究[M]. 北京:北京大学出版社,2010:7.

表 1   1990—2014 年我国学界关于城市管理研究的文献数量   （单位：篇）

年　份	按关键词	按主题	年　份	按关键词	按主题	年　份	按关键词	按主题
1990	1	1	1999	14	26	2008	263	869
1991	0	0	2000	12	59	2009	247	971
1992	1	2	2001	23	174	2010	234	974
1993	2	2	2002	39	211	2011	409	1177
1994	2	3	2003	45	254	2012	419	1316
1995	2	2	2004	69	347	2013	240	1327
1996	2	4	2005	114	442	2014	204	1092
1997	2	4	2006	171	667			
1998	5	13	2007	215	745			

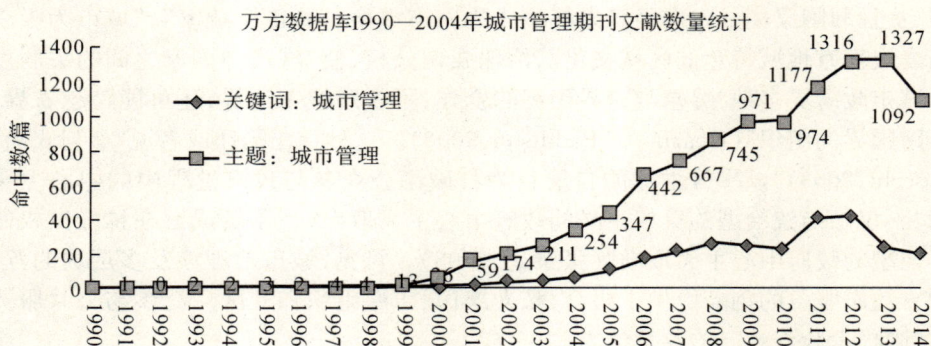

万方数据库1990—2004年城市管理期刊文献数量统计

图 1   1990—2014 年我国学界关于城市管理研究的文献数量变化趋势

从文献中可以看出，我国自 20 世纪 90 年代末以来，掀起了城市管理研究的热潮，近年来相关研究的文献数量有所下降。这些文献大部分探索我国的城市管理机制(或者称之为"城市管理模式")，也有少部分涉及城市管理的内涵。在 2000 年至 2010 年期间，我国很多高校相继成立了公共管理学院，加强了公共管理学科建设和公共管理理论的研究。西方国家公共管理理论的成果被大量介绍到我国，如新公共管理理论和治理理论差不多在同一时期引入我国，这一方面加快了我国学术界与国际的接轨，另一方面也使得一些学者对"城市管理"和"城市治理"的概念和术语在使用上没有作严格的区分，常常是二者并用。

在《中国城市管理新论》一书中，饶会林、郭鸿懋和王明浩(2003)概括了城市管理的"四大服务"和"五大职能"，"四大服务"分别是城市基础设施建设与服务、与企事业发展相关的综合服务、与居民生活相关的综合服务以及城市科学文化普及教育服务等,"五大职能"分别是导引、规范、治理、服务和经营等。可见,他们对城市管理的内涵界定是非常宽泛的,不仅涉及城市的建设和服务,还涉及城市的经营活动。可以理解为城市政府应该对城市行政辖区内一切人、事、物进行管理,包括政治、经济、社会、文化等各个领域(周坤、翟宝辉,2010)。持类似观点的学者还有高梅生(2007)、陈强和尤建新(2008)、连玉明(2009)与张国庆(2010)等,他们都认为城市管理是对城市发展和人居环境所进行的控制和治理活动的总称,是城市政府与公民、第三方机构、企业组织等构成的多元城市主体一起,综合运用行政、经济、法律和教育等手段对市政、民政、财政、行政等四个方面等进行管理,或言之,城市管理是对城市的公共事业、公用设施、公共事务等城市设施以及经济、社会和文化等方面进行全面的综合性管理,最终目的是满足城市的社会和经济发展需求,改善居民生活质量,提高城市的公共福利水平。

鉴于城市管理实际运行情况,一些学者并不赞同将城市管理职责界定得如此宽泛,认为这些在基础设施平台上开展的政治、经济、社会、文化活动是城市的衍生功能,都有专门的管理部门,因而不应再纳入城市管理范畴。正如住建部政策研究中心城市建设与管理研究处处长翟宝辉所说,"城市管理应该有所为有所不为,不是什么都要管",城市管理主要是维持基础功能的正常发挥,保证城市公共空间有序协调。中国城市管理体制及其机制研究课题组也认为,"城管应当管也只能管城市基础功能和城市公共空间,而衍生功能即人类各种政治、经济、社会活动,则不应当由城管去管理"。

有些学者更关注城市管理的公共服务性,认为提供公共服务是"城市最基本的特征"(姜杰、邬松、张鑫,2012)。金南顺(2005)进一步提出城市公共服务有三个基本问题,依照逻辑顺序依次为:为谁服务,是什么服务,以及如何服务,并得出结论:①城市公共服务应更加关注普通市民;②服务内容应根据城市的具体条件和市民的实际需求而调整;③城市政府应致力于为市民提供无缝隙的、市民满意的公共服务。

综上所述,国内学者对城市管理内涵的诠释基本上可以概括为广义和狭义两种。狭义的城市管理包括环卫、园林、绿化、城监等管理与控制活动,广义的城市管理是指按照城市市场经济规律,城市政府进行的城市资本营运、城市经营、城市整体运作等经营管理活动,即把城市当作企业那样去经营(王为一,2002)。张小明、曾凡飞(2010)对城市管理三个层面的划分正好契合了广义和狭义的城市管理:第一个层面是市政、园林、环卫、绿化等日常的城市管理,基本上就是"小城管"(狭义城管)的职责;二是社区建设、社会管理;三是开发、经营和发展城市经济,即广义城管。

3. 对城市管理内涵的界定

根据国内外学者对城市管理内涵的研究,本文认为城市管理可以界定为城市政府为城市居民所提供的软、硬两方面的公共服务,具体包括四个方面:①城市公共空间的规划和管理;②城市公共基础设施的建设和维护;③城市的社区建设和管理;④城市基本的社会服务供给,包括社会福利、健康和安全等。

城市管理涉及两个方面的问题：①城市政府的管理机制和职能范围，即城市政府的机构建设。因此，城市管理的职能是有边界的，不是什么都管，本文称之为"城市管理的职能边界"。②城市公共服务的递送形式是多样化的，并非政府垄断，当前更加强调政府和社会的合作共治，而且社会能够承担的职能尽量交给社会，政府减少干预。也就是说，在城市管理过程中，政府和社会之间是有权力边界的，本文称之为"城市管理的权力边界"。

三、城市管理制度变迁的驱动因素

基于城市管理的内涵和国内外文献，本文认为至少三个变量构成了驱动城市管理制度变迁的基本维度。首先，城市管理既然是城市政府提供的软硬件服务，那么城市公众对公共服务的需求及其变化就必然是维度之一，它影响着城市政府的政策取向；其次，城市社会、经济环境因素对于城市社区建设与管理的模式和服务递送的方式有着重要的影响，而技术发展则对城市基础设施建设和城市管理创新有着决定性的作用；再次，公共管理理论发展（或称之为研究范式的改进）引领城市政府治理机制和社区治理模式的变迁。

1. 公众的需求

城市管理是城市政府提供的公共服务，而公众的需求就是驱动城市公共服务递送方式（或言之"城市管理模式"）和城市公共服务的内容（也就是"城市管理内涵"）变迁的重要因素，为了保证服务递送的质量（或言之"城市管理的绩效"），城市政府就应该确保对公众需求的回应性和公众的参与程度。这种回应性表现为服务提供者积极面对服务对象提出的要求，然后采取果断的行动提高相关信息的传递速度和精确度。[①]只有提升公共服务的回应性和公众在政策制定与执行过程中的参与程度，才能提高公众对城市服务的满意度，"增强政策合法性的机会"（Neshkova，2014），增加城市公众对城市政府的信任度，减少城市执行过程中的对抗性。

2. 社会、经济与技术环境

城市的社会、经济和技术环境对城市的发展有着重要影响，"有效的城市增长的制度框架不仅依赖于城市的管理、城市管理者的政策与动机，也依赖于城市运行的经济、政治、社会环境三个要素以及这三个要素的相互作用"（Davey，1993）。随着政府从管控型社会治理模式跨入服务型社会治理模式，城市治理也更加注重治理主体多元化、手段多样化。这就意味着城市政府、市场与社会等多主体之间的"合作治理"，以新的

---

① 回应性也是民主社会的政府公共机构必须保持的一种非常重要的价值（丁煌，2005：383）。

方式互动,应付日益增长的城市社会及其政策议题或问题的复杂性、多样性和动态性(Ansell & Alison,2007;Emerson,2012)。近年来,技术发展对城市管理模式等产生了越来越显著的影响,技术不仅体现在工程科技水平上,还体现在电子信息技术的发展上,新兴技术促进了城市管理手段的创新,电子政务、数字城管和智慧城市等管理方式或者概念,都是伴随着信息技术的发展而产生的。

3. 公共管理理论的演进

公共管理理论的发展或演进给政府管理机制变革提供了理论依据。随着治理理论的兴起,打破政府在公共服务递送过程中垄断地位的呼声渐高。治理理论强调政府让渡权力于社会,更多地由非政府部门来承担公共服务的递送服务;治理理论更加强调社会参与,试图借助特定的社会组织形式内在的结构性力量进行总体性的协调,使相关社会主体"体会到这种组织形式的好处,并对他们的义务的性质和权利的范围形成明确的和切合实际的概念"①,并将这种参与热情转化成现实的、有秩序的自觉行动。新近的网络组织理论更加强调公共部门、私人部门通过合作与契约共同为公众提供服务,这一方面意味着公共服务供给的分权化和去中心化,另一方面也需要政府部门提升网络的管理能力(Provan & Lemaire,2012)。

四、超前治理:新加坡的城市管理理念

新加坡 1965 年建国时人口大约只有 180 万,随着城市的快速发展,人口急剧膨胀,到 2014 年人口接近 550 万,预计 2030 年可能达到 690 万。在发展过程中,新加坡也曾面临着上述"城市病"问题的困扰:城市人口激增导致住房短缺,大部分人只能住在棚屋中,只有 9% 的人能住上像样的房子;城市污染严重,美丽的新加坡河一度成为一条"臭水沟";就业不足,街头小贩泛滥,其无序经营使得城市垃圾遍地、污水横流;多种族人群杂居,民族冲突不断发生等。但是新加坡政府很好地解决了这些问题,将这座建国之初不被看好的城市国家建设成为经济高度发达、国民安居乐业、种族和谐、社会治安良好、环境优美的花园城市国家,新加坡的城市发展和治理政策备受各国政要和学者推崇,成为国际上很多城市效仿的典范。

新加坡政府在城市管理过程中不是对这些因素被动适应,而是根据发展的趋势提前规划、提前设计、提前布局,体现了"超前治理"的思想,图 2 是这一思想的整体框架。

1. 新加坡城市治理理念的驱动因素

新加坡的城市管理充分体现了三个维度,即公众需求、技术变革、公共管理理论演

---

① 参见:托克维尔.论美国的民主[M].董国良,译.北京:商务印书馆,1988;转引自张兆曙.城市议题与社会复合主体的联合治理——对杭州 3 种城市治理实践的组织分析[J].管理世界,2010(2):46-59。

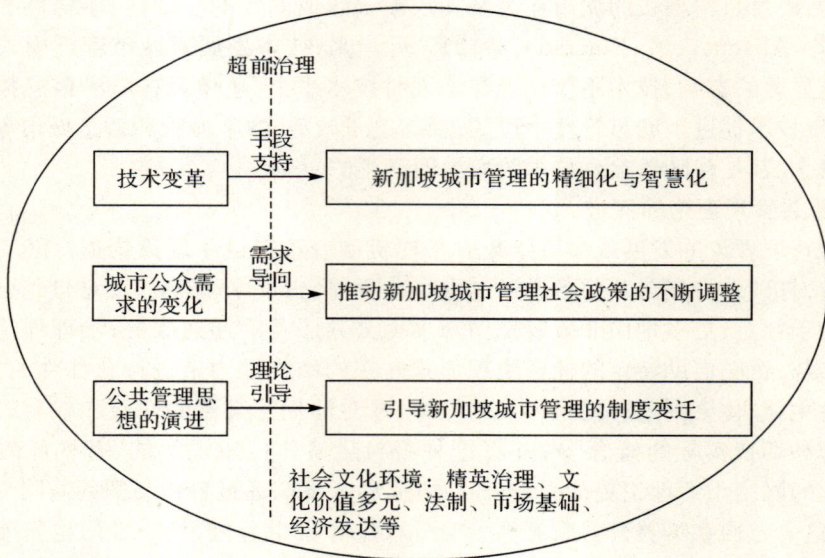

图 2 新加坡城市管理的"超前治理"框架

进等诸要素的综合作用。

首先,公众需求是新加坡政府制定和调整城市政策的方向标。为了使政府更好地了解民意,在"政府与人们之间建立起一道有效的双向沟通桥梁,从而缩小政、民之间的距离",新加坡政府通过购买服务的方式聘请多家调查公司帮助政府了解民众需求。其中著名的公司有:Forbe 调查公司,主要服务于警务部门;NUH Research(新加坡国立大学健康研究)调查,主要服务领域是公众健康;IPSOS 调查,主要了解中小企业(SME)的发展与需求;还有 Nielson、Mediacorp 等相对综合性的调查公司。这些调查机构已经成为政府的"眼睛"和"耳朵",助力政府的公共政策供给能够与居民的当前和未来需求相一致。政府根据调查反馈,第一时间了解居民的需求,精英领导层根据居民需求的特点和变化趋势作出预测,提前预判,并设计和制定相应的政策。在政策的制定过程中,政府也会多次召开民意咨询会,了解公众对现行政策和未来可能实行的政策的反馈意见。

其次,新加坡的城市管理政策体现了公共管理理论的最新进展。新加坡是典型的精英管理型国家,政府部长和重要骨干成员大都毕业于西方发达国家名校,对公共管理理论的研究比较深入,其政策制定和执行充分体现了公共管理理论的新发展。其一,新加坡建构了一套政府主导、社会组织和志愿者广泛参与的社区治理模式。新加坡的社区治理是典型的"政府主导下的居民自治模式",政府起着引导和规范的作用,而社区治理则依靠社区社会组织和志愿者的广泛参与,实现"自我管理、自我发展和自我教育"。其二,政府大量地向私营机构或者社会组织购买服务来实现城市公共服务的供给,如政府部门建屋发展局(HDB)主导的公共住房建设(DBSS模式的公共住房)非常注重吸引社会资本参与,面向2030年的"sky-land"规划本身就建立在政府、私人组织和居民共同参与的基础之上。这些治理理念都充分体现了城市治理理论思想的新发展。

再次,新加坡的城市管理体现了科学技术的新发展。新加坡著名的"新生水"工程、环境治理以及"智慧城市"建设等都体现了高科技和现代工程技术的进步,政府管理的思想和手段也随着高科技的发展而不断调适。IBM给出了智慧城市基本特征的界定:全面物联、充分整合、激励创新、协同运作等四方面。即智能传感设备将城市公共设施物联成网,物联网与互联网系统完全对接融合,政府、企业在智慧基础设施之上进行科技和业务的创新应用,城市的各个关键系统和参与者和谐高效地协作。[1] 发展智慧城市被很多学者公认为是促进城市社会经济发展,实现资源环境相协调,提高城镇化质量,缓解"大城市病"的重要手段。

然而,"当我们试着建立虚拟政府的时候,为了政府和经济而进行信息基础设施投资,最困难的不是硬件,而是软件和制度建设"(简·芳汀,2010:67),"因特网尽管为大幅度改善跨组织的传播提供了可能,但是这些好处只有内嵌在合适的认知、文化、社会和正式的规范、规则、关系中,才可能得到实现"(简·芳汀,2010:88),因此,智慧城市建设不应该仅仅强调物联网、云计算等新一代信息技术的应用,而应该更加突出以人为本和用户参与,智慧城市应该是一个开放的系统,其特征表现为"全面透彻的感知、宽带泛在的互联、智能融合的应用以及以人为本的可持续创新"[2]。新加坡的智慧城市建设远远不是普及计算机拥有率或者敷设几条光缆那么简单,也不是当前我国部分城市热衷的"万米网格"数字城管,它更是一种理念上的重构,是一种城市治理机制的升华;它基于知识社会的发展搭建一个协同、开放的平台,实现城市管理的精细化;它整合软硬件资源,立足长远,满足城市居民新的、未来不断出现的需求。

2. 新加坡建构超前治理理念的基础条件

新加坡独特的社会文化环境支撑着"超前治理"的城市管理思想,具体体现在以下几个方面:

(1)精英治理:政治精英将公共管理理论的新进展及时与新加坡的城市治理实践相结合,同时确保对公众需求回应渠道的畅通性。虽然新加坡在制度上比较倾向于西方体制,但是很多具体的政策执行体现了不同于大众民主的精英管理。这是因为建国

---

① 参见 IBM 公司的报告:《智慧城市在中国》白皮书.
② 参见:创新 2.0 视野下的智慧城市[EB/OL].(2013-02-06),联合国公共管理网络.

之初,面临着资源严重短缺,"人们还是更愿意将资源控制的权力交付给一个自上而下的权威机构,以此限制人们的资源使用行为"(Tyler & Degoey,1995),一个强有力的精英政府更可能带领国民走上更快的发展道路。因此,李光耀在建国之初就确立了"精英治国",即由最优秀的人才来领导国家的治国方略。

现任总理李显龙关于良治"四信条"的第一条就是:"领导是关键。我们需要能作正确决定,而未必是讨人欢心的决策的领导人。我们需要具备道德勇气和正直的领导人,承认并纠正过去的错误,同时明辨哪些政策已经过时,需要改变。这正是为什么我们尽力确保公共服务系统延揽全国部分最优秀人才。我们要求在公共服务里有优秀领导人和能干的公务员,推动我们的招聘、事业发展和报酬制度。"[①]国际机构Ketchum 在 2011 年对新加坡、美国、英国、法国、中国等 12 个国家的 3759 人进行网络调查,调查内容为受访者对本国政治、商业和宗教界领袖的评价。结果显示,新加坡居民对政界领导人的满意度很高,认为这些领导人在处理国际或者国内事务时展现出有效的领导素质。最受新加坡人重视的领导才干有:能够冷静应对危机(68%)、以身作则(66%)、以公开透明的方式与民众沟通(65%)、能够清楚勾画出长期愿景(63%)[②]。新加坡正是因为有这些"优秀强悍的领袖当政",才可以管理得很好。

为了保证政府不脱离公众,除了上述的那些调查公司,新加坡政府还有自己的民意收集机构。1985 年 4 月 15 日,在时任国务资政的吴作栋的推动下,新加坡设立了民意处理组,使之成为"新加坡人讨论的平台,从中了解重大政策,提问、提出建议,并参与制定解决方案",当然这并不意味着精英治理的新加坡会在制定每一项政策前都会咨询民众的意见,"或是在制定政策时走讨好民众的路线",小组的重要责任是"聆听和讲解"(民意处理组,2006:9-11),"小到个人投诉,大到民众对政策的意见"(民意处理组,2006:63),民意处理组都会仔细听。一方面听取民众对社会问题和国家政策的意见,以便迅速回应民众的诉求,并对现行政策作出适当调整,另一方面向民众解释、解读政策,增进其对公共政策的理解。民意处理组获得民意的渠道主要有:对话会、人民论坛(people's forum)、茶会、公共论坛(public forum)、民意调查(surveys and polls)、公共咨询网站以及出版刊物等,收集到的意见从 1985 年的 1527 个增加到 2005 年的 5380 个。对话会一直是民意收集的最重要的方式,民意处理组举办的每次

---

① 转引自:吴元华. 新加坡的良治和民主[M]∥吕元礼,陈家喜. 新加坡研究. 北京:社会科学文献出版社,2014:17。为了延揽和留住优秀人才,与其他发达国家公务员的薪金相比,新加坡公务员的薪金几乎是最高的。新加坡部长的薪金确定是这样的:选定银行家、会计师、工程师、律师、本地企业和跨国公司的执业人员为参照对象,在这 6 个专业中,各找出收入最高的 4 人,部长薪金就是他们平均收入的 2/3;政府高级公务员的薪金确定也有相应的标准,选取 6 个专业中年龄在 32 岁的专业人士,各找出收入排名在第 15 位的人,以他们收入的平均值作为高级公务员的收入标准,而且薪金每 5 年调整一次(张建立,2006:63-65)。

② 参见:联合早报,2012-03-21.

对话会都会邀请多名基层领袖,并安排不同种族、行业、年龄的人参加,以反映不同阶层的民众的意见,举办次数也从1986年的不到20场增加到2005年的48场。

(2)经济发达且自由度高:新加坡市场经济高度发达,2013年人均GDP为54775美元,居世界第八位。[1] 根据美国传统基金会与《华尔街日报》2013年的"经济自由度指数"排名,新加坡仅次于中国香港,居世界第2位。2014年标准普尔对新加坡的主权债信评级为长期"AAA"、短期"A-1＋",显示了该国"财政和外部状况全面强势、决策有力而且政治稳定"。这些都大大吸引了国外资本进入新加坡,尤其是金融资本的进入使新加坡成为全球金融中心。

(3)法制:新加坡具有完备的法律体系,"严密的法网覆盖了社会经济的各个方面"(孔庆山,2012:118)。新加坡以严刑峻法闻名于世,至今仍然保留着鞭刑和绞刑等残酷刑罚。[2] 鞭刑不仅适用于重罪者,有些轻罪者也难逃此刑,如《破坏法》规定对涂鸦、乱贴海报者适用鞭刑。[3] 轻罪重罚的做法反映了新加坡功利的立法原则,即"既然无法对所有的轻微犯罪者处以刑罚,只对被发现的轻微犯罪者施以重刑,相对于发现所有轻微犯罪者来说,更有效益"(潘光政,2014)。

新加坡被世人戏称为"Fine City",随处可见罚款标志,新加坡罚款之多、之高令人瞠目结舌,如吐痰被抓住,第一次罚款1000新元,第二次罚款2000新元,第三次就要罚款5000新元以上;新加坡的很多场合都不允许吸烟,在非吸烟区吸烟,会被处以最高1000新元的罚款;酒驾,初犯被处以1000～5000新元罚款或6个月以下监禁,再犯将被处以3000～10000新元罚款或1年以下监禁,并吊销驾照;公共场所斗殴将被处以1年监禁或者1000新元罚款,或者二者并罚。在新加坡,严禁携带口香糖入境,这种"连吃口香糖的自由都没有"的严格规定,着实让西方人特别是美国人感到很不习惯。

(4)多元的文化价值:新加坡是多种族、多文化的社会,华族、马来族和印度族都有着自己传统的文化价值观和风俗,在唐人街(又称"牛车水")、小印度和阿拉伯街保留着充满民族特色的街道和建筑。新加坡政府处理民族问题和建立国家认同的基本原则可以概括为4M原则,即多元民族主义(multiracialism)、多元语言(multilanguage)、多元文化(multiculture)和多元宗教(multireligion)。为了实现国家认同,新加坡政府采取三个基本策略实现国家认同:第一,发展经济,为民众提供更多、更丰富的物质财

---

① 资料来源:国际货币基金组织2014年4月8日公布的世界各国人均GDP排名。我国2013年人均GDP为6747美元,居81位,低于世界平均水平10486美元。

② 新加坡《刑事诉讼法》第231条规定,鞭刑对象是50岁以下男性,成年犯最多打24鞭,青少年犯(7～16岁)最多打10鞭。鞭刑是很残酷的,一鞭下去皮开肉绽,数月不得愈合。

③ 1993年美国少年迈克菲因为破坏公路交通指示牌以及在20多辆轿车上涂鸦而被判监禁4个月,鞭6下。尽管时任总统克林顿亲自求情,还是在劫难逃,只是6鞭改为4鞭。

富,让各种族人民从中获益;第二,在各种族之间建立更多联系;第三,建立新加坡人民和国家紧密联系(李志东,2014:69-71)。

新加坡的多种族、多元文化影响着新加坡的公共政策供给,如新加坡的住房政策规定组屋区每个社区、每幢公寓华人、马来人和印度人的人口占比都不能超过相应的比例,从而形成了"各民族比邻而居、种族杂处的新型社区"(李志东,2014:87);为了体现种族平等,新加坡除了公历新年(即元旦)以外,每年还要过 3 个新年,分别是华人新年、印度人新年(即屠妖节,Deepavali)、马来人新年(即开斋节,Hari Raya Puasa)。新加坡的种族和文化政策充分照顾到了每一个族群的历史传统,处处体现着民族融合的特点和"一个民族、一个新加坡"的治国理念。

(5)广纳人才、构筑"科技高地",提升高新技术的竞争能力:新加坡政府从 20 世纪 90 年代开始就非常注重引导知识经济的发展,如今已经形成化工、电子、生物制药、现代传媒、现代物流和金融等多个产业集群,电子产品、石油及相关产品、包括生物制药在内的化工产品等稳居出口的前三位,占出口比重的 2/3 以上。新加坡的垃圾焚烧发电、污水处理技术、新生水技术等都是当前世界上最先进的技术,其中"新生水"技术 2007 年还获得斯德哥尔摩工业水奖,新加坡还设想依托其"新生水"技术打造"环球水枢纽",发达的电子信息技术和电子信息产品制造能力为新加坡"智慧城市"建设提供了强大的技术支撑。新加坡致力于打造"科技高地",提升科技竞争力,大力投资高科技体系基础设施,重点发展信息和通信技术、电子制造业和生命科学等高科技产业,并对知识产权进行严格地保护,努力将自己打造成为全世界高科技产品的"试验田"。

(作者简介:徐林,浙江大学公共政策研究院成都分院、西安分院院长;浙江大学公共管理学院副教授。)

作者
王自亮
陈洁琼

德国地方治理结构的变革及其启示

内容提要:20 世纪 60 年代到 20 世纪 90 年代期间,由于内外部压力的推动,德国地方治理结构发生了一系列变革,变革主要围绕促进地方民主和提高行政效率两个原则展开。本文聚焦德国俭约型地方政府的构建、社会组织参与地方治理、直接民主的推广三项核心变革内容,立足中共十八届三中全会提出的"推进国家治理体系和治理能力现代化"的目标,探讨德国地方治理结构变革的过程和效果,借鉴其成功经验,激发我国地方治理模式创新。
关键词:地方治理;地方政府;变革;民主;效率

一、引　言

　　20 世纪 60 年代到 90 年代期间,德国地方治理结构发生了一系列变化,如俭约型地方政府的构建、社会组织参与治理、直接民主的兴起等。这些变革的发生既是释放德国地方政府内部压力的需要,又是适用外部环境变化的必然趋势。内部压力主要是由德国地方政府的财权和事权的不平衡性引发的,外部挑战主要是由 90 年代两德的统一、欧盟的加入等因素带来的。当时的税收分享机制、财政机制使得原本就存在的"富州返贫"现象更加严重。另外,德国联邦政府加入欧盟,德国出现了从单一的合作联邦制国家走向了竞争联邦制国家的趋势,[①]这一趋势促进了德国地方政府治理过程中的民主化进程。同样

---

① 童建挺.德国联邦制的演变:1949—2009[M].北京:中央编译出版社.2010:261.

的,现阶段的我国地方政府一方面面临着"事众财寡"的压力,另一方面,基层民众参与地方公共事务治理的期待不断升温,推进民主进程、提高行政绩效、简政放权将成为地方治理结构变革的重要目标。相似的历史状况与改革背景使得德国地方政府的改革经验具有重要的参考意义。

二、德国地方政府治理结构变革的焦点及成效

德国地方政府治理结构的变革主要遵从两个原则:民主、效率。民主和效率既是改革的目标和原则,也是检验改革成败的重要维度,既是地方政府内部压力推动的结果,也是适应外部环境变化的必然要求。紧紧围绕民主和效率这两个原则,德国地方政府将治理结构的变革聚焦于以下三点:一是构建俭约型地方政府,二是吸纳社会组织参与地方治理,三是推广直接民主。

(一)俭约型地方政府的构建

俭约型地方政府的理念是新公共管理浪潮中的一朵"浪花",它是指政府职能应当降至所谓的"核心功能",[①]而将社会服务中的大多数事情交给非公共组织去做。俭约型地方政府的提出主要基于事权与财权之间的矛盾,一方面,德国地方政府在职能上要履行"双重功能":既要处理地方管理的事务,又要执行国家(联邦和州)委托给它们的任务;另一方面,两德统一过程的巨大成本以及不健全的财政体制,导致地方政府的财政持续紧张。"事众财寡"对于地方政府来说是一个极大的挑战。因此,俭约型地方政府的构建对地方政府的长远发展来说意义深远。为了实现政府"瘦身",达到事与财的平衡,其变革聚焦于三个方面:一是组织改革,二是职能调整,三是人事变革。

第一,地方政府组织改革上,不同阶段有不同重点,20 世纪 60—70 年代最重大的变革是行政区划改革,它由州政府在乡镇和县推行。改革因地制宜,采取三种战略,即激进战略、温和战略和混合战略,最终使县政府数目由 425 个降到 237 个,乡镇由原来的 24000 个降到 8400 个。[②]

第二,地方政府职能调整上,地方政府联合咨询机构(KGSt)在"新公共管理"理念的基础上提出"新治理模式"(NSM),主张从三个层面进行改革:一是政府内部职能的调整,如职能下放,以成本—效益核算为导向;二是政府与议会之间的关系调整,通过预算程序的重新设计,重视议会对地方行政的监督和影响;三是地方政府与外部组织

---

① 赫尔穆特·沃尔曼.德国地方政府[M].陈伟,段震敏,译.北京:北京大学出版社,2005:69.
② 邵继红.德国地方政府公共管理改革新方向——"新的掌舵模式"[J].经济社会体制比较,2005(6):93-96.

的关系调整,将地方政府的职责活动限制在核心功能上,而公共服务和公共设施的分配和提供则以"市场化"、"外包"和"私有化"为导向。

第三,地方政府人事变革,与地方政府功能转移是紧密相关的。随着其非核心功能转移给第三部门来执行,其自身人员规模的"减肥"成为可能,20世纪90年代的人事改革表现出三个特点:一是总体人事规模下降,联邦德国下降10%,民主德国下降近50%;二是人事密度下降,联邦德国下降14%,民主德国下降47%;三是兼职比例上升,联邦德国上升26%,民主德国上升达1.5倍多。

表1　20世纪90年代两德人事规模变动

年　份	联邦德国			民主德国		
	1991年	1999年	幅　度	1991年	1999年	幅　度
总体人事规模/人	1334351	1201291	−10%	661505	336030	−49%
人事密度/人	20.8	17.9	−14%	41.6	22.1	−47%
兼职比例/%	23.79	30.04	26%	13.38	34.12	155%

数据来源:赫尔穆特·沃尔曼.德国地方政府[M].陈伟,段德敏,译.北京:北京大学出版社,2005.

注:人事密度:每千个居民中的政府职员数。

根据民主和效率两个原则来评判俭约型地方政府构建过程中的成效,可以发现,要达到这两者间的平衡,并非易事。[①]　一方面,人们广泛认为,公共管理的行政绩效大幅提高,县、乡镇政府数量急剧减少,人事规模大幅缩减,行政成本得到有效降低,市场化、外包等方式开展有序,使任务执行费用锐减;另一方面,随着政府规模的缩减,地方民选议会也由280000个减少为150000个,[②]这被认为是以牺牲地方民主性为代价的行政绩效的提高。

(二)社会组织参与的治理

社会组织参与地方治理的趋势既是地方民主的重要表现,也是地方政府提高行政绩效的重要方式和手段。随着俭约型政府理念的推广,市民社会的理念和期望被重新唤起。社会组织作为一支强劲的社会力量在地方治理中正扮演着重要角色。其参与治理的方式主要表现为:参与地方决策、分担政府非核心职能。

第一,吸纳社会组织参与地方决策。20世纪60年代晚期,由于国家和地方政府在决策与公民利益息息相关的公共项目(如城市改造、道路建设等)时,置地方公民的

---

① 转载于赫尔穆特·沃尔曼.德国地方政府[M].陈伟,段震敏,译.北京:北京大学出版社,2005.

② Norton A. *International Handbook of Local and Regional Government*[M]. Aldershot：Edward Elgar，Hants，1994：255.

利益与意见于不顾,民主制日益受到批评。1969 年社会民主党总理维利·勃兰特宣布在改革中"尝试实行更多的民主"。尽管当时响应这一号召的有效制度变革仍是凤毛麟角,但随后各地方乡镇众多代表团和咨议团纷纷成立,如外来移民咨议议事会、残疾人咨议团、儿童和青少年议事会等,①它们为弱势群体参与地方决策提供了机会。这些团体通过正式和非正式渠道参与地方决策。20 世纪 70 年代以来,《市镇规划法案》、《联邦建设法案》、《联邦社会法案》等法案为公民参与计划程序作出了立法规定。此外,这些利益团体还可通过非正式的途径参与地方决策,如圆桌会议模式、公民论坛、"21 世纪地方议程"等协商模式被德国地方政府广泛采用。

第二,促进社会力量分担政府非核心职能。社会组织在地方治理中越来越活跃,一方面表现为在新公共管理理念指导下的市场化、外包等活动的积极参与,原由地方政府提供的服务(如游泳池、体育和休闲设施、文化设施等)转交给社会组织或私人团体提供;另一方面表现为以自助团体的形式补充地方政府在公益事业等方面的不足。20 世纪 80 年代自助计划开始开展,在之后的 20 年里,其数目已增加了一倍以上。21 世纪初,总共有 70000～100000 个自助团体,吸纳了约 3000000 名成员。② 它们可能远远超过了传统社会公益组织的志愿者数目。显然,其在地方治理中已经成为一支难以替代的力量。

地方社会组织参与地方治理的意义是深远的。一方面,地方民主的内涵被扩大,更多的代表不同利益的社会团体进入地方的决策和治理中;但另一方面,若原由地方政府所承担的任务被社会组织、团体接替完成,则地方议会的功能有可能出现退化。那么,地方议会和各种社会组织、咨议会,谁更能代表地方民主将成为争论。从提高行政效率的维度看,"市场化"和"服务外包"越来越成为一种趋势。

(三)地方直接民主的来临

直到 20 世纪 80 年代晚期,代议制民主的原则依然支配着地方民主,但 90 年代以来,地方治理中出现了一种新现象:以直接民主的原则代替代议制民主的原则。直选市长模式的推广和采纳尤其值得一提。

20 世纪 90 年代早期以来,县市行政首长的直接选举模式被广泛采纳,所有的州一个接一个地引入行政首长的直接选举。这一风潮来自两组政治动机:一是直接民主作为代议制民主的补充,进一步给予地方公民政治上的权力;二是直接选举行政首长被认为是提高管理能力的一剂良方。

对于此举效果的评价存在一定的争议,如直选市长的权力是否过大,地方公决罢

---

① 赫尔穆特·沃尔曼.德国地方政府[M].陈伟,段德敏,译.北京:北京大学出版社,2005.
② 赫尔穆特·沃尔曼.德国地方政府[M].陈伟,段德敏,译.北京:北京大学出版社,2005:70.

免市长的程序是否能对市长的权力起到限制作用,直选市长是否有能力成功充当行政首长等问题都成为争论的热点。但就南部德国地方政府长达50年的实践经验而言,其城市治理情况良好,而这种治理结果特别得益于一代代强有力的市长。[①]

三、德国地方政府治理结构变革的启示

德国地方政府治理结构的变革始终围绕扩大民主范围和提高行政绩效这两个原则开展,在变革中既有体制改革,又有机制创新,前者如行政区划改革、人事变革等,后者如吸引社会组织和团体参与治理、利用市场化和外包等方式提供公共产品和服务等。近年来,我国地方政府的改革也面临着重大挑战,地方政府职能转型迫在眉睫,中共十八届三中全会更是将"推进国家治理体系和治理能力现代化"作为一项重要任务,为地方政府的改革指明了方向,治理理念得到重视。因而,德国地方政府的改革经验具有一定的启发性。

第一,从德国经验中可以看到,地方治理结构改革的总体思路是构建政府与市场、政府与社会的联动网络。政府回归其核心职能,将非核心职能削减;社会组织、企业、公民个人等多元主体都被吸纳进地方治理当中,承担起重要的角色。一方面,通过市场化、外包等形式,社会组织和企业承担起政府的非核心职能,提高了社会的整体效率;另一方面,社会组织、企业、公民个人在地方事务的决策中也发挥越来越重要的作用,推进了民主的进程。

第二,构建俭约型地方政府不仅需要体制改革,更需要机制创新。精简、高效一直是我国行政体制改革的核心原则。1978年以来,在中央政府的促动下,国内地方政府进行了多轮改革。1993年之前的改革思路主要侧重机构撤并、人员精简上,然而,这一改革思路并未使地方政府摆脱"精简—膨胀—再精简—再膨胀"的怪圈。1993年之后的改革已经突显了地方政府职能转型对于建立俭约型政府的重要性,但是由于路径依赖和其他众多条件的限制,尚未建立有效的政府与市场、政府与社会之间的联动效应。[②] 在构建俭约型地方政府时,德国的改革思路是:由调整行政体系内部关系向调整政府与市场、政府与社会的关系转变,由体制改革向机制创新迈出重要跨越,其不只是停留在人事规模缩减、机构撤并等政府规模的控制上,更是协同社会组织、企业的力量,使其承担政府的非核心职能。

第三,激活社会组织、企业等多元主体的潜力,分担政府的非核心职能。社会组织、企业在德国的地方治理中是一支不可替代的力量,在提供公益服务、提高公共服务

① 赫尔穆特·沃尔曼.德国地方政府[M].陈伟,段德敏,译.北京:北京大学出版社,2005:86.

② 蓝煜昕.地方政府机构改革轨迹、阶段性特征及其下一步[J].改革,2013年(9):13-19.

的效率和品质方面弥补了地方政府的不足。在我国,企业、社会组织在这方面也存在较大潜力,由于制度、文化以及经济发展程度的不同,不同地域呈现出一些差异。但经济较发达的江浙一带,企业、社会组织等在参与公益方面已发挥出一些潜力,民营企业和慈善机构的合作越来越紧密,如浙江省 2009 年各级慈善机构与企业合作的冠名基金规模突破 42 亿元,其中 80% 的善款来自民营企业的捐赠,而 1998 年,全省慈善基金规模仅为 500 多万元。[1] 除了公益方面,企业、社会组织也参与到政府公共服务外包当中,深圳的"综合执法"、湖南的"治安巡逻"等项目都进行了外包尝试,2009 年宁波市、嘉兴市等地也开始试行公共服务外包项目。[2]

第四,构建间接民主为主、直接民主为辅的地方治理模式。20 世纪 90 年代以来,德国地方兴起了直接民主的热潮,直选市长模式在地方越来越得到推崇。

但从德国经验中必须注意到,公民直接参与地方治理需要一些前提条件:一是法律上的规定和认可,二是自治的传统和历史,三是多元主体参与治理的能力和意愿。尽管国内的村民自治符合上述三个条件,但要将公民自治推广到乡镇及以上一级地方政府,直选模式尚不符合我国地方政府组织法的相关规定。[3] 在未来的发展中,这种自下而上的民主形式也许也值得一试。但就现有政治环境下,仍应以间接民主为主,在此基础上寻求直接民主的着力点。在市县级层面上,以现有的听证制度为轴心,延伸出多种形式的公民参与平台,有利于决策的民主化和科学化,上海闵行区在实事工程项目的决策中正是很好地利用了听证会制度;在乡镇级层面上,如浙江省温岭市的民主恳谈模式激活了地方人大制度,并广泛吸纳了公众的参与,堪称一种间接民主与直接民主有效结合的典范。此外,对于如何吸纳社会组织参与到公共事务的治理中,尤其是为那些弱势群体搭建参与公共事务决策的平台,是未来地方民主化进程的重要一步。

德国地方治理结构变革的经验,为国内地方治理中的体制改革和机制创新提供了很好的视角。但在学习德国经验之时,必须注意两国政治体制、社会环境等区别,对各项经验作本土化处理,才能使"经验之花"开得绚烂。)

（作者简介：王自亮,浙江工商大学公共管理学院副院长,教授,主要研究方向为公共政策、基层民主；陈洁琼,浙江工商大学公共管理学院在读硕士研究生,主要研究方向为公共政策、基层民主。）

---

① 浙江慈善捐赠八成来自民营企业家,已惠及 220 万人. 2009-01-21. http://news. xinhuanet. com/news-center/2009-01/21/content_10692983. htm.

② 舒奋. 宁波公共服务外包亟待突破的五大难题[J]. 宁波经济,2013 年(1):45-47.

③ 杨冬雪,托尼·赛奇. 从竞争性选拔到竞争性选举:对乡镇选举的初步分析[J]. 经济社会体制较,2004(2):78-91.

公共政策参考

作者
周洁红
胡伟斌
李凯

正确发挥媒体作用
构建食品安全社会共治新格局

互联网时代的新媒体,以其超宽的网络覆盖和快速的信息传递,被认为是食品安全社会共治的重要主体。审视当前我国新闻媒体在食品安全问题治理中的作用,不难发现其像是一柄双刃剑:一方面曝光食品安全问题并监督问题的解决,极大地促进了食品安全监管体系的完善;另一方面,为追求眼球效应罔顾社会责任的失实报道,同样对食品行业和食品安全监管工作带来了巨大冲击。规范新闻媒体报道,正确发挥媒体舆论监督和舆情引导作用,构建食品安全社会共治新格局,变得十分必要。

一、当前新闻媒体在食品安全治理中存在的主要问题

为了深入了解和分析新闻媒体在食品安全治理中所扮演的角色,我们利用现代大数据挖掘技术和最佳优先搜索策略,应用新闻数据入库系统软件对目标数据集的提取、解析、转换等,最终筛选出 2009—2014 年有关杭州食品安全的报道 3058 则,提取出 1085 个食品安全事件。在此基础上,从食品供应链环节、食品质量安全本质原因、食品安全问题产生主体三个维度来梳理和分析杭州食品质量安全问题,发现当前新闻媒体在报道食品安全问题时主要存在以下问题:

第一,新闻媒体"舆论暴力"有法可依却无规可治。尽管新的《食品安全法》明确规定需对新闻媒体的食品新闻报道进行监管,但实际操作中对此却没有实施细则与处罚制度。新闻媒体记者对食品安全事件的

报道中,倾向于负面性质的新闻采编约占72.3%。例如,近期新闻报道的"小龙虾头重金属超标"事件中,行业中并没有对小龙虾头的重金属含量制定行业标准,超标之说无从谈起。另外从全国"僵尸肉"事件中也可见一斑。

第二,媒体记者科学素养和专业知识不足,存在过度和夸大报道。媒体记者对食品的质量安全问题和食品经营问题界定不清,容易误导公众。如"假羊肉卷"事件中,媒体指加工者以鸡肉、鸭肉冒充羊肉,质问监管部门监管不力。实际上加工者在包装上明确标注为"肉卷",说明原料是混合肉。问题出在餐饮经营者特别是小摊贩为节省成本,指鹿为马欺骗消费者,这是道德问题。实际上,很大一部分产生不良社会影响的是经营缺乏诚信、食品生产标准不清的问题,并非真正意义上的食品安全事件。

第三,新闻媒体行业自律规范缺失,内部审批程序形式化。新闻媒体肩负保障公众知情权和舆论监督的社会责任,媒体人也常自喻为"守望哨"。但通过梳理食品安全相关案例报道,我们发现有些媒体为追求眼球效应,对消息未加仔细甄别便直接报道,或以个案来覆盖整个行业,或将国外尚无明确定论的披露转到国内变成"铁板钉钉"的报道。问题的根源在于部分新闻媒体在市场化进程中,摈弃了"求真、求实"的职业操守和行业自律规范。新媒体时代,点击量即为生存度,为了"快人一步",很多媒体自设的内部审批程序流于形式,消息未加佐证便先予刊登以吸人眼球。而公众往往受第一印象影响,对涉事企业和行业在较长时期内都会存在排斥心理。

二、新闻媒体在食品安全治理中产生负面影响的原因分析

上述问题的存在既危害了很多合法经营企业的权益,对整个行业造成冲击和损失,也对政府在食品安全监管上的公信力产生影响。这与部分新闻媒体动机不纯、敏感有余、求证不足等不负责任的态度和行为有关,还与当前消费者食品安全知识缺乏、政府信息披露不足、监管追责制度存在缺陷等有关。

首先,社会第三方机构声音较弱,知识普及与风险预警严重不足。行业协会与相关科研机构对食品问题的释疑与风险预警缺乏,突出表现为对公众食品安全知识宣传普及和风险预警提示不足。其中,行业协会作为信息发布主体发布的新闻报道数量只占报道总数的1.9%;食品专业人士在舆论宣传中未能发挥解读与辟谣的关键作用,其发布的新闻报道在报道总数中也只占8.6%的比例。从报道内容看,媒体普遍"重事件轻宣传",健康指导与健康警告等科学话题类媒体报道数量仅占报道总数的3.87%。

其次,监管部门的事件公开机制不够灵活,信息层级传达与公开时滞性严重。2009—2014年的历年报道总数中,监管部门的食品信息公开均占到五成,说明了政府信息公开效果明显。公开形式上侧重于中性及正面为主的信息,约占67.3%,且

39.2％的正面信息是外地媒体对食品质量安全事件曝光后的有关专项整治行动信息。杭州市内近几年没有发生过重大食品安全事件,消费投诉问题及媒体报道的突出问题统一由市局新闻发言人回应,保证了对事件处理的严肃性和权威性。但由于部门间的传达延长了处理时间,影响及时性、公开与透明化办公的效率,从而造成公众对监管部门处理不力的刻板印象。

再次,食品监管工作问责制度存在缺陷,造成监管容易被媒体报道牵着鼻子走。一方面,当前的问责制度过度强调了问责条款,缺乏免责条款。导致基层工作人员压力巨大,影响其工作的积极性,甚至出现为了怕被追责而不作为的情况。另一方面,追责多是基于合格率等结果指标,而非基于整个监管过程,也不注重问题的发现与事后处理解决。这就导致当前各级政府食品安全工作往往被媒体等食品安全事件披露者牵着鼻子走,自主性受到很大影响。

三、规范引导新闻媒体参与食品安全社会共治的对策建议

(一)健全媒体责任约束机制,完善媒体报道监管机制

许多进行食品安全报道的媒体未辨真伪就报道,信息失真使公众对事件产生误解,且恶化了事态发展,亟须健全新闻媒体责任约束机制,加强和完善媒体内部审核程序,信息发布前要进行严格审核,避免对监管部门与公众的舆论绑架。加强新闻从业人员管理,提高其职业道德和科学素养,规定报道内容要提供有效证据,不能"捕风捉影",坚决杜绝虚假新闻、操纵新闻和有偿新闻等。媒体失实或虚假报道等造成社会危害的,要求媒体或当事记者公开道歉消除社会影响,同时权益受损方可提起补偿诉讼。对于发布严重扰乱社会公共秩序的不实报道并恶意扩散的,按照2009年起施行的《新闻记者证管理办法》及2015年《网络安全法(草案)》进行相应的法律追责。

(二)鼓励新闻媒体助力食品安全治理,利用大数据建立舆情预警系统

有理有据的曝光是媒体舆论监督的利器,有效弥补了政府在食品安全监管工作上的薄弱环节。要进一步发挥媒体的舆论监督作用,使其以客观、理性的态度来科学报道食品安全事件。政府应将媒体视为辅助监管部门发现、解决食品安全问题的得力助手,加强沟通以减少障碍。此外,政府可以鼓励媒体通过现代大数据挖掘技术,拓展网络媒体"信息库"的功能,建立食品安全舆情预警系统,以准确判别和定位食品安全事件,分析受影响规模、受害程度等,及时查找政府食品监管工作中漏洞、防范食品安全事件发生以及提供网络食品安全事件发生后的应急预案。政府可以通过购买服务的形式向其支付相应费用,以保障系统的正常运转。

(三)整合食品安全领域专家资源,打造"专业智库"

长期从事食品安全治理研究的专家学者和长期奋战在食品监管和生产工作岗位上有着丰富经验的实践者,是政府食品安全治理和媒体相关报道的重要智库。市场监管、农业、卫生等涉及食品质量管控部门选派资深的首席农技推广、食品健康与疾病防控、风险检测与预警等方面的业内专家,聘请高校科研机构食品安全与营养领域的专家学者、长期关注食品安全的资深媒体人、食品生产行业协会经验丰富的业内人士等共同组建食品安全专家委员会,构建食品安全社会共治的"专业智库"。通过透明的舆论平台、规范的发布程序、权威的政策和事件解读等,为政府和社会提供食品安全技术咨询、政策建议,充分发挥"专业智库"在食品安全社会共治格局中的"资政启民"作用。

(四)加强公众食品安全知识宣传教育,有效遏制食品安全谣言传播

对于媒体关于食品安全事件的误导性信息,公众容易全盘接受,并在再次传播中对信息叠加,从而使事态进一步扩大和恶化。究其原因,一方面是媒体的公信力和传播的从众效应,另一方面也和公众缺乏食品安全专业知识有关。"谣言止于智者",要积极应对媒体报道的负面效应,除了事件中要请专家学者或相关部门发布权威解读之外,更应注重日常的食品安全知识宣传和普及,线上线下多措并举,以提高公众对食品安全谣言的免疫力,有效遏制食品安全谣言的传播。

(五)发挥新闻媒体优势,推进政府监管问责制度改革

新闻媒体在食品安全事件中扮演着"守望哨"角色,是公众知情权和舆论监督的重要载体。要发挥新闻媒体发现和披露问题的优势,使其成为改革政府食品安全监管工作的"助推器"而不是负面舆论的"放大器"。推进以过程管理为依据的问责制度改革,将问责的重点转向侧重事前问题发现和事后问题处理。改变过去唯"合格率"为标准的问责制度,将问责依据拓宽到监管的过程中,从结果导向转为问题导向。通过免责条款的设定,鼓励监管人员主动发现问题、报告问题、处理问题,避免引发媒体曝光食品安全事件会影响其岗位考核的担忧,以致掩盖食品安全事件,或者转移公众视线,使问题更尖锐和严重。

(**作者简介**:周洁红,浙江大学中国农村发展研究院教授、博士生导师;胡伟斌,浙江大学中国农村发展研究院《决策参考》主编;李凯,浙江大学中国农村发展研究院博士研究生。)

作者
何子英
郁建兴

推进公立医院改制的基本原则与配套保障[*]

公立医院改制是深化公立医院改革和推进社会办医的重要举措,是解决"看病难,看病贵"问题的重要途径。它有利于破除公立医院的垄断,为社会办医和民营医院发展构建公平竞争环境;通过市场机制和有序竞争的作用发挥,既有利于从根本上解决医疗服务资源总体短缺问题,也有利于倒逼公立医院改革,推动各种所有制形式的医院建立成本控制、顾客导向、绩效管理和市场竞争意识,提高整个医疗服务体系的供给绩效与质量。

一、基本原则

公立医院改制是一项复杂的系统工程,需要谨慎设计、稳步推进,既不能操之过急,也不能畏缩不前。总体上说,公立医院改制要坚持"七个相结合,三个不强调"原则。

1. 试点先行、整体推进与分类管理相结合

公立医院改制既需要试点先行的示范与借鉴,也需要点面结合、整体推进,形成宏观导向与交互支持。整体推进必须与分类管理相结合,具体问题具体分析,充分考虑现实条件,因地制宜、因"院"而异,不能一哄而上、千篇一律,而应根据公立医院的等级标准与行政区域级别、特色与优势、规模与资质、专科还是综合等要素的全面考量,分类决定是否改制以及改制模式。

---

* 本文系国家自然科学基金项目"政府购买基本医疗服务的可行性及其运行机制设计:基于浙江省的研究"(编号:71203194)的阶段性研究成果。

2. 产权变更重组式改制与两权分离式改制相结合

公立医院改制既包括引入社会资本进行产权变更重组,也包括所有权与经营权相分离的管理创新。公立医院改制主要指向但也不一味追求产权变更重组。在所有权归属不变的情况下,通过经营权的分离和有偿转让,由职业经理人、专业管理团队、社会医疗机构、商业医疗保险公司等托管经营,也是一种重要的改制形式,既有利于国有资产保值增值,也有利于提高医院的管理与服务绩效。

3. 股权结构形式多样与股权相对集中相结合

股权结构一般分为高度集中、高度分散与相对集中三种形式。原则上,不硬性规定改制医院股权结构的具体形式。但从法人治理结构的有效性上说,特别是在混合所有制医院,宜采取股权相对集中的形式,择优选择少数受让方,既可以避免高度集中造成的绝对控制权,也可以避免高度分散造成的决策效率低下与利益回报干扰。

4. 防止国有资产流失与引入无形资产评估相结合

为防止国有资产流失,必须严格规范开展清产核资、财务审计和资产评估。如果资产评估是公开透明、科学的,国有资产流失问题原则上是可以避免的。公立医院的无形资产(如品牌口碑、知名专家、先进技术、科研创新等)对于医院的经营发展具有更重要的影响,无形资产的形成也倾注了政府的长期投入。无论何种形式的改制,都必须将无形资产严格纳入资产评估体系,避免低估。

5. 事业单位人事管理制度改革与妥善安置职工相结合

事业单位体制改革的滞后是制约公立医院改制的重要因素,特别体现在人事编制与退休待遇上。推进公立医院改制必须结合事业单位体制改革,特别是人事管理制度改革,如通过实施合同聘用制打破"铁饭碗"和"安全感",通过事业单位工作人员养老保险并轨城镇职工基本养老保险消除"优越感"和"自满感"。同时,在改制过程中必须充分听取职工意见,妥善安置职工,注重经济补偿,并建立补充性养老金制度。

6. 管办分离与强化卫生行政部门行业监管相结合

公立医院改制需要同步推进"管办分离",剥离卫生行政部门的办医职能,实现公立医院的独立法人化。卫生行政部门则更多更好地履行医疗卫生事业发展规划、公共卫生服务与全行业监管职能,对所有医疗卫生机构一视同仁地进行全面和严格的监督管理,特别是要强化医疗费用和医疗过程的监管控制,防止过度检查、过度治疗和医疗欺诈等行为。

7. 医保支付机制改革与大数据信息化建设相结合

探索建立以总额预算为主、按病种付费为辅的医保支付机制,强化医保对医疗服务的引导与监管作用。医保支付机制改革必须结合基于大数据的信息化智能管理平台建设。通过大数据分析,为按病种付费和防止过度医疗提供科学依据和支撑。可在卫生行政部门的门户网站建立一个板块,将区域内各医院某一病种总医疗费用、医保费用、自付费用、诊疗费用、药品费用的均值以及诊疗项目、用药构成等信息全部公开，由患者自主选择就医医院。

8. 不强调公立医院改制的适用范围

原则上，各个地区、所有公立医院均可进行改制。可采取负面清单做法，清单之外的允许各地因地制宜选择改制对象。可优先选择运行效率低下、经营绩效欠佳、资源大量闲置的公立医院开展改制试点。

9. 不强调改制医院的非营利性定位

对于改制医院的营利性与非营利性定位，应尊重投资方的自主选择。特别是对以合作、合资形式改制的医院，不统一要求"不得改变医院的非营利性"。考虑到登记为营利性的混合所有制医院，其民营投资方的短期分红回报要求可能会对医院的运营发展形成不利影响，可在改制协议中明确要求民营投资方在一定期限内放弃剩余索取权。

10. 不强调混合所有制医院的控股方

对于混合所有制医院，原则上不硬性规定社会资本持股比例，既可以政府控股，也可以民资控股。对于拟进行混合所有制改造的医院，社会资本的进入既可以采取"存量转让"方式，也可以采取"增量注资"方式。

二、配套保障

公立医院改制要取得成功，很大程度上并不取决于改制本身。外部环境不改变，旧有体制机制的掣肘，都将影响公立医院改制的进程和成效。因此，推进公立医院改制必须结合系统环境的变革和配套改革的保障与支持。

1. 成立公立医院改制领导小组，自上而下强势推动改制

推动公立医院改制，特别是要在地方政府切实落地，必须有来自高层领导的坚定决心和强势推动。建议成立省公立医院改制领导小组，负责全省公立医院改制的总体设计、统筹协调、整体推进、督促落实，对地方政府推进公立医院改制进行指导和规范。

2. 成立民营医院发展局，促进民营医院健康发展

在省医改办下成立民营医院发展局，负责民营医院发展规划与政策的研究制定，代表民营医院表达合法诉求；配合卫生行政部门对民营医院进行业务指导、行业监管，督促地方政府落实非公立医疗机构在市场准入、重点专科建设、职称评定、学术地位、技术准入、科研立项等方面的同等对待政策。

3. 改革事业单位人事管理制度，尽快实现养老保险并轨

以公立医院职工"去编制化"为目标，根据自2014年7月1日起正式实施的《事业单位人事管理条例》，加快推进事业单位人事管理制度改革，破除公立医院事业编制医生终生就业制,全面推行基于绩效考核的全员合同聘用制;根据"老人老办法,中人中办法,新人新办法"的原则,加快推进事业单位工作人员养老保险并轨城镇职工基本养老保险,并在公立医院和改制医院建立统一标准、统一规范的补充养老金制度。

4. 整合并轨各类医保制度,推行政府购买服务模式

尽快实现各类医保制度整合并轨、统一规范,医保基金统一运行、统一管理。探索医保基金作为第三方支付者,与具有医保定点资质的各种所有制形式医院谈判签订公共医疗合同的政府购买服务模式,实行"以总额预算为主,按病种付费为辅"的支付方式。全面推行政府购买公共卫生服务,对所有承接相关服务的公立医疗机构与非公立医疗机构,均严格按其服务人头予以符合国家或地方规定的人均卫生经费补贴。

5. 加快公立医院内部运行机制改革,助推公立医院改制

我省公立医院综合改革走在全国前列,全省公立医院全面实施药品零差率政策,这为公立医院改制和内部运行机制改革奠定了坚实基础和有利条件。进一步加快公立医院内部运行机制改革,使公立医院的管理运行体制接近于企业化运作模式,也有利于为推进公立医院改制提供环境支撑。

(**作者简介**:何子英,浙江大学公共管理学院副教授、博士;郁建兴,教育部长江学者特聘教授,浙江大学公共管理学院院长。)

作者

朱狄敏

王 蕾

依法治国新常态下浙江省"三改一拆"工作面临的挑战及应对建议

　　中共十八届四中全会把依法治国确立为中国政治的新常态,其重要标志性事件是 2015 年 5 月 1 日起实施的新《行政诉讼法》。这部旨在给"任性权力"套上缰绳的法案,在短期内将对我省的"三改一拆"工作带来巨大的冲击和挑战。对此,各级政府及相关部门应高度重视,认真评判新法实施对"三改一拆"工作可能带来的影响,积极应对。

一、新《行政诉讼法》对"三改一拆"带来的挑战和影响

　　2014 年全省新收一审行政案件 4799 件,比 2013 年上升 32.9％,而 2013 年同比增幅只有 1.1％。其中土地、房屋征迁、房屋登记领域收案件数占 40％多,很多涉及"三改一拆"。行政机关的败诉率也由 2013 年的 8.8％上升到 2014 年的 13.9％。新《行政诉讼法》对"三改一拆"工作的影响主要将表现为应诉压力和败诉风险增大,而有关拆违主体和拆违程序等问题是引起诉讼的重要原因。具体表现在以下五个方面:

　　1. 立案门槛降低,"三改一拆"应诉压力增大

　　新《行政诉讼法》将"立案审查制"改为"立案登记制",明确规定"人民法院应当保障公民、法人和其他组织的起诉权利,对应当受理的行政案件依法受理"。为落实新法精神,2015 年 4 月 1 日和 15 日,中央全面深化改革领导小组审议通过、最高人民法院发布《关于人民法院推行立案登记制改革的意见》,改革法院案件受理制度。这意味着,凡是符合法律规定立案条件的,法院都要登记立案,行政诉讼的立案将更加容易。同时,行政争议将有案必立,客观上扩大了行政诉讼受案范围,降低了立

案门槛，"三改一拆"案件数量也会因此急剧增加。

2. 审查范围更宽，"三改一拆"文件纳入司法监督

新《行政诉讼法》首次把可诉行为由"具体行政行为"调整为"行政行为"，作为执法依据的"红头文件"将被允许提起附带审查。并规定法院在案件审理过程中，有权对行政行为所依据的规范性文件进行审查，并在判决中认定文件不合法。这一附带审查制度，与最高人民法院正在力推的裁判文书上网公开制度相结合，就决定了一些违法"红头文件"将被及时上网公开，进而对政府公信力产生挑战。"三改一拆"中作为执法依据的部分"年久失修"的文件，将会纳入司法审查的视野，面临废止、修改或重新制定的问题。

3. 审查程度更深，"三改一拆"败诉风险增大

新《行政诉讼法》对"合法性审查"的外延明显作了扩大，即使"行政行为程序轻微违法，但对原告权利不产生实际影响的"，人民法院也可判决确认违法。这意味着加重了行政机关的执法责任，诸如告知送达不规范、超过法定期限作出决定等轻微的程序瑕疵，也将被法院确认为违法。"三改一拆"工作在强势推进过程中，由于时间紧、任务急，加之《行政强制法》关于强制拆违程序规定较为严格，部分行政机关在具体执法中普遍存在程序意识与证据规则意识不足、执法不规范的问题。新《行政诉讼法》的以上调整和修改，意味着法院的合法性审查尺度更大，在短时间内可能造成"三改一拆"败诉风险增加。

4. 复议机关或"被连带"，市、区政府作被告概率增加

根据原《行政诉讼法》规定，复议机关改变原行政行为的，才能成为被告，如果仅仅是维持原行政行为，则不是被告。但新《行政诉讼法》规定，"经复议的案件，复议机关决定维持原行政行为的，作出原行政行为的行政机关和复议机关是共同被告；复议机关改变原行政行为的，复议机关是被告"。这一修改，意味着不论市政府复议机关是维持还是改变原行政行为，一旦相对人起诉，上级部门或属地政府都将成为行政诉讼的被告。而行政相对人为提升审级和增强诉讼胜算，一般都会选择先经过复议环节，并且选择属地政府作为复议申请机关，由此不仅复议案子将会剧增，同时会导致市、区政府的应诉压力陡增，败诉风险扩大。根据有关部门研判，仅杭州一地2015年政府法制部门代表市政府出庭应诉的案件总数将会翻番，剧增200件以上。

5. 起诉期限翻倍，强制拆除程序将更长

《行政强制法》规定，行政机关对于违法建筑物、构筑物、设施，在当事人提起的复议或诉讼程序终结以前不得强制拆除。而新《行政诉讼法》延长了诉讼周期，将公民的起诉期限与法院的审理期限都从原来的3个月延长到6个月。这意味着即使拆除一个违章雨棚，从理论上讲周期也要比原来延长半年。这使得原本已受困于《行政强制法》的"三改一拆"工作更加"雪上加霜"。

综上所述,新《行政诉讼法》的实施,意味着"三改一拆"案件的立案更加容易,诉讼案件大量增加,败诉概率提高。这些影响已初步显现,据省高院统计,在新法正式实施的首个工作日5月4日全省法院收案量比平时增加了近两成,其中涉及"三改一拆"的案件增加逾三成。这一形势与省委省政府关于"强势推进'三改一拆'工作,早拆、多拆、快拆"的要求产生了一定矛盾。

二、关于"三改一拆"工作的应对建议

为适应法治新常态,避免"三改一拆"工作陷入被动局面,相关部门应在认真学习和领会新《行政诉讼法》的精神实质和具体规定的基础上,从推进法治政府建设的高度设定应对策略,围绕观念意识、能力提升、队伍建设、长效机制、标本兼治等方面来改进"三改一拆"工作的体制、机制和工作方式。

1. 增强领导干部在"三改一拆"工作中的法治意识

在新《行政诉讼法》施行的背景下,与"三改一拆"工作相关的部门领导、行政机关首先需要积极转变理念、调整思路、强化法治意识,避免工作陷于被动。建议由省法制办、省委党校等组织新《行政诉讼法》与"依法强拆"专题培训,加强领导干部和工作人员的行政执法水平;定期组织法院院长、行政法官等法律工作者给干部授课,讲解行政败诉案例;会同省市法院编写《"三改一拆"行政案件案例汇编》,增强一线领导干部依法行政能力。领导干部应当积极应诉,视出庭为重要的反思契机,针对案件举一反三,及时调整"三改一拆"的执法方式,增强应诉能力。

2. 加强"三改一拆"依法行政水平建设

"三改一拆"执法部门应对新《行政诉讼法》实施的根本之策,在于提升自身的依法行政能力水平,实现"减少告"和"经得起告"。"三改一拆"要坚持正当程序原则,树立程序优先意识。加强执法监督机制建设,提升执法的公开透明度,提高政府的公信力和执行力。要树立证据规则意识,在违法建筑的事实认定和法律适用中,改变主观执法、"违建推定"等错误倾向,一切以证据为准、让证据说话,在行政执法中注意收集证据、保全证据,确保执法案件质量经得起司法审查和法律检验。在法律框架内运用好《城乡规划法》、《土地管理法》、《浙江省违法建筑处置规定》等规定的"查封现场、扣押工具、制止违建、快速拆除"等措施,及时控制在建违建的继续蔓延。提高做群众工作的能力,通过思想工作争取自拆和帮拆,确保违建在第一时间被发现、制止和处理,实现高效执法和和谐拆违的双赢。

3. 加强"三改一拆"法治专职队伍建设

在新《行政诉讼法》出台背景下,推进"三改一拆"工作还需通过复议制度改革、专业队伍建设等,打造一支过硬的法治专职队伍。首先,深化复议体制机制改革,进一步

深化行政复议委员会试点改革。在区县级以上政府设立行政复议委员会,合理统筹行政复议资源,扩大各级行政复议队伍,适当调配与充实复议应诉人员力量。其次,各级"三改一拆"部门要加强与律师事务所或法学院合作,组建由省内著名法学专家、律师为主体的法律顾问队伍,充实政府决策、风险防范和解决行政争议、规范执法方面的力量配置。培育"三改一拆"政府公职律师队伍,出台有效激励机制调动其参加行政应诉的积极性,在考核和晋升上予以适当倾斜,定期表彰优秀公职律师。

4. 建立"三改一拆"依法行政长效机制

从根本上预防和减少"三改一拆"工作中的行政争议,要注意以下三点:一是要加强"三改一拆"规范性文件的审查监督。对"三改一拆"的相关文件,加强前期审查、论证、监管和中期评估反馈修正,落实定期清理制度,规范文件制定程序,从源头上预防司法风险。借鉴上海市邀请法院法官参与起草行政规范性文件的经验,从源头上建立依法行政长效机制,预防行政纠纷。二是要加强行政与司法联动机制建设,定期召开行政应诉工作联席会议,促进行政机关与司法机关的理解沟通与信息共享。统一司法和行政监督审查标准,使审判理念与复议理念相衔接,尽量将案件解决在行政机关内部。三是要完善行政复议、人民调解、审判衔接机制。"三改一拆"关涉百姓重大财产利益,处理难度大,要注重采用调解、和解及实地调查等方式,加强信息沟通、案情研判、矛盾联调和执行协作,建立有效的行政争议预防、协调、化解体系,确保实质化解矛盾纠纷,避免案结事不了。

5. 提升"三改一拆"综合治理水平

健全违建管控拆除的共同责任机制,将全社会纳入检查监督体系,形成制止违章建筑的强大合力。进一步优化拆违的政府考核、督办资源,进一步调动和发挥属地政府、相关部门和基层组织的作用,推广公安联合执法,强化停水、停电、停气措施。将违建情况纳入社会征信系统,规定工商、质监、食品药品、税务、文化、安监、公安等职能部门不得为使用违法建筑的单位、个人办理护照、登记或备案手续;强化各级纪检、监察部门责任追究力度,严肃查处党员干部参与或包庇违建行为。充分发挥群众力量,通过教育、激励、民主协商、区域自治等手段,发动群众自查、自律,依靠社团组织大力支援,充分动员各种社会力量,建构和谐促拆机制,走社会治理之路。

(作者简介:朱狄敏,浙江工商大学法学院副教授、法学博士;王蕾,杭州市政府督查违法建筑办公室工作人员。)

作者
应宜逊

发展普惠金融，需要监管部门"扩军"

发展普惠金融，就是要让金融市场上的弱势群体小微企业（含个体工商户）、农户和普通居民等，享受到较为平等的良好金融服务。但一个不容回避的问题是银行监管部门要"扩军"。

一、发展普惠金融，需要大力发展小微型金融机构

目前，弱势群体享受的金融服务不足，着重表现为"融资难"、"融资贵"。能够将市场主要定位于小微客户的银行机构，一是小微型银行，二是拥有一整套理念、技术、机制的较为成熟的小额信贷模式的银行。为发展普惠金融，需要大量的小微型银行，而我国目前恰恰缺少小微型银行。2014 年年末，我国资产规模在 500 亿元以下的小银行仅有 3669家，差不多只有美国小银行（6300 家）的一半；村镇银行加小贷公司的贷款余额只占全国银行机构贷款余额的 1.76％，远不及 1994 年年末的城市信用社贷款余额占比（占 3.07％），而美国（2011 年）社区银行的贷款余额占全美国银行贷款余额的 11.2％。

二、监管当局似"欠积极"

1. 村镇银行发展不快，更没有开放"草根银行"

目前，全国已开业的村镇银行为 1152 家，贷款余额为 4862 亿元，占全国金融机构人民币贷款余额的 0.60％，另有 81 家在组建中。全国有2853 个县级行政区，2014 年年末村镇银行的覆盖率还不到一半，开业数仅相当于中国银监会规划中的 2011 年年末数（1131 家），远少于 1994

年年末全国城市信用社数（5200 家）。

发展不快的重要原因之一在于制度设计使得村镇银行的发展路子很窄。中国银监会规定，村镇银行必须由现有的银行法人主发起，成为其子公司；主发起银行还需签署多种承诺，实际上为村镇银行的经营风险承担无限责任。本应当在村镇银行领域发展一批由民间金融资本掌控的"草根银行"，但《国务院关于鼓励和引导民间投资健康发展的若干意见》（国发〔2010〕13 号文件）规定允许民间资本发起设立村镇银行的条款也一直未落实。

2. 农村资金互助社发展甚慢

农村资金互助社是新型农村金融机构之一，是真正的合作金融机构，在市场经济体制下发展前景十分广阔。美国合作金融的存款市场份额高达 9.47%。我国到 2014 年 6 月底为止农村资金互助社仅开业 49 家，相当于原规划中 2011 年年末数（171 家）的 29%。而当时全国纳入农经统计调查的农民专业合作社已有 99.3 万个，实有成员 5606.6 万户，如果每 500 户组建一家农村资金互助社，可组建 11 万余家，而实际上不到 5‰。沿海某省已有农村金融互助组织 45 家，扶贫基金会 727 家，"三位一体"合作组织中农民资金互助会 20 家，但获得中国银监会批准的农村资金互助社仅有 8 家。

3. 不承认小贷公司的金融机构身份

一是目前小贷公司发展中的最大瓶颈是缺乏金融机构身份，不能实行资本充足率管理，只能按中国银监会规定向银行融入占资本金 50% 的资金。如此低的杠杆率造成资金成本很高，贷款利率接近民间借贷，以致客户空间狭窄，贷款风险加大。二是缺乏有效监管。由于小贷公司不是金融机构，银监部门不承担监管职责，而省政府确定的监管部门则因缺乏相应的知识、技术、经验和专业人才，监管难以到位，难以有效遏制违规经营行为。这两个问题的发酵，将最终使小贷公司不可持续。目前，这种趋势已经显现。如沿海某省 2015 年 5 月末，全省小贷公司合计注册资本金同比下降 0.35%，可贷资金同比下降 8.82%，贷款余额同比下降 0.7%，不良贷款率持续上升，已经超过 12%。

4. 对 P2P 的监管动作迟缓

近年来，我国 P2P 网贷平台发展甚快，问题也不少。2015 年上半年出现问题平台 419 家，是 2014 年同期的 7.5 倍。加强监管甚为迫切。早在 2014 年上半年，有关方面已经确定今后由中国银监会监管 P2P 平台，中国银监会也通过调查确定了基本原则：如功能限于信息中介，不能有资金池，不能给关联方融资，规定单户、单笔的最高金额等，但迄今为止尚未正式承担起监管职责。

三、"欠积极"的成因

1. 中国银监会的机构设置与人力配备存在较大缺口

中国银监会设立之初实行法人监管,县域的监管工作量不大,因而机构设置与人员配备都十分简略,至今无根本变化。2013年年末平均每个县域仅配备1.36人,有的设置了2～4人的监管办事处,有的干脆没有机构。要应对县域中的海量小微机构,显然力不从心。

2. 出于监管部门的偏好

银行监管部门历来有一种偏好:希望监管对象"数量少一些、规模大一些"。在城市信用社的清理整顿中,一些人民银行分行长把城市信用社看成是"定时炸弹",巴不得早日一刀切掉。这种偏好是基于监管当局自身利益的。法人银行多了,监管工作量大增;小法人机构多了,更容易出事。在"稳定压倒一切"的治国方针下,监管部门当然要尽量选择"失稳"因素少一点的做法。上级部门对银行监管的考核要求,则更是助长了这种偏好。目前往往过分地强调监管部门对金融安全的责任。实际上,出现金融风险的原因是多方面的,需要具体分析,监管部门的责任也需要具体分析,许多金融风险其实根源于实体经济。

四、消除"欠积极"的对策建议

1. 上级部门要明确中国银监会对小微金融机构及"影子银行"的监管责任

对于各类小微金融机构与"影子银行"的监管有两种思路,一是由中国银监会监管,二是设立省金融监管局来监管。现在看来还是应当选择前者,因为省金融监管局会由于相应的知识、技术、经验、专业人才难以跟上,而使监管难以到位;而且地方政府的行为偏向于发展即增加资金投入量,与"安全、风控"的监管要求会发生摩擦,尤其是目前GDP主义还存在之时。

2. 中国银监会履行监管责任需要"扩军"

中国银监会要设立小微金融机构监管局,专门负责监管村镇银行、农村资金互助社、小贷公司及其他需要监管的小微金融机构与"影子银行"。其架构可参照人民银行和国家外汇管理局模式。

中国银监会各级机构都要适应监管需要相应"扩军",尤其是要在县域中设立监管支局,其监管人员一般不少于10人。可考虑将人民银行的县支行划归中国银监会,还可考虑在"扩军"后中国银监会的经费改由中国人民银行统一划拨。

3. 明确监管部门的责任主要是做到、做好"三个及时"

"三个及时"就是：及时掌握监管对象的经营情况，及时发现问题与风险苗头，及时依法严肃处置。无论国务院对中国银监会，还是中国银监会对下属机构，都应当主要考核是否做到、做好了"三个及时"。当然，还应当适应经济发展需要，依法积极发展小微金融机构。对于小微金融机构不能追求"零风险"，而应追求"收益充分覆盖风险"。

4. 中国银监会要以大局为重，努力改变不合理偏好

银监部门要以大局为重，努力改变那种监管对象"数量越少越好、规模越大越好"的偏好。要看到如果这种偏好继续存在，自己就有可能成为发展普惠金融的阻力。国务院应当鼓励、帮助纠正这种偏好，并切实做好协调工作，使得中国银监会在监管实践中能够获得相关部门的必要支持，不至于总是单打独斗。

(**作者简介**：应宜逊，浙江金融职业学院教授，浙江地方金融发展研究中心副主任。)

作者
鲍健强
叶瑞克

推广电动汽车，治理城市雾霾
——基于杭州电动出租车运营调研的对策建议

研究表明，城市雾霾主要（PM2.5和氮氧化物的最大排放占25%）来自传统燃油汽车，全球30%的温室气体排放也来自传统燃油汽车。电动汽车具备了低碳、环保、高效、清洁等多重概念：一是电动汽车把电能转化为动力的效率为80%，比传统汽车的能源效率要高出4～5倍。二是电力的来源可多元化，不但可使用绿色低碳清洁能源，而且可减少对石油的依赖，确保能源安全。三是减少二氧化碳和氮氧化物排放，减轻城市雾霾影响。每增加100万辆电动汽车，每年可减少碳排放约300万吨、氮氧化物排放4.38万吨。推广应用电动汽车已成为城市雾霾治理和交通部门大气污染减排的重要选项之一。

杭州市作为首批13个节能与新能源汽车示范运营城市之一和首批5个私人购买新能源汽车补贴试点城市之一，在电动汽车应用推广和商业化、市场化进程中进行了有价值的探索，尤其是近2年的电动出租车示范试点积累了大量的运营数据和经验，至2012年年底，200辆电动出租车已累计行驶1500多万千米。按每车行驶100千米消耗10升汽油计算，已为杭州减少排放二氧化碳7600吨、氮氧化物110多吨。浙江工业大学"大学生电动汽车研究团队"，通过问卷调查、个别采访、实地调研、专题研讨等方式，对杭州市电动出租车运营和发展现状作了详细的调研，发现电动汽车推广应用存在"三大瓶颈"和"三大制约"，并在此基础上提出我国电动汽车发展的路径及政策建议。

一、电动汽车应用推广的瓶颈和制约

（一）电池技术、基础设施和维修体系为应用推广电动汽车的三大瓶颈

首先，电池等关键技术制约发展，亟待突破。由于电池质量整体较差，受到 80 千米左右的续航里程限制，每辆电动出租车基本上都发生过未到目的地电池已经耗尽的情况，且平均一天要充换电 3～6 次。然而，充换电站电池质量良莠不齐，这导致单次换电行驶里程时长时短，直接影响了纯电动出租车的运营效果。

其次，充换电设施等基础配套建设不甚合理。充换电站（点）的闲置率高，杭州市主城区共有 45 个充换电站，2/3 处于闲置状态；充换电能力建设相对滞后，2012 年后杭州的充换电站（点）充换电次数持续上升，已经不能完全满足充换电需求；高峰时期换电站电池供不应求状况时有发生，有时还发生换电站设备故障需要维修等突发情况，严重影响了换电效率；充换电站运营时间不合理，纯电动出租汽车在晚上 10 点之后无法换电和运营，造成资源与人力浪费。

再次，汽车维修维护周期过长，影响电动汽车正常运行。目前，电动汽车的维修保养工作主要由电动汽车 4S 店承担，存在着维修场地小，车较少，零部件供应不足，车辆维护时间集中，技术人员相对短缺（数据分析显示，杭州市纯电动出租汽车的维修技术人员约存在 30% 左右的缺口）等问题。以目前的规模，4S 店可以同时维修 7～8 辆问题并不严重的电动汽车，遇到问题严重的则修理数量减少、修理周期延长，零部件经常发生厂家断货现象，难以满足维修需要。

（二）技术研发、财税政策和商业模式为电动汽车应用推广的三大制约

首先，自主研发投入不足，缺乏核心关键技术。目前，杭州使用在纯电动出租汽车上的电池为价格相对便宜、质量和安全性能相对较差的国产电池，返修率高，维护保养频率高；同时，裸车以及电机的故障率和返修率也较燃油出租车高。"十二五"期间，我国整车企业电动汽车总研发投入将达到 460 亿元。但用于电动汽车的研发经费总量与比例还是偏低。

其次，发展不平衡，财政补贴的绩效有待评估。杭州市的电动出租车示范运营取得较好的预期效果，而电动邮政车、电动公务车、电动环卫车等的示范运营结果则不太理想。市财政安排一部分汽车产业发展专项资金用于新能源汽车的研发和示范推广运营，对纯电动出租汽车公司给予每辆车 10.28 万元的补贴，这数额巨大的补贴需要进行效益和效率评估。

再次，将示范运营等同于垄断经营，商业模式尚待完善。杭州市目前推广的信息

化电子服务平台符合电动汽车的商业化发展趋势,但产业整合力度还不够,社会资本难以进入,资源无法达到有效配置,致使基础设施建设滞后,维修维护服务跟不上,电池标准不一等。纯电动出租车全部由市政府牵头成立、电力局下属的新能源出租汽车有限公司独家运营,充换电站又由国家电网垄断经营。虽采用市场化的模式,但却缺乏市场竞争的压力,并不能达到运营效率的最大化,政府的补贴政策和资金也难以实现效果的最大化。

二、对浙江省电动汽车应用推广的政策建议

浙江电动汽车产业起步早、起点高,完全有能力率先发展。目前,浙江的万向、众泰、吉利相继具备了电池等电动汽车关键零部件生产和动力总成系统及整车产业能力,在国内同行中处于领先地位。应在政府的强势推进下,超前规划与布局。建议制定我省电动汽车产业的发展规划,并把智能电网建设规划与电动汽车产业规划结合起来,把城市规划、区域规划与电动汽车的充(换)电站建设规划结合起来;制定鼓励新能源汽车发展的财政和税收政策,为电动汽车进入社会、进入家庭创造条件;引导和整合社会资源,鼓励产业集聚、技术集成、资源集约,避免分散化、低层次、无序化竞争;推进浙江电动汽车品牌化和标准化战略,组建区域的企业战略联盟,实现高起点、高标准、高速度的跨越式发展。

具体建议是:构建电动汽车应用推广的"四大体系"。

一是科技研发体系。加大技术研发支持力度,增强科技原始创新能力,重点突破动力电池核心技术,形成一批具有自主知识产权的核心技术,最终建立电动汽车自主研发体系。整合科技资源,优化技术创新环境,聚集科技人才和科技成果,积极开展国际交流,发展"产、学、研"研发体系,形成良好的运作机制与相关科技创新平台互动。通过行业协会或抓好几个龙头企业,制定电动汽车的行业标准。

二是基础保障体系。科学合理布局电动汽车电力供应系统,包括充换电站系统和电池租赁系统。加强充换电站的规划,深入调查了解电动汽车的充换电需求,做到选址科学,区位合理,充分考虑到现有和将来电动车辆的类型、分布及使用特点。建立健全维修维护等服务保障体系,培养和整合优质电动汽车维修维护技术人才,为生产厂家扩大维修维护场地规模提供相应政策支持。

三是公共政策体系。扩大政策效用的广度,面向消费者,如电动出租车的财政补助政策要适当向司机和乘客倾斜,每一趟都让司机和乘客各得 1 元补贴,让每个人都能切身感受政策利好。面向电网企业,政府应在电动动车相关项目及其附属设备设施的建设上给予政策优惠和经济支持。面向充电站,政府可以在充电站的建设项目及使用土地过程中给予直接的经济补贴等。

四是示范试点体系。一是电动公共交通示范运营。政府对电动公交运营单位进行财政补贴和省油补贴,公司对司机进行省油补贴。二是电动出租车示范运营。采取政府补贴,市场运作,"换电为主、充电为辅"的模式。三是电动汽车租赁服务。采取政府补贴,消费者一次性打包支付租赁费的模式,无须另行支付保险费、正常维修保养费等费用,补贴政策尽量向电动公交补贴政策看齐。同时,还需建立汽车安全驾驶保障体系,如享受 24 小时救援等服务。

（**作者简介**：鲍健强，浙江工业大学政管学院院长、教授、博士生导师；叶瑞克，浙江工业大学绿色低碳发展研究中心副主任。）

图书在版编目（CIP）数据

公共政策评论. 2015.1 / 姚先国，金雪军主编.
—杭州：浙江大学出版社，2016.6
ISBN 978-7-308-15919-7

Ⅰ. ①公… Ⅱ. ①姚… ②金… Ⅲ. ①政策科学—研
究—中国 Ⅳ. ①D601

中国版本图书馆 CIP 数据核字（2016）第 123418 号

公共政策评论. 2015.1

主编　姚先国　金雪军

责任编辑	余健波	
责任校对	董凌芳	
封面设计	续设计	
出版发行	浙江大学出版社	
	（杭州市天目山路 148 号　邮政编码 310007）	
	（网址：http://www.zjupress.com）	
排　　版	杭州好友排版工作室	
印　　刷	杭州日报报业集团盛元印务有限公司	
开　　本	787mm×1092mm　1/16	
印　　张	11.75	
字　　数	255 千	
版 印 次	2016 年 6 月第 1 版　2016 年 6 月第 1 次印刷	
书　　号	ISBN 978-7-308-15919-7	
定　　价	42.00 元